軽犯罪法

新装第2版

伊藤榮樹 原著
勝丸充啓 改訂

立花書房

本書は時々・情勢の必要に応じ，内容を変更・追加等する場合があります。

新装第2版のはしがき

　本書の原著は，元検事総長である伊藤榮樹先生の手になるものであり，初版が発行されたのは昭和41年である。その後，伊藤先生自ら改訂を重ねられ，昭和57年に本書の三訂版が上梓されてから31年が経過した。この31年間の社会情勢の変化はすさまじく，ストーカー規制法，ピッキング防止法など軽犯罪法と密接関連する新しい法律も制定され，多くの裁判例も出された。伊藤先生が御存命なら，更に本書の改訂を重ねられたことであろう。しかし，先生は，昭和63年に他界された。

　その当時，私は，法務省刑事局刑事課の局付検事として，伊藤先生が病床で書き継いでおられた絶筆原稿を日々チェックしていたが，伊藤先生の筆力に圧倒されるばかりであった。伊藤先生の著作は，そのまま絶版にしてしまうのは惜しいものばかりであると考えていたところ，この度，出版社から，名著の誉れ高い伊藤先生の「軽犯罪法」に必要な改訂を加えて再発行したいという提案があった。手順を踏んで再発行すれば，伊藤先生も喜ばれるであろう。御遺族の方も，それを快く承諾された。そこで，伊藤先生が初版を発行されたときと同じ手順で，すなわち軽犯罪法を主管する法務省刑事局刑事課の参事官，局付検事による議論の助けを得て，本書に必要な改訂を加えて再発行することにした。原著の文章や考え方の多くはそのままであるが，時代の流れや社会情勢・社会意識の変化等を考慮して，伊藤先生の三訂版の解釈を改めたところがあり，新しい法律との関係や新たな裁判例も付け加えた。解釈や書きぶりについて刑事課の諸君が迷ったところは，私が断を下した。本書は，新装第2版と銘打っているが，実質的には，今の時代に合うようブラッシュアップされた伊藤榮樹「軽犯罪法」4訂版であるとも言える。解釈を改めた点は，なるべくその旨を注記して分かるようにした。

　改訂に協力して実際に筆を執ったのは，局付検事の深野友裕君，神渡史仁君（現在，那覇地方検察庁三席検事），唐木智規君（現在，欧州連合日本政

府代表部一等書記官），福嶋一訓君であり，全体の調整は，濱克彦参事官が行ってくれた。出版社の安部義彦氏と濱崎寛美氏には，資料の収集・整理や校正などで大変お世話になった。誰一人いなくても本書は改訂できなかった。ここに感謝申し上げる。

　伊藤先生に喜ばれると信じるが，あるいはあの世で内容をご覧になられて，余計なことをしやがってとお怒りになるかもしれない。その場合，その責任は，伊藤先生の著書の改訂という無謀なことを引き受けた私が負うしかない。

　　平成25年7月

　　　　　　　　　　　　　広島高等検察庁検事長（元法務省刑事局刑事課長）

　　　　　　　　　　　　　　　　　　　勝丸　充啓

三訂版のはしがき

　初版の発行から16年，再訂版を世に送ってからでも8年を経過し，その間，裁判例も集積され，学説等の累積もあり，また，世の移り変わりとともに，軽犯罪法適用上の新たな問題点も相当出て来たようである。そこで，たまたま法務事務次官から次長検事に転じて，いささか雑用から解放されたこの機会に，本書に三度目の改訂を加えることにした。およそ公刊物に登載された裁判例は，すべて網羅したつもりだし，気づくかぎりの問題点には，一応の解決を示したつもりである。

　今回の改訂も，前々回，前回と同様，わたくし一人の責任で行ったが，各種資料の収集や整理には，最高検察庁人事係長　古川英雄，同秘書係長　伊藤光治両君のお骨折りをいただいた。厚く感謝する次第である。

　なお，原共同執筆者のその後を紹介させていただくと，大堀誠一君は，現在，東京地方検察庁検事正，増山登君は，最高検察庁検事，吉田淳一君は富山地方検察庁検事正，敷田稔君は，在ウィーン・国際連合経済社会局犯罪防止・刑事司法部長，棚町祥吉君は，東京高等検察庁検事，松下照雄君は，弁護士として，それぞれ活躍中である。また，御助力いただいた今里節夫君は，最高検察庁庶務課長，大久保治雄君は，同庁会計課長補佐，佐久間（旧姓篠原）順子君は，最高検察庁検察事務官として，これまた活躍中である。三訂版を上梓することができたのは，すべてこれらの諸君のおかげである。感謝にたえない。

昭和57年7月

伊藤　榮樹

再訂版のはしがき

　初版の発行から7年余，前回の改訂から3年近くが経過したが，最近，軽犯罪法に制定以来はじめての改正が加えられた。「動物の保護及び管理に関する法律」の施行に伴って第1条第21号「動物虐待の罪」が削除されたのがそれである。そこで，これを機会に，その後の裁判例をできるだけ網羅するとともに，関連罰則の新設を織り込み，さらに，最近における運用の実際をもふまえて，ふたたび改訂を行って，"再訂版"を世に送ることにした。

　今回の改訂も，前回と同様に，わたくしの責任で行うことにしたが，初版の共同執筆者であった吉田淳一君（現法務大臣官房司法法制調査部司法法制課長）には，裁判例の調査などについて大変おせわになった。また，各種資料の収集や整理には，東京地方検察庁検察事務官篠原順子君のお骨折りをいただいた。ここにお二人に対し厚く感謝する次第である。

　なお，共同執筆者等のその後を紹介することを御許しいただけば，吉田君のほか，大堀誠一君は，現在，東京地方検察庁特別捜査部長，増山登君は，東京高等検察庁検事，敷田稔君は，法務総合研究所国際連合研修協力部教官（国連アジア極東犯罪防止研修所次長），棚町祥吉君は，東京地方検察庁刑事部公害係検事，松下照雄君は，前出国連研修協力部（前出研修所）の教官，今里節夫君および大久保治雄君は，いずれも法務省刑事局総務課課長補佐として，それぞれ活躍中である。本書の今日あるのは，もっぱらこれらの諸君のおかげである。

　　昭和49年4月

伊藤　榮樹

改訂版のはしがき

　初版を世に送ってから5年たった。その間，世相が移り変わるのにつれて，この法律を運用するについて，いくつかの新しい問題点が出て来たし，また，はり札等の罪（第1条第33号）のケースについてのものをはじめとして，数多くの裁判例が現われ，さらには，公害対策関係の立法をはじめとして，適用上この法律と関連のある罰則規定が若干新設されている。そこで，この際，本書にこれらの変化をとり入れ，その後の関係判例をできるだけ網羅した大幅な改訂を加えることとした次第である。

　旧版において共同執筆者であった諸君は，それぞれのポストで忙しく活躍中である（現在，大堀誠一君は，東京地方検察庁特別捜査部副部長，増山登君は，同庁刑事部副部長，吉田淳一君および敷田稔君は，法務省刑事局参事官，棚町祥吉君は，同省大臣官房司法法制調査部参事官，松下照雄君は，在米日本国大使館一等書記官）ので，今回の改訂にあたっては，諸君のお許しを願って，一応わたくし一人の責任においてこれを行なうこととした。

　今回の改訂については，この法律の主管課である法務省刑事局刑事課の前田宏課長，佐藤道夫同局参事官以下の皆さんから，各種資料を提供していただいたり，貴重なご意見を聞かせていただいたり，たいへんお世話になった。また，旧版において資料の収集や問題点の整理などといった縁の下の力持ちの仕事をして下さった大久保治雄君は，その後名古屋地方検察庁会計課長に栄転されたので，今回は，法務省刑事局刑事課長補佐今里節夫君に同様のお骨折りをいただいた。これらの方方に対し，ここに深く感謝する次第である。

　昭和46年6月

伊藤　榮樹

初版のはしがき

　軽犯罪法は，国民の日常生活における卑近な道徳律に違背する行為を規定している。それだけに，そこに規定されたようなことがらは，国民の多くが，大した悪意もなく，ちょっとしたはずみで，これを犯してしまうようなことも少なくない。したがって，無定見にこの法律を運用するとすれば，国民に対して苛酷にわたるおそれがないとはいえない。反面，この法律は，悪質重大な犯罪の予備的な行為とみられるようなものを数多く規定しているから，これが適切に運用されるならば，それらの悪質重大な犯罪を未然に防止するという効果を発揮することができるし，また，一般的にいって，この法律の適切な運用が国民の公徳心の向上に寄与するものであることは，いうまでもない。

　もとより，法の適切な運用は，法の正しい解釈のうえに立ってはじめて，期待することができる。

　わたくしが軽犯罪法の執筆を志したのは，ちょうど1年前のことである。当時，法務省の刑事課長として，この法律の直接の主管者であったわたくしは，しばしば，捜査の第一線にたずさわる人たちから，実務上利用しやすい本法の解説書が手に入りにくいことを訴えられた。考えてみれば，本法については，すでに相当数の解説書が公刊されてはいるものの，それらの多くは，本法制定当時のものであるため，いまとなっては入手しがたく，また，当然のことながら，その後の運用の実績からする問題点の解明は，なされていないうらみがある。おくればせながら，一書を草して世に送ることが，わたくしとしての義務かもしれないと考えるに至った。これが，執筆の動機である。他のいくつかの好著と相まって，本法の正しい解釈，さらには，本法の適切な運用の一助ともなれば，さいわいである。

　執筆にあたっては，当時，わたくしとともに，主として法務省刑事課の事務を所掌していた大堀誠一，増山登両参事官，吉田淳一，敷田稔，棚町祥吉，

松下照雄各検事とわたくしとで，問題点について議論を重ね，その結果をそれぞれ分担して，一応の下書きをし，これをわたくしが全面的に補筆修正しながら取りまとめる方法をとった。すなわち，本書は，以上の人たちの共同執筆にかかるものである。しかし，全体の取りまとめにあたり，わたくしの責任において，議論の結果の一応の結論を覆した部分もあり，また，各分担者の意思に必ずしも添わない補正を試みた部分も少なくないので，もしも，本書のなかに誤りあるいは誤解を招くような個所があったとすれば，それは，一にわたくし個人の責任に帰するものであることをおことわりしておく。

なお，本書においては，実務上の利用度という観点から，できるかぎり，関係判例を網羅して引用することに努めたが，それらの判例をはじめとする各種資料の収集や，問題点の整理については，法務事務官大久保治雄君のひとかたならぬお骨折りをわずらわした。ここに厚く感謝する次第である。

昭和41年文化の日

伊藤　榮樹

凡　例

【判例集等略語】

刑録	大審院刑事判決録
刑集	大審院刑事判例集
刑集	最高裁判所刑事判例集
集刑	最高裁判所裁判集刑事
高刑集	高等裁判所刑事判例集
東時	東京高等裁判所刑事判決時報
高検速報	高等裁判所刑事裁判速報（集）
高刑裁特	高等裁判所刑事裁判特報
高刑判特	高等裁判所刑事判決特報
下刑集	下級裁判所刑事裁判例集
第1審刑集	第1審刑事裁判例集
刑裁月報	刑事裁判月報
裁時	裁判所時報
刑資	刑事裁判資料

【主要文献略語】

執筆者名・判例解説（刑）	最高裁判所調査官室編『最高裁判所判例解説刑事篇』　昭和29年度～　法曹会
執筆者名・裁コメ刑法	川端博＝西田典之＝原田國男＝三浦守編『裁判例コンメンタール刑法』平成18年　立花書房
執筆者名・刑判評釈	刑事判例研究会編『刑事判例評釈集11巻』昭和29年　有斐閣
執筆者名・注釈刑法	団藤重光編『注釈刑法(3)』昭和40年　有斐閣
大塚	大塚仁『特別刑法（法律学全集42）』昭和34年　有斐閣
小野	小野清一郎『新訂刑法講義各論』(附録　軽犯罪法）昭和25年　有斐閣
稲田＝木谷	稲田輝明＝木谷明「軽犯罪法」平野龍一＝佐々木史朗＝藤永幸治編『注解特別刑法7巻』昭和57年　青林書院新社
植松	植松正『軽犯罪法講義』昭和23年　立花書房
野木ほか	野木新一＝中野次雄＝植松正『註釈軽犯罪法』昭和24年　良書普及会
乗本ほか	乗本正名＝榧野敏雄＝野本国彦＝児玉十三一「軽犯罪法第

	1条逐号解説」警察学論集15巻1号
101問	法務省刑事局軽犯罪法研究会編著『軽犯罪法101問』平成7年　立花書房
俵谷	俵谷利幸『軽犯罪法解説』昭和57年　日世社
井阪	井阪博編著『実務のための軽犯罪法解説』平成20年　日世社
調査統計官	警察庁刑事局調査統計官編著『判例中心 特別刑法』昭和52年　立花書房
檜垣・ストーカー規制法	檜垣重臣『ストーカー規制法解説［改訂版］』平成18年　立花書房
団藤・各論	団藤重光『刑法綱要各論［第3版］』平成2年　創文社
おかしな条例	伊藤榮樹『おかしな条例』昭和40年　帝国地方行政学会
法制意見総覧	帝国地方行政法学会『法制意見総覧』昭和32年　帝国地方行政学会

【雑誌類略称】

判時	判例時報
判タ	判例タイムズ
警学	警察学論集

参考文献

植松正『軽犯罪法講義』昭和23年　立花書房
野木新一＝中野次雄＝植松正『註釈軽犯罪法』昭和24年　良書普及会
小野清一郎『新訂刑法講義各論』(附録　軽犯罪法)昭和25年　有斐閣
熊倉武『軽犯罪(法律学大系第2部　法学理論篇131)』昭和25年　日本評論社
大塚仁『特別刑法(法律学全集42)』昭和34年　有斐閣
「軽犯罪法」谷口正孝＝大関隆夫＝近藤和義『刑罰法「犯罪事実」の書き方とその理論(2)』
　　昭和37年　一粒社
「軽犯罪法」木宮高彦『警察官のための刑事特別法』昭和39年　警察時報社
伊藤卓蔵「軽犯罪法」『特別法シリーズ第2号』昭和47年　法務総合研究所
「軽犯罪法」田口公明＝高田治『危険物犯罪 解釈と実務』昭和51年　日世社
「軽犯罪法」法曹会編『例題解説　特別刑法(1)』昭和48年　法曹会
「軽犯罪法」警察庁刑事局調査統計官編著『判例中心　特別刑法』昭和52年　立花書房
俵谷利幸『軽犯罪法解説』昭和57年　日世社
伊藤榮樹「軽犯罪法」伊藤榮樹＝小野慶二＝荘子邦雄編『注釈特別刑法2巻』昭和57年
　　立花書房
稲田輝明＝木谷明「軽犯罪法」平野龍一＝佐々木史朗＝藤永幸治編『注解特別刑法7巻』
　　昭和57年　青林書院新社
増永義一『軽犯罪法解説』昭和23年　高文社
磯崎良誉『軽犯罪法解』昭和23年　法文社
新警察社編『軽犯罪法詳解　警察犯処罰令対照』昭和23年　新警察社
塩野季彦『警察犯処罰令釈義』昭和2年　巌翠堂書店
村上又一『警察犯処罰令研究』昭和2年　帝国講学会
大矢根岩雄『警察犯処罰令・違警罪即決例解義』大正12年　清文社
「ビラ貼りと表現の自由」井上祐司『争議禁止と可罰違法論』昭和48年　成文堂
「建造物の『損壊』の意義」西原春夫＝大谷實編『刑法200題 刑法演習ノート』昭和49年
　　有斐閣

中野次雄「軽犯罪法解説」法律時報20巻7号
鍛冶利秀「街頭におけるビラ活動の権利」法律時報42巻8号
伊藤幸吉「ビラ張り事件と軽犯罪法第4条」研修239号
町田充「軽犯罪の科刑手続に関する問題の提起」警察学論集14巻10号
乗本正名「軽犯罪法運用の現状とその対策」警察学論集15巻1号
乗本正名＝梶野敏雄＝野本国彦＝児玉十三一「軽犯罪法第1条逐号解説」警察学論集15巻

1号
町田充「軽犯罪法の趣旨と運用の基本問題」警察学論集15巻1号
土金賢三「即決裁判手続の創設について」警察学論集17巻6号
鈴木善晴「迷惑行為の実態と対策」警察学論集21巻10号
日原正雄「軽犯罪法第4条」警察研究19巻9号
日原正雄「軽犯罪法は活動している」時の法令265号
植松正「街の浄化と軽犯罪法」時の法令435号
伊藤榮樹「軽犯罪法の20年」時の法令639号
植松正「凶器の公然携帯」時の法令692号
阿部純二「無賃乗車と軽微犯罪の問題」時の法令899号
谷口正孝「押売りの犯罪性」ジュリスト81号
栗田啓二「商品の不当表示と刑事罰」ジュリスト376号
森長英三郎「ビラはり取締りと公訴権の濫用」ジュリスト389号
野村敬造「ビラはり取締り事件」ジュリスト398号
阿部照哉「軽犯罪法1条33号と憲法21条」ジュリスト459号
熊倉武「『ビラ貼り』行為による被害法益の本質」季刊労働法56号
松岡三郎「労働争議と刑事責任」季刊労働法79号
花見忠「ビラ貼り行為の限界と刑事責任」労働法学研究会報673号
熊倉武「ビラ活動の法律問題」労働経済旬報575，577号
真部勉「街頭におけるビラ配りの権利」労働法律旬報594号
本多淳亮「ビラはりの正当性」労働法律旬報604号
鍛冶利秀「ビラ貼り・ビラ活動をめぐる裁判例の動向と問題点」労働法律旬報548号
松本健男「ビラ活動の権利と判例の動向」労働法律旬報696号
堀部玉夫「ビラはりと軽犯罪」法律のひろば23巻9号
坂本武志「わいせつ事犯をめぐる判例の動向」法律のひろば25巻6号
山本博「ビラをまく権利」法学セミナー119号
萬井隆令「ビラ貼りと軽犯罪」日本労働法学会誌36号
上村卓也「銀座にストリーカー現わる——公然わいせつ罪について」警察時報29巻6号
田中肇「軽微なビラ貼りに関する判例の検討——可罰的違法性理論に関連して」立命館法学105，106合併号
金澤文雄「わいせつ処罰の動向」法学教室・第2期4号

目 次

はしがき
凡 例
参考文献

第1章 総 説

第1 軽犯罪法の性格 ……………………………………………… 3
第2 軽犯罪法の沿革 ……………………………………………… 5
　　1 沿 革　5
　　2 軽犯罪法の成立・改正過程　7
　　　成立過程　7
　　　昭和48年改正　10
　　　4段対照表（軽犯罪法，警察犯処罰令，旧刑法「違警罪」，違式詿違条例）　12

第2章 各 説

第1条 罪 ……………………………………………………………… 45
　第1 法定刑 ………………………………………………………… 45
　　1 法定刑　45
　　2 刑法総則の適用　46
　　3 刑事手続法の適用　46
　　4 本条の構成　47

第2　構成要件 ………………………………………………… 50

潜伏の罪（第1号）　50
1　本号の趣旨　50
2　行為の場所　50
3　禁止される行為　54
4　他罪との関係　54

凶器携帯の罪（第2号）　56
1　本号の趣旨　56
2　行為の客体　56
3　禁止される行為　60
4　他罪との関係　64

侵入具携帯の罪（第3号）　66
1　本号の趣旨　66
2　行為の客体　66
3　禁止される行為　67
4　他罪との関係　68

浮浪の罪（第4号）　71
1　本号の趣旨　71
2　行為の主体　71
3　禁止される行為　73
4　他罪との関係　74

粗野・乱暴の罪（第5号）　75
1　本号の趣旨　75
2　行為の場所　76
3　行為の客体　80
4　禁止される行為　81
5　他罪との関係　83

消灯の罪（第6号）　89
1　本号の趣旨　89

  2 行為の客体 89
  3 禁止される行為 93
  4 他罪との関係 93
 水路交通妨害の罪（第7号） 95
  1 本号の趣旨 95
  2 禁止される行為 95
  3 他罪との関係 97
 変事非協力の罪（第8号） 98
  1 本号の趣旨 98
  2 行為の機会 98
  3 行為の対象 99
  4 「正当な理由がなく」 108
  5 禁止される行為 108
  6 他罪との関係 109
 火気乱用の罪（第9号） 110
  1 本号の趣旨 110
  2 行為の場所 110
  3 禁止される行為 111
  4 他罪との関係 113
 爆発物使用等の罪（第10号） 114
  1 本号の趣旨 114
  2 行為の客体 114
  3 禁止される行為 115
  4 他罪との関係 116
 危険物投注等の罪（第11号） 117
  1 本号の趣旨 117
  2 行為の場所 117
  3 禁止される行為 118
  4 他罪との関係 120

危険動物解放の罪（第12号） 122
- 1 本号の趣旨 122
- 2 行為の客体 122
- 3 禁止される行為 123
- 4 他罪との関係 124

行列割込み等の罪（第13号） 126
- 1 本号の趣旨 126
- 2 行為の場所（前段の罪） 127
- 3 行為の客体（前段の罪） 128
- 4 禁止される行為（前段の罪） 128
- 5 行為の客体（後段の罪） 128
- 6 禁止される行為（後段の罪） 130
- 7 他罪との関係 131

静穏妨害の罪（第14号） 132
- 1 本号の趣旨 132
- 2 禁止される行為 132
- 3 他罪との関係 135

称号詐称，標章等窃用の罪（第15号） 137
- 1 本号の趣旨 137
- 2 行為の客体（前段の罪） 137
- 3 禁止される行為（前段の罪） 138
- 4 行為の客体（後段の罪） 141
- 5 禁止される行為（後段の罪） 143
- 6 他罪との関係 143

虚構申告の罪（第16号） 145
- 1 本号の趣旨 145
- 2 行為の相手方 145
- 3 行為の客体 146
- 4 禁止される行為 147

5　他罪との関係　　　148
    氏名等不実申告の罪（第17号）　149
            1　本号の趣旨　　　149
            2　行為の客体　　　149
            3　禁止される行為　　　150
            4　行政犯的側面　　　152
            5　他罪との関係　　　152
    要扶助者・死体等不申告の罪（第18号）　154
            1　本号の趣旨　　　154
            2　行為の主体　　　154
            3　行為の相手方　　　156
            4　禁止される行為　　　156
            5　他罪との関係　　　156
    変死現場等変更の罪（第19号）　157
            1　本号の趣旨　　　157
            2　「変死体又は死胎の現場」　　　157
            3　禁止される行為　　　158
            4　他罪との関係　　　159
    身体露出の罪（第20号）　160
            1　本号の趣旨　　　160
            2　行為の場所　　　160
            3　行為の客体　　　161
            4　禁止される行為　　　161
            5　他罪との関係　　　163
    こじきの罪（第22号）　164
            1　本号の趣旨　　　164
            2　禁止される行為　　　164
            3　他罪との関係　　　166

窃視の罪（第23号） 167
 1 本号の趣旨 167
 2 行為の客体 167
 3 禁止される行為 168
 4 他罪との関係 171

儀式妨害の罪（第24号） 172
 1 本号の趣旨 172
 2 行為の客体 172
 3 禁止される行為 173
 4 他罪との関係 174

水路流通妨害の罪（第25号） 176
 1 本号の趣旨 176
 2 禁止される行為 176
 3 他罪との関係 177

排せつ等の罪（第26号） 179
 1 本号の趣旨 179
 2 行為の場所 179
 3 禁止される行為 180
 4 他罪との関係 181

汚廃物放棄の罪（第27号） 182
 1 本号の趣旨 182
 2 行為の客体 182
 3 禁止される行為 183
 4 他罪との関係 186

追随等の罪（第28号） 190
 1 本号の趣旨 190
 2 禁止される行為 190
 3 他罪との関係 194

暴行等共謀の罪（第29号）　201
　　1　本号の趣旨　201
　　2　行為の主体　201
　　3　禁止される行為　203
　　4　他罪との関係　204

動物使そう・驚奔の罪（第30号）　205
　　1　本号の趣旨　205
　　2　前段の罪（人畜に対して犬その他の動物をけしかける罪）　205
　　3　後段の罪（馬若しくは牛を驚かせて逃げ走らせる罪）　206
　　4　他罪との関係　207

業務妨害の罪（第31号）　208
　　1　本号の趣旨　208
　　2　行為の客体　208
　　3　禁止される行為　212
　　4　他罪との関係　216

田畑等侵入の罪（第32号）　219
　　1　本号の趣旨　219
　　2　行為の対象　219
　　3　禁止される行為　223
　　4　他罪との関係　224

はり札，標示物除去等の罪（第33号）　229
　　1　本号の趣旨　229
　　2　本号の合憲性　230
　　3　前段の罪（みだりに他人の家屋その他の工作物にはり札をする罪）　231
　　4　中段の罪（みだりに他人の看板，禁札その他の標示物を取り除く罪）　236
　　5　後段の罪（みだりに工作物又は標示物を汚す罪）　238
　　6　他罪との関係　238

虚偽広告の罪（第34号）　260
　　　　1　本号の趣旨　260
　　　　2　行為の機会　260
　　　　3　禁止される行為　261
　　　　4　行為の主体　263
　　　　5　他罪との関係　263

第2条　刑の免除・併科 ……………………………… 267
　第1　本条の趣旨 ……………………………………… 267
　第2　「免除」 …………………………………………… 268
　　　1　刑を免除すべき場合　268
　　　2　免除の言渡しをした裁判例　269
　第3　「併科」 …………………………………………… 273

第3条　教唆・幇助 …………………………………… 275
　第1　本条の趣旨 ……………………………………… 275
　第2　「第1条の罪を教唆し，又は幇助した者」 …… 275
　　　1　正犯への従属　275
　　　2　間接教唆・間接幇助　276
　第3　「正犯に準ずる」 ………………………………… 276

第4条　適用上の注意 ………………………………… 279
　第1　本条の趣旨 ……………………………………… 279
　第2　「本来の目的を逸脱して他の目的のために」 … 279

事項索引　283
判例索引　292

第1章 総説

第1　軽犯罪法の性格

　軽犯罪法は，国民の日常生活における卑近な道徳律に違背する比較的軽微な犯罪とこれに対する刑罰とを規定した刑事実体法である。このことは，第2回国会における軽犯罪法案の提案理由説明中にも明らかにされているところであり(注1)，東京高判昭24.7.29高刑集2巻1号53頁（上告事件）も，同趣旨を判示している(注2)。

　このように，軽犯罪法は，日常生活における卑近な道徳律を基盤とするものであるから，同法に規定する各種犯罪は，全体として，自然犯の範疇に属するものといわなければならない。

　第1条各号を通覧するに，第29号（暴行等共謀の罪）や第31号（業務妨害の罪）において，その自然犯的色彩は最も顕著であるが，第16号（虚構申告の罪），第17号（氏名等不実申告の罪）や第19号（変死現場等変更の罪）においては，ややその色彩が稀薄である。そして，後者は，その発生的な沿革や，そのような行為を犯罪として取り締まることによる効果の面に着目すれば，行政犯的な色彩があることは否定できないが，国民一般がそのような行為に出ないよう留意することは，いまや，日常の最低の道徳律に属し，いわば国民の公徳心からの要請とも考えられるのであって，その意味で，これらを単なる警察上の命令違背と観念することは，もはや適当ではないものというべきであ

（注1）　第2回国会衆議院司法委員会会議録第2号2頁
　　　「この法律には，日常生活における卑近な道徳律に違反する軽い罪を拾うことを主眼とし，特殊の行政目的遂行のための取締規定的のものについては，それぞれの行政法規に必要最小限度の罰則を定めるべきで，ここにこれを取り入れることは，好ましくないという考え方をとつたのであります。」
（注2）　東京高判昭24.7.29高刑集2巻1号53頁（上告事件）
　　　「軽犯罪法はその規定の形式においては警察犯処罰令に似たところがあるけれども，その官僚主義的な精神を踏襲したものではなく，寧ろ日本国民の社会生活を文化的に向上せしめる為最低限度に要請せられる道徳律を実体刑法化したものである。この事は同法の立法の経過並に全規定の形式及び精神から容易に看取せられる。されば所論日本国民の基本的人権を侵害する様なことは固より本法の企図するところでなく，寧ろ本法は日本国民の社会的倫理を文化的に向上せしめて，国民をして自由で幸福な生活を営ましめることを目的としている。」

る。
　このように考えると，軽犯罪法は，刑法と基本的な性格を同じくするものであり，ただ，これによる処罰の対象となる行為が比較的軽微なものである点において，それは，いわば小刑法ともいうべきであり，我が国の旧刑法を持ち出すまでもなく，各国の立法例として，同種の規定が刑法典中に設けられる例が多いのは，この意味からであると考えられる。
　軽犯罪法は，日常生活に比較的密着した道徳律違背を規定の対象としている。言い換えれば，その時代のその社会に生活する人々の常識として，当然道徳的非難の対象とされる事柄を取り上げて規定している。
　したがって，この法律の内容自体は，時代により変遷し得るものである。そのことは，後に述べる違式詿違条例から軽犯罪法に至るこの種規範の沿革においても見ることができ，また，現に，例えば，第1条第13号中の「割当物資の配給を待ち，若しくは割当物資の配給に関する証票を得るため待つている公衆の列に割り込み，若しくはその列を乱」す行為についての処罰規定などが，今日においては，ほとんど空文化していることによっても知ることができる。さらに，諸外国の立法例と対比することにより，所によっても規範の内容が動き得ることを知ることができる。時として一部に，軽犯罪法の諸規定を再検討する必要があるとの声が聞かれたりするのも，このような時代と社会の変遷を反映するものといえよう。
　軽犯罪法の対象となる事柄は，いずれも，社会的非難の度合いが比較的軽微なものである。
　国が，そのような軽微な違反行為に対してあえて刑罰で臨もうとしているのは，一面において，これにより国民の公徳心ないし社会的倫理感覚を向上せしめて，国民一般の幸福を図ろうとする意図があるものということができよう。このことに鑑みるとき，軽犯罪法は，その対象とされる行為こそ軽微であるとはいえ，その励行に大きな意義があるものといわなければならない。

第2　軽犯罪法の沿革

1　沿　革

　軽犯罪法の内容をなすような国民の日常生活における卑近な道徳律に違背する行為を処罰の対象として規定したものとしては，明治6年7月19日太政官布告第256号「違式詿違条例」まで遡ることができる。

　この条例は，違式罪目として36種類の犯罪を掲げ（ただし，各地方の便宜により斟酌増減することが認められていた。），これらに対しては，犯人から75銭から150銭までの贖金を徴するものとし，詿違罪目として47種類の犯罪を掲げ（前同），これらに対しては，犯人から6銭2厘5毛から12銭5厘までの贖金を徴するものとし，これらの贖金を納付する資力のない者に対しては，違式については，10から20までの笞刑（いわゆる鞭打ちの刑）をもって，詿違については，1日又は2日の拘留をもって，それぞれ換えることができるものとしていた（違式詿違条例に規定されていた各種犯罪類型については，後出13頁の表を参照。）。

　次いで，明治13年，フランス刑法にならって制定された，我が国初めての刑法典（旧刑法〔明治13年太政官布告第36号〕）において，その第4編「違警罪」として，それまで違式詿違条例に規定されていたような軽微な犯罪が規定されることになった。

　ここでは，違警罪合計71種類を5群に分けて，法定刑に差を設け，それぞれ，①3日以上10日以下の拘留又は1円以上1円95銭以下の科料，②2日以上5日以下の拘留又は50銭以上1円50銭以下の科料，③1日以上3日以下の拘留又は20銭以上1円25銭以下の科料，④1日の拘留又は10銭以上1円以下の科料，⑤5銭以上50銭以下の科料をもって臨むものとしていた（旧刑法に違警罪として規定されていた各種犯罪類型については，後出13頁の表を参照。）。

　その後，明治40年に現行刑法が制定されるに当たり，違警罪は，刑法典から除くこととされ，旧刑法の違警罪に相当する規定は，内務省令をもって規定することとされた。

　すなわち，明治23年法律第84号「命令ノ条項違犯ニ関スル罰則ノ件」は，「命

令ノ条項ニ違犯スル者ハ各其ノ命令ニ規定スル所ニ従ヒ200円以内ノ罰金若ハ1年以下ノ禁錮ニ処ス」と規定し，更に，同年勅令第208号（明治39年勅令第258号及び明治41年勅令第245号により改正）「閣令省令庁府県令及警察令ニ関スル罰則」は，省令には，「100円以内ノ罰金若ハ科料又ハ3月以下ノ懲役禁錮若ハ拘留ノ罰則ヲ附スルコトヲ得」るものとしていたので，これらの規定を根拠として，明治41年9月29日内務省令第16号「警察犯処罰令」が制定され，旧違警罪は，若干の整理，改訂を加えた上，この中に規定することとされたのであった。

ここでは，「警察犯」合計58種類を3群に分けて，法定刑に差を設け，それぞれ，①30日未満の拘留，②30日未満の拘留又は20円未満の科料，③20円未満の科料をもって臨むこととしていた（警察犯処罰令に規定されていた各種犯罪類型については，後出12頁の表を参照。）。

このようにして，警察犯処罰令は，戦後まで存続してきたのであるが，昭和22年5月3日，日本国憲法の施行に伴い制定された，日本国憲法施行の際現に効力を有する命令の規定の効力等に関する法律（昭和22年法律第72号）の「日本国憲法施行の際現に効力を有する命令の規定で，法律を以て規定すべき事項を規定するものは，昭和22年12月31日まで（昭和22年法律第244号をもって，『昭和23年5月2日まで』に改正），法律と同一の効力を有するものとする。」との規定により，警察犯処罰令は，昭和23年5月2日まで，なお一時的に，法律としての効力を有していたわけである。

その間，警察犯処罰令に代わるべき法律として，立案作業が行われ，第2回国会に政府案として提出され，昭和23年4月30日成立，同年5月1日法律第39号として公布され，同月2日から警察犯処罰令に代わって施行されることになったのが，軽犯罪法である。

軽犯罪法，警察犯処罰令，旧刑法「違警罪」及び違式詿違条例の各犯罪類型等を対照させてみると，後出12頁の表のとおりである。

2 軽犯罪法の成立・改正過程
(1) 成立過程

既に述べたように，軽犯罪法は，昭和23年5月1日に公布されたのであるが，その成立過程について若干の説明を加えておこう。

司法省刑事局において警察犯処罰令に代わるべき法律の本格的立案作業を開始したのは，昭和22年夏ごろと思われるが，同年末には，次のような一応の成案を得たもののようである。

第1条　左の各号の一に該当する者は，これを拘留又は科料に処する。
一　（現在と同じ。）
二　正当な理由がなくて刃物，鉄棒その他人の身体に害を加えるのに使用される器具を携帯していた者
三　正当な理由がなくて，合かぎ，ガラス切その他他人の邸宅又は建物に侵入するのに使用される器具を携帯していた者
四　一定の住居と職業を持たず，諸方をうろついた者
五　人を惑わすような虚偽の事実を流布した者
六　公会堂，劇場その他公衆の会同している場所で会衆の妨害をした者
七　（現第6号と同じ。）
八　（現第7号と同じ。）
九　風水害，交通事故その他の変事に際し，正当な理由がなく，公務員若しくはこれを援助する者の指示に反して，現場に入り若しくはその場を去らず，又は公務員から援助を求められたのにかかわらず，これに応じなかつた者
十　（現第9号と同じ。）
十一　（現第10号と同じ。）
十二　（現第11号と同じ。）
十三　猛犬，その他人畜に害を加える虞のある鳥獣類を正当な理由がなくて解放し，又はその監守を怠つてこれを逃がした者
十四　船車の乗降，物の売買などに際し，威勢を示して列の順序を乱し，又は人ごみの場所で係員の制止をきかずに，人を押しのけその他混雑を増すような行為をした者
十五　公務員の制止をきかずに，大声を出すなどして騒ぎ，又は楽器，ラジオなどの音を著しく大きくして近隣に迷惑をかけた者
十六　官公職，位階勲等，学位その他法令により定められた称号若しくは外国におけるこれらに準ずるものを詐称し，又は資格がないのにかか

わらず，法令により定められた制服若しくは勲章，記章その他の標章若しくはこれらに類似したものを用いた者
十七　（現第16号と同じ。）
十八　（現第17号と同じ。）
十九　（現第18号と同じ。）
二十　（現第19号と同じ。）
二十一　公衆の目に触れるような場所でみだりにしり，ももなどを出しその他醜態をした者
二十二　公衆の目に触れるような場所で牛馬その他の動物を虐待した者
二十三　（現第22号と同じ。）
二十四　売淫をし，売淫をあつ旋する行為をし，又は売淫の場所を提供した者
二十五　賭博の現場に参集した者
二十六　みだりに人の住居，浴場，脱衣場又は便所をのぞき見した者
二十七　公私の儀式に対して悪戯又は妨害をした者
二十八　みだりに吉凶禍福を説いて人に不安の念をいだかせ，又はみだりにごきとう，まじないなどをし，若しくは守札，神水などを与えて傷病者が医療を受けることを妨げた者
二十九　（現第25号と同じ。）
三十　（現第26号と同じ。）
三十一　みだりにごみ，鳥獣の死体その他の汚物又は廃物を棄てた者
三十二　正当な理由がなくて面会を強請し，又は強談威迫の行為をした者
三十三　強いて無料で，遊興若しくは飲食をしようとし，又は興行場に入ろうとした者
三十四　他人の身辺に立ちふさがり，又はつきまとつた者
三十五　他人の生命又は身体に対して害を加えることを共謀した者
三十六　犬その他の動物をけしかけ，又は驚奔させた者
三十七　正当な理由がなくて寄附その他金品の提供又は物品の売買若しくは交換を強請した者
三十八　他人の業務に対して悪戯などをしてこれを妨害した者
三十九　他人の栽培する農作物，草花若しくは樹木又はこれらの果実を採り，又は折つた者
四十　（現第32号と同じ。）
四十一　（現第33号と同じ。）
四十二　誇大又は虚偽の広告をして利を図つた者
第2条　（現第2条と同じ。）
第3条　（現第3条と同じ。）

その後，このような案に対して，主として連合国軍総司令部（GHQ）からの修正要請等を容れた結果によるものと思われるが，更に検討修正が加えられ，昭和23年3月15日，政府から第2回国会に提出されたのは，現在の軽犯罪法から第4条を除いた内容に所要の附則を置いた案であった。
　まず，衆議院で審議されたが，司法委員会における審議の過程で最も論議を呼んだのは，軽犯罪法の前身である警察犯処罰令が警察署長限りの処分を認めた違警罪即決例とあいまって，大衆運動などに対する不当な弾圧に悪用されたきらいがある過去の経験に鑑みるとき，軽犯罪法もまた，労働運動等の大衆運動の抑圧に悪用されるおそれがありはしないかとの点であった。この点について，政府は，そのようなおそれのないことを種々力説したのであったが，結局，このような濫用を防止する意味において，現第4条に当たる規定を追加すべき旨の修正案が，社会党，民主党，民主自由党及び国民協同党の4党によって共同提案され(注3,4)，軽犯罪法案は，同年4月13日，前記修正の上，衆議院を可決通過した。
　参議院においては，やはり司法委員会において，数次にわたる公聴会をも

（注3）　第2回国会衆議院司法委員会会議録第12号4頁
　　　○　石川金次郎委員
　　　「この修正案を提出いたしました理由は，軽犯罪法の前身であります警察犯処罰令が，従来応々にいたしまして，その本来の目的を越えまして，犯罪捜査のために利用せられ，国民の権利を不当に侵害するかのごとき状態であつたのであります。殊に正当な労働運動，正当な農民運動を拘束し，抑圧しておりましたということは，顕著な事実であります。もしかくのごときことがございますと，軽犯罪法の目的を逸脱して，いたずらに権利を官憲によつて濫用されるという結果に相なりますので，第4条において明確にこの法律の適用にあたりましては，国民の権利を侵害しないように，また本来の目的を逸脱いたしまして，他の目的のために濫用せられないようにという規定を示そうとしたものであります。」
（注4）　ちなみに，衆議院においては，（注1）のほか，4党共同提案により，政府提出案の附則第1項「この法律は，公布の日から起算して30日を経過した日から，これを施行する。」を「この法律は，昭和23年5月2日から，これを施行する。」と改める修正案が出されて可決され，また佐瀬昌三，鍛冶良作両委員から，第1条第16号を「虚構または誇大に人の犯罪事実を流布して，人心をまどわしめ，または人に迷惑をかけた者」と改め，同条第29号を「他人の身体に対して害を加えることを共謀した者の中で，そのたれかが予備行為をした場合における共謀者」と改めることを内容とする修正案が共同提案されたが，これは，否決されている。

開いて，慎重審議の結果，同年4月30日，衆議院送付案のとおり可決され，成立するに至った(注5)。

(2) 昭和48年改正

このようにして成立した軽犯罪法には，久しく改正が加えられることがなかったが，動物の保護及び管理に関する法律（昭和48年法律第105号）の附則第2項によって，軽犯罪法第1条第21号は，削除されることになった。

改正前の第21号は，「牛馬その他の動物を殴打し，酷使し，必要な飲食物を与えないなどの仕方で虐待した者」と規定していた（同号の解釈等については，本書の初版又は改訂版を参照されたい。）。この規定は，形式的には，警察犯処罰令第3条第14号（「公衆ノ目ニ触ルヘキ場所ニ於テ牛馬其ノ他ノ動物ヲ虐待シタル者」）を受け継いだものであったが，「公衆ノ目ニ触ルヘキ場所ニ於テ」との規定が除かれたため，警察犯処罰令当時とは罪質において変化を遂げ，動物愛護の精神において一歩前進したものとなっていた。

（注5）　なお，参議院司法委員会においては，以下のような修正案がそれぞれ提案されたが，いずれも否決されている。
- 小川友三委員から，第1条第4号中「且つ」の下に「何人もが証明し得ない」を加えること，同条第9号の末尾に「又は他人の宅地，敷地又は住宅が，日蔭になるような松，杉等将来大樹になるような樹木を自己の宅地，又は山林農地に植え，他人に迷惑をかけることをする者」を加えること，同条第14号に「議員又は議員候補者の演説会を除いて」と加えること，及び同条第31号の末尾に「又は電熱器の制限外の使用により，トランスを焼失させ，停電にいたらせ，附近に迷惑をかけた者」を加えることを内容とする修正案
- 星野芳樹委員から，第1条中「これを拘留又は科料に処する。」を「注意し若しくは科料に処することができる。」に改めること，第2条を「前条の罪を犯した者に対しては，情状に因りその刑を免除することができる。」と改めること，及び，第3条を「第1条の罪の被疑者に対しては，勾留状を発することができない。」と改めることを内容とする修正案
- 松村眞一郎委員から，第4条を「何人もこの法律を濫用して国民の基本的人権を侵害してはならない。」と改めることを内容とする修正案
- 中村正雄委員から，見出しの次に，前文として，「平和文化国家の国民としての日常生活における規律に違反する軽微な罪を定める目的をもってここに軽犯罪法を制定する。その適用にあたつては，国民の権利を不当に侵害してはならない。その本来の目的を越えて，犯罪の捜査のために濫用し，又は労働運動その他国民の基本的人権を護るための合法運動を妨げてはならない。」を加え，第4条を削ることを内容とする修正案

しかし、この改正前の第21号による検挙実績が極めて少ないこともあって、以前から議員立法として「動物愛護法」とでもいうべき、より動物保護に徹した法律を制定しようとの動きがあり、昭和48年に至って、動物の保護及び管理に関する法律が議員立法として成立し、ここに軽犯罪法第1条第21号は、その使命を果たし終わって消滅し、同号が果たしていた役割は、動物の保護及び管理に関する法律第13条[注6]（現在の動物の愛護及び管理に関する法律第44条[注7]）に引き継がれることになった。

（注6）　昭和48年当時の動物の保護及び管理に関する法律第13条の規定は、以下のとおりであった。
　「第13条（罰則）
　① 保護動物を虐待し、又は遺棄した者は、3万円以下の罰金又は科料に処する。
　② 前項において「保護動物」とは、次の各号に掲げる動物をいう。
　　一　牛、馬、豚、めん羊、やぎ、犬、ねこ、いえうさぎ、鶏、いえばと及びあひる
　　二　前号に掲げるものを除くほか、人が占有している動物で哺乳類又は鳥類に属するもの」
（注7）　平成11年の法改正により、法律の名称は「動物の愛護及び管理に関する法律」と改められた。令和元年の法改正（令和2年6月施行）による第44条の規定は、以下のとおり。
　「第44条（罰則）
　① 愛護動物をみだりに殺し、又は傷つけた者は、5年以下の懲役又は500万円以下の罰金に処する。
　② 愛護動物に対し、みだりに、その身体に外傷が生ずるおそれのある暴行を加え、又はそのおそれのある行為をさせること、みだりに、給餌若しくは給水をやめ、酷使し、その健康及び安全を保持することが困難な場所に拘束し、又は飼養密度が著しく適正を欠いた状態で愛護動物を飼養し若しくは保管することにより衰弱させること、自己の飼養し、又は保管する愛護動物であつて疾病にかかり、又は負傷したものの適切な保護を行わないこと、排せつ物の堆積した施設又は他の愛護動物の死体が放置された施設であつて自己の管理するものにおいて飼養し、又は保管することその他の虐待を行つた者は、1年以下の懲役又は100万円以下の罰金に処する。
　③ 愛護動物を遺棄した者は、1年以下の懲役又は100万円以下の罰金に処する。
　④ 前3項において「愛護動物」とは、次の各号に掲げる動物をいう。
　　一　牛、馬、豚、めん羊、山羊、犬、猫、いえうさぎ、鶏、いえばと及びあひる
　　二　前号に掲げるものを除くほか、人が占有している動物で哺乳類、鳥類又は爬虫類に属するもの」

1 法定刑

軽犯罪法 (昭和23年法律第39号)	警察犯処罰令 (明治41年内務省令第16号)
拘留又は科料 (1条柱書)	※犯罪類型ごとに法定刑を区別 ○1条所定の罪（1条柱書） 30日未満の拘留 ○2条所定の罪（2条柱書） 30日未満の拘留又は20円未満の科料 ○3条所定の罪（3条柱書） 20円未満の科料

2 犯罪類型

※規定がないものについては空欄
※軽犯罪法の見出しは本書による

軽犯罪法 (昭和23年法律第39号)	警察犯処罰令 (明治41年内務省令第16号)
(1条1号　潜伏の罪) 　人が住んでおらず、且つ、看守していない邸宅、建物又は船舶の内に正当な理由がなくてひそんでいた者	故ナク人ノ居住若ハ看守セサル邸宅、建造物及船舶内ニ潜伏シタル者（1条1号）
(1条2号　凶器携帯の罪) 　正当な理由がなくて刃物、鉄棒その他人の生命を害し、又は人の身体に重大な害を加えるのに使用されるような器具を隠して携帯していた者	

旧刑法〔第四編　違警罪〕 （明治13年太政官布告第36号）	違式詿違条例 （明治6年太政官布告第256号）
※犯罪類型ごとに法定刑を区別	※犯罪類型ごとに法定刑を区別
○425条所定の罪 （425条柱書）　　3日以上10日以下の拘留 又は 1円以上1円95銭以下の科料	○違式の罪　　75銭以上150銭以下の贖金追徴（1条） 【無資力の場合】 10から20までの笞罪（3条）
○426条所定の罪 （426条柱書）　　2日以上5日以下の拘留 又は 50銭以上1円50銭以下の科料	
○427条所定の罪 （427条柱書）　　1日以上3日以下の拘留 又は 20銭以上1円25銭以下の科料	○詿違の罪　　6銭2厘5毛以上 12銭5厘以下の贖金追徴（2条） 【無資力の場合】 1日又は2日の拘留（3条）
○428条所定の罪 （428条柱書）　　1日の拘留 又は 10銭以上1円以下の科料	
○429条所定の罪 （429条柱書）　　5銭以上50銭以下の科料	※ただし、無資力の場合には、違式・詿違の罪とも適宜、懲役に換えることとされていた（3条）

旧刑法〔第四編　違警罪〕 （明治13年太政官布告第36号）	違式詿違条例 （明治6年太政官布告第256号）
人ノ住居セサル家屋内ニ潜伏シタル者 （425条11号）	

軽犯罪法 (昭和23年法律第39号)	警察犯処罰令 (明治41年内務省令第16号)
（1条3号　侵入具携帯の罪） 　正当な理由がなくて合かぎ，のみ，ガラス切りその他他人の邸宅又は建物に侵入するのに使用されるような器具を隠して携帯していた者	
（1条4号　浮浪の罪） 　生計の途がないのに，働く能力がありながら職業に就く意思を有せず，且つ，一定の住居を持たない者で諸方をうろついたもの	一定ノ住居又ハ生業ナクシテ諸方ニ徘徊スル者（1条3号）
（1条5号　粗野・乱暴の罪） 　公共の会堂，劇場，飲食店，ダンスホールその他公共の娯楽場において，入場者に対して，又は汽車，電車，乗合自動車，船舶，飛行機その他公共の乗物の中で乗客に対して著しく粗野又は乱暴な言動で迷惑をかけた者	劇場，寄席其ノ他公衆会同ノ場所ニ於テ会衆ノ妨害ヲ為シタル者（2条14号）
（1条6号　消灯の罪） 　正当な理由がなくて他人の標灯又は街路その他公衆の通行し，若しくは集合する場所に設けられた灯火を消した者	濫ニ他人ノ標燈又ハ社寺，道路，公園其ノ他公衆用ノ常燈ヲ消シタル者（2条28号）
（1条7号　水路交通妨害の罪） 　みだりに船又はいかだを水路に放置し，その他水路の交通を妨げるような行為をした者	公衆ノ自由ニ交通シ得ル場所ニ於テ濫ニ車馬舟筏其ノ他ノ物件ヲ置キ又ハ交通ノ妨害ト為ルヘキ行為ヲ為シタル者（2条12号）
（1条8号　変事非協力の罪） 　風水害，地震，火事，交通事故，犯罪の発生その他の変事に際し，正当な理由がなく，現場に出入するについて公務員若しくはこれを援助する者の指示に従うことを拒み，又は公務員から援助を求められたのにかかわらずこれに応じなかつた者	水火災其ノ他ノ事変ニ際シ制止ヲ肯セスシテ其ノ現場ニ立入リ若ハ其ノ場所ヨリ退去セス又ハ官吏ヨリ援助ノ求ヲ受ケタルニ拘ラス傍観シテ之ニ応セサル者（2条27号）

旧刑法〔第四編　違警罪〕 （明治13年太政官布告第36号）	違式詿違条例 （明治6年太政官布告第256号）
定リタル住居ナク平常営生ノ産業ナクシテ諸方ニ徘徊スル者（425条12号）	
路上ノ植木市街ノ常燈及ヒ厠場等ヲ毀損シタル者（427条15号） 路上ノ常燈ヲ消シタル者（429条13号）	戯ニ往来ノ常燈台ヲ破毀スル者（違式19条） 往来常燈ヲ戯ニ消滅スル者（詿違54条）
水路ニ於テ舟ヲ並ヘ通船ノ妨害ヲ為シタル者（429条4号） 牛馬諸車其他物件ヲ道路ニ横タヘ又ハ木石薪炭等ヲ堆積シテ行人ノ妨害ヲ為シタル者（429条2号）	馬車及ヒ人力車荷車等ヲ往来ニ置キ行人ノ妨ヲナシ及ヒ牛馬ヲ街衢ニ横タヘ行人ヲ妨ケシ者（詿違46条）
水火其他ノ変ニ際シ官吏ヨリ防禦ス可キノ求メヲ受ケ傍観シテ之ヲ肯セサル者（426条2号）	

軽犯罪法 (昭和23年法律第39号)	警察犯処罰令 (明治41年内務省令第16号)
(1条9号　火気乱用の罪) 　相当の注意をしないで、建物、森林その他燃えるような物の附近で火をたき、又はガソリンその他引火し易い物の附近で火気を用いた者	家屋其ノ他ノ建造物若ハ引火シ易キ物ノ近傍又ハ山野ニ於テ濫ニ火ヲ焚ク者（3条5号）
(1条10号　爆発物使用等の罪) 　相当の注意をしないで、銃砲又は火薬類、ボイラーその他の爆発する物を使用し、又はもてあそんだ者	濫ニ銃砲ノ発射ヲ為シ又ハ火薬其ノ他劇発スヘキ物ヲ玩ヒタル者（3条4号）
(1条11号　危険物投注等の罪) 　相当の注意をしないで、他人の身体又は物件に害を及ぼす虞のある場所に物を投げ、注ぎ、又は発射した者	他人ノ身体、物件又ハ之ニ害ヲ及ホスヘキ場所ニ対シ物件ヲ抛擲シ又ハ放射シタル者（2条32号）
(1条12号　危険動物解放の罪) 　人畜に害を加える性癖のあることの明らかな犬その他の鳥獣類を正当な理由がなくて解放し、又はその監守を怠つてこれを逃がした者	狂犬、猛獣等ノ繋鎖ヲ怠リ逸走セシメタル者（3条13号）
(1条13号　列割込み等の罪) 　公共の場所において多数の人に対して著しく粗野若しくは乱暴な言動で迷惑をかけ、又は威勢を示して汽車、電車、乗合自動車、船舶その他の公共の乗物、演劇その他の催し若しくは割当物資の配給を待ち、若しくはこれらの乗物若しくは催しの切符を買い、若しくは割当物資の配給に関する証票を得るため待つている公衆の列に割り込み、若しくはその列を乱した者	雑沓ノ場所ニ於テ制止ヲ肯セス混雑ヲ増スノ行為ヲ為シタル者（2条15号）
(1条14号　静穏妨害の罪) 　公務員の制止をきかずに、人声、楽器、ラジオなどの音を異常に大きく出して静穏を害し近隣に迷惑をかけた者	公衆ノ自由ニ交通シ得ル場所ニ於テ喧噪シ、横臥シ又ハ泥酔シテ徘徊シタル者（2条11号）

総説 17

旧刑法〔第四編　違警罪〕 （明治13年太政官布告第36号）	違式註違条例 （明治6年太政官布告第256号）
人家ノ近傍又ハ山林田野ニ於テ濫リニ火ヲ焚ク者（426条1号）	人家稠密ノ場所ニ於テ妄リニ火技ヲ玩フ者（**違式17条**） 山林原野ニテ徒ラニ火ヲ焚者（**註違84条**）
人家稠密ノ場所ニ於テ濫リニ烟火其他火器ヲ玩ヒタル者（425条4号）	
瓦礫ヲ道路家屋園囲ニ投擲シタル者（427条5号）	
狂犬猛獣等ノ繋鎖ヲ怠リ路上ニ放チタル者（426条8号）	
道路ニ於テ放歌高声ヲ発シテ制止ヲ肯セサル者（429条11号） 酩酊シテ路上ニ喧噪シ又ハ酔臥シタル者（429条12号）	喧嘩口論及ヒ人ノ自由ヲ妨ケ且驚愕スヘキ噪闘ヲ為シ出セル者（**註違53条**）

軽犯罪法 （昭和23年法律第39号）	警察犯処罰令 （明治41年内務省令第16号）
（1条15号　称号詐称，標章等窃用の罪） 　官公職，位階勲等，学位その他法令により定められた称号若しくは外国におけるこれらに準ずるものを詐称し，又は資格がないのにかかわらず，法令により定められた制服若しくは勲章，記章その他の標章若しくはこれらに似せて作つた物を用いた者	官職，位記，勲爵，学位ヲ詐リ又ハ法令ノ定ムル服飾，徽章ヲ僣用シ若ハ之ニ類似ノモノヲ使用シタル者（2条20号）
（1条16号　虚構申告の罪） 　虚構の犯罪又は災害の事実を公務員に申し出た者	官公署ニ対シ不実ノ申述ヲ為シ又ハ其ノ義務アル者ニシテ故ナク申述ヲ肯セサル者（2条21号）
（1条17号　氏名等不実申告の罪） 　質入又は古物の売買若しくは交換に関する帳簿に，法令により記載すべき氏名，住居，職業その他の事項につき虚偽の申立をして不実の記載をさせた者	
（1条18号　要扶助者・死体等不申告の罪） 　自己の占有する場所内に，老幼，不具若しくは傷病のため扶助を必要とする者又は人の死体若しくは死胎のあることを知りながら，速やかにこれを公務員に申し出なかつた者	自己占有ノ場所内ニ老幼，不具又ハ疾病ノ為扶助ヲ要スル者若ハ人ノ死屍，死胎アルコトヲ知リテ速ニ警察官吏ニ申告セサル者（2条10号1項）
（1条19号　変死現場等変更の罪） 　正当な理由がなくて変死体又は死胎の現場を変えた者	前項ノ死屍，死胎ニ対シ警察官吏ノ指揮ナキニ其ノ現場ヲ変更シタル者（2条10号2項）
（1条20号　身体露出の罪） 　公衆の目に触れるような場所で公衆にけん悪の情を催させるような仕方でしり，ももその他身体の一部をみだりに露出した者	公衆ノ目ニ触ルヘキ場所ニ於テ袒裼，裸裎シ又ハ臀部，股部ヲ露ハシ其ノ他醜態ヲ為シタル者（3条2号）
（1条22号　こじきの罪） 　こじきをし，又はこじきをさせた者	乞丐ヲ為シ又ハ為サシメタル者（2条2号）

旧刑法〔第四編　違警罪〕 （明治13年太政官布告第36号）	違式詿違条例 （明治6年太政官布告第256号）
自己ノ所有地内ニ死屍アルコトヲ知テ官署ニ申告セス又ハ他所ニ移シタル者（425条8号） 変死人ノ検視ヲ受ケスシテ埋葬シタル者（426条9号）	

軽犯罪法 （昭和23年法律第39号）	警察犯処罰令 （明治41年内務省令第16号）
（1条23号　窃視の罪） 　正当な理由がなくて人の住居，浴場，更衣場，便所その他人が通常衣服をつけないでいるような場所をひそかにのぞき見た者	
（1条24号　儀式妨害の罪） 　公私の儀式に対して悪戯などでこれを妨害した者	祭事，祝儀又ハ其ノ行列ニ対シ悪戯又ハ妨害ヲ為シタル者（2条9号）
（1条25号　水路流通妨害の罪） 　川，みぞその他の水路の流通を妨げるような行為をした者	人ノ飲用ニ供スル浄水ヲ汚穢シ又ハ其ノ使用ヲ妨ケ若ハ其ノ水路ニ障碍ヲ為シタル者（2条22号） 　河川，溝渠又ハ下水路ノ疏通ヲ妨クヘキ行為ヲ為シタル者（2条23号）
（1条26号　排せつ等の罪） 　街路又は公園その他公衆の集合する場所で，たんつばを吐き，又は大小便をし，若しくはこれをさせた者	街路ニ於テ屎尿ヲ為シ又ハ為サシメタル者（3条3号）
（1条27号　汚廃物放棄の罪） 　公共の利益に反してみだりにごみ，鳥獣の死体その他の汚物又は廃物を棄てた者	濫ニ禽獣ノ死屍又ハ汚穢物ヲ棄擲シ又ハ之レカ取除ノ義務ヲ怠リタル者（3条10号）
（1条28号　追随等の罪） 　他人の進路に立ちふさがつて，若しくはその身辺に群がつて立ち退こうとせず，又は不安若しくは迷惑を覚えさせるような仕方で他人につきまとつた者	濫ニ他人ノ身辺ニ立塞リ又ハ追随シタル者（2条31号）
（1条29号　暴行等共謀の罪） 　他人の身体に対して害を加えることを共謀した者の誰かがその共謀に係る行為の予備行為をした場合における共謀者	

旧刑法〔第四編　違警罪〕 （明治13年太政官布告第36号）	違式詿違条例 （明治6年太政官布告第256号）
	婚姻祝儀等ノ節事故ニ托シ往来又ハ其家宅ニ妨害ヲナス者（違式32条）
溝渠下水ヲ毀損シ又ハ官署ノ督促ヲ受ケテ溝渠下水ヲ浚ハサル者（428条6号）	川堀下水等ヘ土芥瓦礫等ヲ投棄シ流通ヲ妨クル者（違式22条） 養田水其外用水ニ妨害ヲナス者（詿違66条） 水除杭ニ妨害ヲナシ又ハ之ヲ抜取ル者（詿違67条）
禽獣ノ死屍ヲ道路ニ棄擲シ又ハ取除カサル者（427条6号） 汚穢物ヲ道路家屋囲ニ投擲シタル者（427条7号） 氷雪塵芥等ヲ路上ニ投棄シタル者（429条5号）	禽獣ノ死スル者或ハ汚穢ノ物ヲ往来等ヘ投棄スル者（詿違47条）

軽犯罪法 (昭和23年法律第39号)	警察犯処罰令 (明治41年内務省令第16号)
(1条30号　動物使そう・驚奔の罪) 　人畜に対して犬その他の動物をけしかけ，又は馬若しくは牛を驚かせて逃げ走らせた者	濫ニ犬其ノ他ノ獣類ヲ嗾シ又ハ驚逸セシメタル者（3条12号）
(1条31号　業務妨害の罪) 　他人の業務に対して悪戯などでこれを妨害した者	他人ノ業務ニ対シ悪戯又ハ妨害ヲ為シタル者（2条5号）
(1条32号　田畑等侵入の罪) 　入ることを禁じた場所又は他人の田畑に正当な理由がなくて入つた者	出入ヲ禁止シタル場所ニ濫ニ出入シタル者（2条25号） 　通路ナキ他人ノ田圃ヲ通行シ又ハ此ニ牛馬諸車ヲ牽入レタル者（3条17号）
(1条33号　はり札，標示物除去等の罪) 　みだりに他人の家屋その他の工作物にはり札をし，若しくは他人の看板，禁札その他の標示物を取り除き，又はこれらの工作物若しくは標示物を汚した者	濫ニ他人ノ家屋其ノ他ノ工作物ヲ汚瀆シ若ハ之ニ貼紙ヲ為シ又ハ他人ノ標札，招牌，売貸家札其ノ他榜標ノ類ヲ汚瀆シ若ハ撤去シタル者（3条15号）
(1条34号　虚偽広告の罪) 　公衆に対して物を販売し，若しくは頒布し，又は役務を提供するにあたり，人を欺き，又は誤解させるような事実を挙げて広告をした者	新聞紙，雑誌其ノ他ノ方法ヲ以テ誇大又ハ虚偽ノ広告ヲ為シ不正ノ利ヲ図リタル者（2条6号）
	密売淫ヲ為シ又ハ其ノ媒合若ハ容止ヲ為シタル者（1条2号）
	故ナク面会ヲ強請シ又ハ強談威迫ノ行為ヲ為シタル者（1条4号）
	合力，喜捨ヲ強請シ又ハ強テ物品ノ購買ヲ求メタル者（2条1号）
	濫ニ寄附ヲ強請シ又ハ収利ノ目的ヲ以テ強テ物品，入場券等ヲ配付シタル者（2条3号）

旧刑法〔第四編　違警罪〕 （明治13年太政官布告第36号）	違式詿違条例 （明治6年太政官布告第256号）
路上ニ於テ犬其他ノ獣類ヲ嗾シ又ハ驚逸セシメタル者（426条6号）	犬ヲ闘ハシメ及ヒ戯ニ人ニ嗾スル者（詿違60条） 他人ノ獣畜類等ニ犬ヲ嗾シ掛ル者（詿違78条）
出入ヲ禁止シタル場所ニ濫リニ出入シタル者（429条9号） 通路ナキ他人ノ田圃ヲ通行シ又ハ牛馬ヲ牽入レタル者（429条18号）	田園種芸ノ路ナキ場ヲ通行シ又ハ牛馬ヲ牽入ル者（詿違56条）
人家ノ牆壁ニ貼紙及ヒ楽書シタル者（429条14号） 邸宅ノ番号標札招牌又ハ貸家売家ノ貼紙其他報告ノ榜標等ヲ毀損シタル者（429条15号）	往来筋ノ号札又ハ人家ノ番号名札看板等ヲ戯ニ破毀スル者（詿違52条）
密ニ売淫ヲ為シ又ハ其媒合容止ヲ為シタル者（425条10号）	
	行人ニ合力等ヲ申掛ル者（詿違76条）

軽犯罪法 (昭和23年法律第39号)	警察犯処罰令 (明治41年内務省令第16号)	
	入札ノ妨害ヲ為シ又ハ共同入札ヲ強請シ若ハ落札人ニ対シ其ノ事業又ハ利益ノ分配若ハ金品ヲ強請シタル者(2条4号)	
	新聞紙,雑誌其ノ他ノ出版物ノ購読又ハ広告掲載ニ付強テ其ノ申込ヲ求メタル者(2条7号)	
	申込ナキ新聞紙,雑誌其ノ他ノ出版物ヲ配付シ又ハ申込ナキ広告ヲ為シ其ノ代料ヲ請求シタル者(2条8号)	
	公衆ノ自由ニ交通シ得ル場所ニ於テ危険ノ虞アルトキ点燈其ノ他予防ノ装置ヲ為スノ義務ヲ怠リタル者(2条13号)	
	人ヲ誑惑セシムヘキ流言浮説又ハ虚報ヲ為シタル者(2条16号)	
	妄ニ吉凶禍福ヲ説キ又ハ祈禱,符呪等ヲ為シ若ハ守札類ヲ授与シテ人ヲ惑ハシタル者(2条17号)	
	病者ニ対シ禁厭,祈禱,符呪等ヲ為シ又ハ神符,神水等ヲ与ヘ医療ヲ妨ケタル者(2条18号)	
	濫ニ催眠術ヲ施シタル者(2条19号)	
	自己又ハ他人ノ身体ニ刺文シタル者(2条24号)	
	官公署ノ榜示シ若ハ官公署ノ指揮ニ依リ榜示セル禁条ヲ犯シ又ハ其ノ設置ニ係ル標榜ヲ汚瀆シ若ハ撤去シタル者(2条26号)	

旧刑法〔第四編　違警罪〕 （明治13年太政官布告第36号）	違式詿違条例 （明治6年太政官布告第256号）
人ノ通行ス可キ場所ニアル危険ノ井溝其他凹所ニ蓋又ハ防囲ヲ為サヽル者（426条5号）	
流言浮説ヲ為シテ人ヲ誑惑シタル者（427条11号）	
妄ニ吉凶禍福ヲ説キ又ハ祈禱符呪等ヲ為シ人ヲ惑ハシテ利ヲ図ル者（427条12号）	
身体ニ刺文ヲ為シ及ヒ之ヲ業トスル者（428条9号）	身体ヘ刺繍ヲナス者（違式11条）
道路橋梁其他ノ場所ニ榜示シタル通行禁止及ヒ指道標ノ類ヲ毀棄汚損シタル者（427条16号）	掲榜場ヲ汚損シ並ニ其囲ヲ破毀スル者（違式28条） 官有ノ山林等ニ禁制ノ榜示アルヲ犯セシ者（違式37条）

軽犯罪法 （昭和23年法律第39号）	警察犯処罰令 （明治41年内務省令第16号）
	他人ノ田野、園囿ニ於テ菜果ヲ採摘シ又ハ花卉ヲ採折シタル者（2条29号）
	使用者ニシテ労役者ニ対シ故ナク其ノ自由ヲ妨ケ又ハ苛酷ノ取扱ヲ為シタル者（2条30号）
	神祠、仏堂、礼拝所、墓所、碑表、形象其ノ他之ニ類スル物ヲ汚瀆シタル者（2条33号）
	人ノ死屍又ハ死胎ヲ隠匿シ又ハ他物ニ紛ハシク擬装シタル者（2条34号）
	一定ノ飲食物ニ他物ヲ混シテ不正ノ利ヲ図リタル者（2条35号）
	不熟ノ果物、腐敗ノ肉類其ノ他健康ヲ害スヘキ飲食物ヲ営利ノ用ニ供シタル者（2条36号）
	濫ニ他人ノ繋キタル舟筏、牛馬其ノ他ノ獣類ヲ解放シタル者（2条37号）
	許可ナクシテ人ノ死屍又ハ死胎ヲ解剖シ又ハ之レカ保存ヲ為シタル者（3条1号）
	石灰其ノ他自然発火ノ虞アル物ノ取扱ヲ忽ニシタル者（3条6号）
	開業ノ医師、産婆故ナク病者又ハ姙婦、産婦ノ招キニ応セサル者（3条7号）

旧刑法〔第四編 違警罪〕 （明治13年太政官布告第36号）	違式詿違条例 （明治6年太政官布告第256号）
他人ノ田野園囿ニ於テ菜菓ヲ採食シ又ハ花卉ヲ採折シタル者（429条16号）	他人ノ持場ニ入リ笋或ハ箪類ヲ無断採リ去ル者（違式27条） 他村又ハ他人持場ノ秣或ハ苗代草等ヲ断リナク苅採ル者（違式31条） 官有或ハ他人ノ山林田畠ニ入リ植物ヲ損害スル者（違式41条）
墓碑及ヒ路上ノ神仏ヲ毀損シ又ハ汚潰シタル者（426条10号） 神祠仏堂其他公ノ建造物ヲ汚損シタル者（426条11号）	他人ノ墓碑ヲ毀損スル者（違式36条）
不熟ノ菓物又ハ腐敗シタル飲食物ヲ販売シタル者（426条3号）	贋造ノ飲食物並ニ腐敗ノ食物ヲ知テ販売スル者（違式7条）
他人ノ繋キタル牛馬其他ノ獣類ヲ解放シタル者（428条10号） 他人ノ繋キタル舟筏ヲ解放シタル者（428条11号）	
官許ヲ得スシテ死屍ヲ解剖シタル者（425条7号）	
医師穏婆事故ナクシテ急病人ノ招キニ応セサル者（427条9号）	

軽犯罪法 （昭和23年法律第39号）	警察犯処罰令 （明治41年内務省令第16号）
	故ナク官公署ノ召喚ニ応セサル者（3条8号）
	炮熨，洗滌，剝皮等ヲ要セス其ノ儘食用ニ供スヘキ飲食物ニ覆蓋ヲ設ケス店頭ニ陳列シタル者（3条9号）
	監置ニ係ル精神病者ノ監護ヲ怠リ屋外ニ徘徊セシメタル者（3条11号）
（牛馬その他の動物を殴打し，酷使し，必要な飲食物を与えないなどの仕方で虐待した者〔昭和48年法105号により削除された旧1条21号〕）	公衆ノ目ニ触ルヘキ場所ニ於テ牛馬其ノ他ノ動物ヲ虐待シタル者（3条14号）
	橋梁又ハ堤防ヲ損壊スルノ虞アル場所ニ舟筏ヲ繋キタル者（3条16号）

旧刑法〔第四編　違警罪〕 （明治13年太政官布告第36号）	違式詿違条例 （明治 6 年太政官布告第256号）
発狂人ノ看守ヲ怠リ路上ニ徘徊セシメタル者（426条 7 号）	
橋梁又ハ堤防ノ害ト為ル可キ場所ニ舟筏ヲ繋キタル者（429条 1 号）	橋柱ニ舟筏ヲ繋ク者（詿違86条）
規則ヲ遵守セスシテ火薬其他破裂ス可キ物品ヲ市街ニ運搬シタル者（425条 1 号）	
規則ヲ遵守セスシテ火薬其他破裂ス可キ物品又ハ自ラ火ヲ発ス可キ物品ヲ貯蔵シタル者（425条 2 号）	
官許ヲ得スシテ烟火ヲ製造シ又ハ販売シタル者（425条 3 号）	
蒸気器械其他烟筒火竈ヲ建造修理シ及ヒ掃除スル規則ニ違背シタル者（425条 5 号）	
官署ノ督促ヲ受ケテ崩壊セントスル家屋牆壁ノ修理ヲ為サヽル者（425条 6 号）	
人ヲ殴打シテ創傷疾病ニ至ラサル者（425条 9 号）	
官許ノ墓地外ニ於テ私ニ埋葬シタル者（425条13号）	

軽犯罪法 (昭和23年法律第39号)	警察犯処罰令 (明治41年内務省令第16号)

旧刑法〔第四編　違警罪〕 （明治13年太政官布告第36号）	違式詿違条例 （明治6年太政官布告第256号）
違警罪ノ犯人ヲ曲庇スル為メ偽証シタル者但被告人偽証ノ為メ刑ヲ免カレタル時ハ第219条ノ例ニ従フ（425条14号）	
健康ヲ保護スル為メ設ケタル規則又ハ伝染病予防規則ニ違背シタル者（426条4号）	
公然人ヲ罵詈嘲弄シタル者但訴ヲ待テ其罪ヲ論ス（426条12号）	
濫リニ車馬ヲ疾駆シテ行人ノ妨害ヲ為シタル者（427条1号）	乗馬シテ猥リニ馳駆シ又ハ馬車ヲ疾駆シテ行人ヲ触倒ス者 　但殺傷スルハ此限ニアラス（**違式13条**） 　狭隘ノ小路ヲ馬車ニテ馳走スル者（**詿違43条**） 　斟酌ナク馬車ヲ疾駆セシメテ行人ヘ迷惑ヲ掛ケシ者（**詿違45条**）
制止ヲ肯セスシテ人ノ群集シタル場所ニ車馬ヲ牽キタル者（427条2号）	
夜中燈火ナクシテ車馬ヲ疾駆スル者（427条3号）	夜中無燈ノ馬車ヲ以テ通行スル者（**違式16条**） 夜中無提燈ニテ諸車ヲ挽キ又ハ乗馬スル者（**詿違44条**）
木石等ヲ道路ニ堆積シテ防囲ヲ設ケス又ハ標識ノ点燈ヲ怠リタル者（427条4号）	
警察ノ規則ニ違背シテ工商ノ業ヲ為シタル者（427条8号）	
死亡ノ申告ヲ為サスシテ埋葬シタル者（427条10号）	
私有地外ヘ濫リニ家屋牆壁ヲ設ケ又ハ軒檻ヲ出シタル者（427条13号）	往来又ハ下水外河中等ヘ家作並孫庇等ヲ自在ニ張出シ或ハ河岸地除地等ヘ願ナク家作スル者（**違式8条**）

軽犯罪法 （昭和23年法律第39号）	警察犯処罰令 （明治41年内務省令第16号）

旧刑法（第四編　違警罪） （明治13年太政官布告第36号）	違式註違条例 （明治6年太政官布告第256号）
官許ヲ得スシテ路傍又ハ河岸ニ床店等ヲ開キタル者（427条14号）	
官署ヨリ価額ヲ定メタル物品ヲ定価以上ニ販売シタル者（428条1号）	
渡船橋梁其他ノ場所ニ於テ定価以上ノ通行銭ヲ取リ又ハ故ナク通行ヲ妨ケタル者（428条2号）	渡船ニテ不当ノ賃銭ヲ取リ或ハ等閑ニ行人ヲ待シメ用便ヲ妨クル者（註違71条）
渡船橋梁其他通行銭ヲ払フ可キ場所ニ於テ其定価ヲ出ササシテ通行シタル者（428条3号）	渡舟橋梁ノ賃銭ヲ不払シテ去ル者（註違73条）
路上ニ於テ賭博ニ類スル商業ヲ為シタル者（428条4号）	
官許ヲ得スシテ劇場其他観物場ヲ開キ及ヒ其規則ニ違背シタル者（428条5号）	
制止ヲ肯セスシテ路傍ニ食物其他ノ商品ヲ羅列シタル者（428条7号）	
官許ヲ得スシテ獣類ヲ官有地ニ放チ又ハ牧畜シタル者（428条8号）	
車馬ヲ並ヘ牽テ行人ノ妨害ヲ為シタル者（429条3号）	荷車及ヒ人力車等ヲ並ヘ挽キテ通行ヲ妨ケシ者（註違58条）
官署ノ督促ヲ受ケテ道路ノ掃除ヲ為サヽル者（429条6号）	
制止ヲ肯セスシテ路上ニ遊戯ヲ為シ行人ノ妨害ヲ為シタル者（429条7号）	
牛馬ヲ牽キ又ハ繋クコトヲ忽カセニシテ行人ノ妨害ヲ為シタル者（429条8号）	
通行禁止ノ榜示ヲ犯シテ通行シタル者（429条10号）	馬及ヒ車留ノ掲示アル道路橋梁ヲ犯シテ通行スル者（違式20条）

軽犯罪法 （昭和23年法律第39号）	警察犯処罰令 （明治41年内務省令第16号）

旧刑法〔第四編　違警罪〕 （明治13年太政官布告第36号）	違式詿違条例 （明治6年太政官布告第256号）
公園ノ規則ヲ犯シタル者（429条17号）	
	地券所持ノ者諸上納銀ヲ怠リ地方ノ法ニ違背致ス者（違式6条）
	春画及ヒ其類ノ諸器物ヲ販売スル者（違式9条）
	病牛死牛其他病死ノ禽獣ヲ知リテ販売スル者（違式10条）
	男女入込ノ湯ヲ渡世スル者（違式12条）
	外国人ヲ無届ニテ止宿セシムル者（違式14条）
	外国人ヲ私ニ雑居セシムル者（違式15条）
	火事場ニ関係ナクシテ乗馬スル者（違式18条）
	男女相撲並ニ蛇遣ヒ其他醜体ヲ見世物ニ出ス者（違式21条）
	他人持場ノ海藻類ヲ断リナク苅採ル者（違式23条）
	他人ノ持場又ハ免許ナキ場所ニ魚簗ヲ設ル者（違式24条）
	毒薬並ニ激烈気物ヲ用ヒ魚鳥ヲ捕フル者（違式25条）
	他人分ノ田水ハ勿論組合持ノ田水ヲ断リナク自恣ニ我カ田ニ引入ル者（違式26条）
	堤ヲ壊チ又ハ断リナク他人ノ田園ヲ堀ル者（違式29条）

軽犯罪法 （昭和23年法律第39号）	警察犯処罰令 （明治41年内務省令第16号）

旧刑法〔第四編　違警罪〕 （明治13年太政官布告第36号）	違式詿違条例 （明治6年太政官布告第256号）
	道敷内ニ莱蔬豆類ヲ植或ハ汚物ヲ積ミ往来ヲ妨クル者（違式30条）
	馬夫或ハ日雇稼ノ者等仲間ヲ結ヒ他人ノ稼ヲ為スニ故障スル者（違式33条）
	神仏祭事ニ托シ人ニ妨害ヲナス者（違式34条）
	往来ニテ死牛馬ノ皮ヲ剝キ肉ヲ屠ル者（違式35条）
	御用ト書タル小旗提燈等ヲ免許ナク猥リニ用ル者（違式39条）
	他人ノ繋舟ヲ無断棹シ遊フ者（違式40条）
	神社仏閣ノ器物類ヲ破毀スル者（違式42条）
	婦人ニテ謂レナク断髪スル者（詿違48条）
	荷車及ヒ人力車行逢フ節行人ニ迷惑ヲカケシ者（詿違49条）
	下掃除ノ者蓋ナキ糞桶ヲ以テ搬運スル者（詿違50条）
	旅籠屋渡世ノ者止宿人名ヲ記載セス或ハ之ヲ届ケ出テサル者（詿違51条）
	麤忽ニ依リ人ニ汚穢物及ヒ石礫等ヲ抛溌セシ者（詿違55条）
	誤テ牛馬ヲ放チテ人家ニ入レシメシ者（詿違59条）
	巨大ノ紙鳶ヲ揚ケ妨害ヲ為ス者（詿違61条）

軽犯罪法 (昭和23年法律第39号)	警察犯処罰令 (明治41年内務省令第16号)

旧刑法〔第四編　違警罪〕 （明治13年太政官布告第36号）	違式詿違条例 （明治6年太政官布告第256号）
	酔ニ乗シ又ハ戯ニ車馬往来ノ妨碍ヲナス者（詿違62条）
	雑魚乾場ニ妨害ヲナス者（詿違63条）
	海苔乾場ニ妨害ヲナス者（詿違64条）
	他人ノ魚簗等ニ妨害ヲナス者（詿違65条）
	他人ノ竹木ニ妨害ヲナシ又ハ枝葉ヲ拾取ル者（詿違68条）
	他人ノ猟場ニ妨害スル者（詿違69条）
	他人ノ植籬牆垣ヲ損害スル者（詿違70条）
	往還ノ並木及ヒ苗木ヲ徒ニ害スル者（詿違72条）
	誤テ牛馬ヲ放チ他人ノ田圃及ヒ物品ヲ損害スル者（詿違74条）
	猥リニ他人ノ争論ニ荷担スル者（詿違75条）
	牧場外猥リニ牛馬ヲ放チ飼スル者（詿違77条）
	他人ノ墳墓等ノ供品類ヲ猥リニ毀損スル者（詿違79条）
	水車水碓等ニ妨害ヲナス者（詿違80条）
	行人ニ強テ車馬駕籠等ヲ勧メ過言ヲ申掛ル者（詿違81条）
	他人ノ曝網ニ妨害ヲナス者（詿違82条）
	他人ノ海苔柵内ヘ断リナク舟ヲ棹シ入ル、者（詿違83条）

軽犯罪法 （昭和23年法律第39号）	警察犯処罰令 （明治41年内務省令第16号）

3 その他

軽犯罪法 （昭和23年法律第39号）	警察犯処罰令 （明治41年内務省令第16号）
●刑の免除・併科 　情状により刑の免除又は併科可（2条）	
●教唆犯・幇助犯 　正犯に準ずる（3条）	●教唆犯・幇助犯 　正犯に準ずる 　ただし，情状により刑の免除可（4条）
●適用上の注意 　この法律の適用にあたつては，国民の権利を不当に侵害しないように留意し，その本来の目的を逸脱して他の目的にこれを濫用するようなことがあってはならない（4条）	

旧刑法〔第四編　違警罪〕 （明治13年太政官布告第36号）	違式詿違条例 （明治6年太政官布告第256号）
	総テノ標柱ニ牛馬ヲ繋キ或ハ破毀スル者（詿違85条）
	神祠仏堂又ハ他人ノ垣壁等ニ楽書ヲナス者（詿違87条）
	田畠中ニ瓦礫竹木等ヲ投入ル者（詿違88条）
	遊園及ヒ路傍ノ花木ヲ折リ或ハ植物ヲ害スル者（詿違89条）
	往来並木ノ枝ニ古草鞋等ヲ投掛ル者（詿違90条）

旧刑法〔第四編　違警罪〕 （明治13年太政官布告第36号）	違式詿違条例 （明治6年太政官布告第256号）
	●没収の併科 　違式・詿違の罪により取り上げるべき物品の必要的没収（4条）
●適用上の注意 　前数条に記載しているもののほか，各地方の便宜により定めている違警罪を犯した者は，その罰則に従って処断する（430条）	●適用上の注意 　違式・詿違の罪を犯して人に損失を被らせた場合には，まず損失に当たる贖金を支払わせた後に贖金を命じる（5条）

第2章
各説

第1条
罪

> 第1条
> 左の各号の一に該当する者は，これを拘留又は科料に処する。

第1 法定刑

1 法定刑

　第1条各号のいずれかに該当する者に対して科せられる刑罰は，拘留又は科料である（警察犯処罰令においては，既にみたように，拘留のみに処すべき罪，拘留又は科料に処すべき罪及び科料のみに処すべき罪の3種類の区別がなされていた。）。拘留は，1日以上30日未満の刑事施設への拘置をその内容とする（刑法第16条,刑事収容施設及び被収容者等の処遇に関する法律〔平成17年法律第50号〕第3条第1号）。科料は，1000円以上1万円未満である（刑法第17条，罰金等臨時措置法〔昭和23年法律第251号〕第2条第3項）。

　このように，一律に拘留又は科料を法定刑としていることに対しては，一部に，軽きに過ぎるものがあるとの批判がある（例えば，乗本正名「軽犯罪法運用の現状とその対策」警学15巻1号44頁）。しかし，本法が国民の日常生活における卑近な道徳律の遵守を要求しようとするものであることに鑑みれば，その法定刑を引き上げることは，必ずしも適当ではない。むしろ行政取締り上，更に重い刑罰で臨むのが相当なものについては，特別法によって加重類型を規定することとするのがより妥当なものと考えられる。

　いわば，拘留や科料の刑罰は，本法に規定するような行為類型にこそ適当なものとして考えられているのであり，逆にいえば，拘留又は科料の刑罰でまかないきれないような行為類型は，本法において規定する限りではないともいうことができよう。

2 刑法総則の適用

軽犯罪法は、刑事実体法であるから、一般的に刑法総則の適用がある（刑法第8条本文）。しかし、その適用に当たっては、法定刑が拘留及び科料に限られていることから、以下のような例外がある。

(1) 刑の執行猶予

まず、本法所定の罪については、刑の執行猶予の言渡しをすることができない（刑法第25条第1項）。刑の執行を宥恕すべき情況の場合には、刑の免除によることとなろう（本法第2条）。

(2) 没収

本法所定の罪については、犯罪組成物件（例えば、第1条第2号の罪〔凶器携帯の罪〕における携帯していた刃物や同条第3号の罪〔侵入具携帯の罪〕における合い鍵等）に限って没収の言渡しをすることができ、その他の物を没収することはできない（刑法第20条）(注)。

(3) 共犯

教唆犯及び幇助犯の刑は、本犯のそれに準ずる（刑法第64条、本法第3条）。

(4) 刑の時効

刑の時効は、裁判確定後1年で完成する（刑法第32条第6号）。

(5) 犯人蔵匿等罪

本法の罪を犯した犯人を蔵匿したり、隠避したりしても、その犯人が拘禁

（注）なお、この点に関連して、軽犯罪法違反が法定刑に罰金刑以上の刑が含まれる他の罪と科刑上一罪とされる場合の刑法第20条の適用の有無に関し、名古屋高金沢支判平25.10.3判タ1410号190頁は、小学校内における盗撮行為について建造物侵入と本法第1条第23号の窃視の罪とが牽連犯として科刑上一罪とされた事案について、重い罪である建造物侵入罪の処断刑により処断され、処断刑に懲役刑が含まれるので、刑法第20条による没収の制限を受けないとした原審（金沢地判平25.4.23）を破棄し、「刑法20条の適用については、同法19条により犯罪行為ごとに没収事由の有無が検討された上で、その罪について同法20条が適用されると解するのが条文の文言上も素直な解釈であり、その適用を受ける罪については、同条が適用されない罪と科刑上一罪の関係にある場合にも同条が適用されると解するのが相当である。」と判示し、飽くまで窃視の罪との関係で犯行供用物件（刑法第19条第1項第2号）であり没収事由が生じるにすぎないデジタルカメラ1台及びSDHCカード1枚について没収を科することは刑法第20条に反し許されないとしている。

中に逃走したものであった場合以外は，犯人蔵匿・隠避罪は成立しない（刑法第103条）。

3 刑事手続法の適用

法定刑が拘留又は科料であることから，刑事手続法の適用に関し，以下のような例外がある。

(1) 逮捕・勾留

まず，逮捕に関し，緊急逮捕が許されないことは，いうまでもないが，被疑者が定まった住居を有しない場合又は正当な理由がなく捜査官の呼出しに応じない場合を除いて，逮捕状の発付を得ることができない（刑事訴訟法第199条第1項ただし書）。また，犯人の住居若しくは氏名が明らかでない場合又は犯人が逃亡するおそれがある場合を除いて，現行犯逮捕も許されない（刑事訴訟法第217条）。

被疑者・被告人が定まった住居を有しない場合を除いて，勾留することができない（刑事訴訟法第60条第3項）。

(2) 公訴時効

公訴時効は，1年で完成する（刑事訴訟法第250条第2項第7号）。

(3) 管　轄

本法の罪の事件の裁判管轄権は，簡易裁判所のみにある（裁判所法〔昭和22年法律第59号〕第33条第1項第2号）。

(4) 開廷要件

被告人は，判決宣告の期日には法廷に出頭しなくてはならないが，その他の公判期日については，裁判所は，被告人の出頭がその権利の保護のため重要でないと認めるときは，被告人に対し，出頭しないことを許すことができる（刑事訴訟法第285条第1項）。

また，本法の罪の事件については，弁護人がなくても，開廷することができる（刑事訴訟法第289条第1項，第391条）。

(5) その他

なお，本法の罪に係る事件の処理手続に関し，刑，殊に科料刑の言渡し及

び徴収手続をある程度行政手続に移譲することを考えるべきであるとする意見がある（乗本・前掲書44頁）が，既に冒頭で指摘したように，本法の規定する各種犯罪類型が国民の日常生活における卑近な道徳律に違背する行為であり，むしろ自然犯とみるべきものであることに鑑みれば，そのような言渡し及び徴収手続の行政手続への移行は，全く妥当でないといわなければならない。

4　本条の構成

第1条各号に列挙された犯罪は，いわば小刑法犯というべきものであり，刑法犯の予備的行為ないし未遂犯的行為がその大きな部分を占めている。すなわち，刑法が具体的危険性のある行為を処罰の対象とするのに対し，本法は，抽象的危険にとどまる行為を処罰の対象とし，また，刑法が結果犯として捉えるものについて，本法は，単純行為犯として捉えている。したがって，本法には，未遂犯処罰規定はない。

ところで，第1号から第34号までの配列については，必ずしも十分な考慮が払われているとはいいがたいものがある。本法立案者は，一応，

　　第1号から第19号まで　　公共の安全及び秩序に関する罪
　　第20号から第27号まで　　風俗及び衛生に関する罪
　　第28号から第30号まで　　身体及び自由に関する罪
　　第31号から第34号まで　　財産及び業務に関する罪

との考え方で配列したもののようである（野木ほか25頁）。一つの構成要件で数種の法益侵害を担保するものなどもあり，これら34の類型を理論的に分類することは，必ずしも容易でないが，例えば，大塚101頁は，次のような分類を試みている（なお，小野における分類参照）。

① 　国家的法益に対する罪　　第16号，第17号，第19号，（第18号後段）
② 　社会的法益に対する罪
　　㈲　公共の安全に対する罪　　第5号から第10号まで，第13号から第15号まで，第25号，第34号，（第11号，第12号，第17号）
　　㈺　公衆の衛生に対する罪　　第18号後段，第26号，第27号

⑺　風俗に対する罪　　第４号，第20号から第24号まで

③　個人的法益に対する罪

⑴　生命・身体に対する罪　　第２号，第11号，第18号前段，第29号，第30号

⑵　自由·安全·業務に対する罪　　第１号，第３号，第28号，第31号，（第23号）

⑺　財産に対する罪　　第32号，第33号

また，主として取締り上の見地から，次のような分類例もある（本書三訂版59頁）。

①　犯罪の予防に関するもの　　第１号から第３号まで，第29号

②　公共の秩序，平穏に関するもの　　第５号，第13号，第14号

③　危害防止に関するもの　　第９号から第12号まで，第30号

④　身分詐称，犯罪等の虚偽申告に関するもの　　第15号から第17号まで

⑤　儀式，業務の妨害に関するもの　　第24号，第31号

⑥　交通の安全等に関するもの　　第６号，第７号，第25号

⑦　善良の風俗等の保持に関するもの　　第４号，第20号，第22号，第23号

⑧　死体等の取扱いに関するもの　　第18号，第19号

⑨　公衆衛生に関するもの　　第26号，第27号

⑩　広告，標示物等に関するもの　　第33号，第34号

⑪　その他　　第８号，第21号，第28号，第32号

第2 構成要件

潜伏の罪（第1号）

> 人が住んでおらず，且つ，看守していない邸宅，建物又は船舶の内に正当な理由がなくてひそんでいた者

1 本号の趣旨

人が住んでおらず，かつ，看守していない邸宅，建物又は船舶の内に，正当な理由がなくて潜んでいた者が処罰の対象である。

本号の立法趣旨は，ここにいうような場所が社会的に望ましくない行為に用いられることにより生ずる危険を防止することにある。例えば，廃屋等が窃盗犯の根城になったり，賭博場として使用されたり，あるいは，それらの場所の使用に伴い失火を誘発したりすることが考えられるので，それらの場所に潜むこと自体を禁止したのである。

本号は，警察犯処罰令第1条第1号（「故ナク人ノ居住若ハ看守セサル邸宅，建造物及船舶内ニ潜伏シタル者」）を受け継いでいる。

2 行為の場所

行為の場所は，人が住んでおらず，かつ，看守していない邸宅，建物又は船舶の内である。

(1) **「人が住んでおらず，且つ，看守していない」**

「人」とは，犯人以外の者である。なお，死者は，「人」には含まれない[注1]。

現実に人が日常生活のためやや継続的に使用している場合は，「住んで」いるものであり，それが民法上の「住所」に当たる必要はない。また，現に日常生活に用いられている限り，一時不在であっても，「住んで」いないとはいえない。日常生活の本拠ないしその重要な部分が行われているものである必要はなく，日常生活の一部が行われていれば，なお，「住んで」いるこ

とになる。

「看守」しているとは，事実上管理支配していることをいう[注2]。したがって，いつでもこれを利用し得る状態においている限り，現にこれを利用していることを要しない。番人を置いて監視させていることが看守していることに当たるのはもちろんであるが[注3]，鍵をかけてその鍵を保管していること[注4]，さらに，シーズンオフの別荘などのように，釘づけにするなどして，他人の立入りを排除する意思を明らかにしていることも，看守していることに当たるし，近くに居住して，時折見回りをしているような場合も，看守し

(注1) 居住者が死亡した住居については，一般的に刑法130条の「人の住居」には該当しないと解されているが，東京高判昭57.1.21刑裁月報14巻1＝2号1頁（一人暮らしをしていた被害者を遠隔地におびき出して殺害して財物を奪い，その約25時間後に被害者宅に侵入し，更に同人の財物を奪った事案）は，殺害した被害者方に立ち入った行為を刑法130条の住居侵入罪に当たるとしている。しかし，同裁判例は，①被告人が被害者を殺害する前から，殺害後に同人方への侵入を企図し，そのとおり実行していること，②殺害現場と被害者方との距離や時間的経過は，航空路線の発達に照らしてそれほど大きくないと考えられること，③被害者の死亡事実については被告人しか知らなかったこと，④被害者方住居は施錠され，生前と同じ状況であったこと等に照らし，被害者が死亡していても，被告人の侵入時点では，その住居の平穏は生前と同様に保護されるべきであるとして，刑法130条の成立を認めたものであるが，強盗殺人罪に関して，強取された財物に対する死者の生前の占有を認めるのどうかの議論が，住居侵入罪についても同様に考えることができるか否かについては検討を要するとの意見がある（佐々木一夫・裁コメ刑法2巻130頁）。

(注2) 最判昭59.12.18刑集38巻12号3026頁
「刑法130条にいう『人ノ看守スル建造物』とは，人が事実上管理・支配する建造物をいうと解すべきところ，……」

(注3) ○ 最大判昭25.9.27刑集4巻9号1783頁
「所論本件工場敷地は，判示工場の附属地として門塀を設け，外部との交通を制限し守衛警備員等を置き，外来者が，みだりに出入することを禁止していた場所であることは，記録上明らかであるから，所論敷地は同条にいわゆる人の看守する建造物と認めなければならない……」

○ 東京高判昭27.4.24高刑集5巻5号666頁
「『看守』というのは現実の監視ということと同義ではない，人をして監視させるのもまた『看守』である」

(注4) 大判昭12.2.18刑集16巻2號99頁
「判示土蔵カ縦令被告人ノ家敷内ニ存シタリトスルモ其ノ所有権カ他人ニ属シ而モ判示ノ如キ相当価額アル什器ヲ蔵置シ之ニ鎖鑰ヲ施シ且他人ニ於テ其ノ鍵ヲ保管シ居ル事実アリトセハ之ヲ目シテ刑法第130条ニ所謂人ノ看守スル建造物ナリト謂フニ妨ケナク……」

ていることに当たるであろう(注5)。

また，建築中の建物でも，既に家屋の外形を備えるに至ったようなものは，建築業者あるいは施工依頼者が看守している建物とみるべき場合が多いであろう(注6)。

結局，「人が看守していない」邸宅等には，廃屋，廃寺等が当たることになる。

(2) 「邸宅」

「邸宅」とは，刑法第130条（住居侵入等罪）の「邸宅」とおおむね同様の概念であり，住居の用に供する目的で作られた建造物及びこれに付属し，主として居住者の利用に供せられるべき区画された場所をいう。もっとも，刑法第130条においては，行為の客体が「人の住居若しくは人の看守する邸宅……」と規定されているため，文理上，現に人の住居に供されている建物そのものは「邸宅」に含まれないものと解することになる(注7)。区画されたといい得るためには，垣根や塀等で外部との自由な交通が制限されていることを要するが，垣根や塀だけでその中に家屋が存在しない場合には，邸宅に当たらないものであることはいうまでもない。

したがって，塀等で区画された空地内に潜む行為は，第1条第32号（田畑等侵入の罪）の入ることを禁じた場所に立ち入ったことに当たることになるのは格別，本号には当たらない。

(注5) 大阪高判昭25.9.19高刑判特15号70頁
「刑法130条にいわゆる看守とは看守をする者が当該建造物に施錠したり，番人を置いたりして，現実に当該建造物を事実上支配しているものと認められる関係がなければならない」
(注6) 大判昭4.10.14刑集8巻10号477頁
「刑法第260条ニ所謂建造物トハ少クトモ屋蓋ヲ具有シ人ノ起居出入ニ適スル建物ヲ云フモノニシテ単ニ棟上ヲ終リタルノミニシテ未タ屋蓋又ハ周壁等ヲ有スルニ至ラサル程度ノ物件ハ同条ニ所謂建造物ニ該当セス」
(注7) 大判昭7.4.21刑集11巻6號407頁
「刑法第130条ニ所謂邸宅トハ人ノ住居ノ用ニ供セラルル家屋ニ附属シ主トシテ住居者ノ利用ニ供セラルヘキ区画セル場所ヲ謂フ」

(3) 「建物」

　「建物」とは，刑法第130条，第260条等にいう「建造物」とほぼ同じ概念であり，屋根を有し，柱材で支持され，土地に定着し，人が起居出入りし得る内部構造を有する工作物をいい(注8)，工作物の大小及びその材料の種類は問わないから，観光地のいわゆるバンガローも「建物」であるし，藁葺きの掘立小屋のようなものもまた「建物」に当たる(注9)。

　ほら穴，地下壕等は，柱材で支持されていなかったり，屋根を有しなかったりすることから，また，くぐり戸のついた門のようなものは，単にこれを通行するだけで，人が起居出入りし得る内部構造を有しないことから(注10)，いずれも建物に当たらない。

　また，自動車は，土地の定着物でないことから，建物には当たらない。トレーラーハウスなどになると，やや疑義はあるが，やはり建物とはいえまい。

　なお，建物という概念には，区画された囲繞地を含む(注11)。邸宅も，建物の一種ではあるが，本号にいう建物からは，明文上除外されているので，本号の「建物」に当たるものとしては，倉庫，工場，神祠等が考えられる。

(4) 「船舶」

　「船舶」とは，水上航行の用に供する舟船をいい(注12)，船舶法上の「船舶」とは異なり，推進器の有無を問わず〔船舶法施行細則〔明治32年逓信省令第24号〕

(注8)　大判大3.6.20刑録20輯1300頁
　　「建造物トハ家屋其他之ニ類似スル建築物ヲ指称スルモノニシテ屋蓋ヲ有シ墻壁又ハ柱材ヲ以テ支持セラレテ土地ニ定着シ少クトモ其内部ニ人ノ出入スルコトヲ得ルモノタルコトヲ要ス」
(注9)　大判昭7.6.20刑集11巻11号881頁
　　「工作物ノ大小及其ノ材料ノ種類如何ハ建造物ノ概念ヲ左右スルモノニ非サルカ故ニ本件目的物カ所論ノ如ク1間半四方ノ藁葦藁囲ヲ以テスル掘立小屋ナリトスルモ之ヲ建造物ナリト認ムルハ不当ニ非ス」（同旨　大判昭2.5.30刑集6巻5號200頁）
(注10)　前掲（注8）参照
(注11)　前掲最大判昭25.9.27
　　「刑法130条に所謂建造物とは，単に家屋を指すばかりでなく，その囲繞地を包含するものと解するを相当とする。……」（同旨　最判昭32.4.4刑集11巻4号1327頁）
(注12)　101問41頁は「他物を積載して水上に浮かび，かつ移動する構築物」をいうとしているが実質的には同義であるといえよう。

第2条）、ろやかいを用いて航行するものを含む。船であることを要するから、いかだは含まれないし、飛行艇が含まれないこともももちろんである。「船舶」の概念自体からは、その大小を問わないことになるが、本号の行為が「ひそむ」ことであることから、本号にいう「船舶」は、その内部に人が潜み得る大きさのものであることを要する。したがって、海水浴場等でみられる一人漕ぎのいわゆるカヌーや、水上自転車のたぐいは、これに当たらない。

また、水上航行の用に供し得るものであることを要するから、陸地に定着された廃船は、その構造により建物と解されることがあるのは格別、「船舶」には当たらない。

3　禁止される行為

禁止される行為は、正当な理由がなくて、潜むことである。

「正当な理由がなくて」とは、住居侵入罪等における「正当な理由がないのに」と同様に、「違法に」という意味である（刑法第130条に関する最判昭23.5.20刑集2巻5号489頁参照）。

正当な理由があるかどうかは、具体的事案に即して、社会通念により決せられるべきである。雨やどりのために廃屋に入るとか、怪しい男に追われて廃倉庫に身を隠すとかは、正当な理由がある場合の例である。

「ひそむ」とは、人目につかないよう身を隠すことをいう。

したがって、「侵入」とは異なり、ある程度の時間的経過を要する。すなわち、本号の罪は、継続犯である。廃寺等に無権原で住みつく行為が常に「ひそんだ」ことに当たるかどうかは問題である。他人が接近したような場合、殊更住みついていることを秘匿するような行動に出る場合は格別、なかば公然と日常生活の根拠として使用しているような場合は、本号の罪を構成しないこととなろう。

4　他罪との関係

(1)　刑法犯との関係

前記のように人の看守していない廃寺、廃屋に住みつく行為は、場合によっ

ては，すなわち，なるほど看守はされていないが，なお，所有者等による事実上の支配が及んでいる場合——それは極めてまれではあろうが——には，不動産侵奪罪（刑法第235条の2）が成立することになる。もし，そのような行為が，本号の構成要件をも充足すれば，不動産侵奪罪と本号の罪とは，観念的競合の関係に立つことになろう。

　本号の罪は，その構成要件から明らかなように，住居侵入罪が成立する場合には，成立する余地がない。その意味で，本号の罪は，住居侵入罪に対して補充関係にあるものといえる。

(2)　他の本法違反との関係

　本条第32号は，入ることを禁じた場所に立ち入る行為を処罰するものとしているが，既に2で述べたように，少なくとも，入ることを禁じた場所といい得る程度に立入禁止の趣旨が明らかにされている場合には，おおむね人の看守があるものといい得るであろうから，本号の罪と第32号の罪とが競合することは，ほとんど考えられない。

凶器携帯の罪（第2号）

> 正当な理由がなくて刃物，鉄棒その他人の生命を害し，又は人の身体に重大な害を加えるのに使用されるような器具を隠して携帯していた者

1 本号の趣旨

　正当な理由がなくて，刃物，鉄棒その他人の生命を害し，又は人の身体に重大な害を加えるのに使用されるような器具を隠して携帯していた者が処罰の対象である。

　本号は，正当な理由がないのに，容易に人の殺傷に使用されるような器具を隠して携帯することが，人の生命，身体に対する危害犯に結び付きやすいことに着目して，そのような抽象的危険性のある行為自体を禁止することとしたものであり，実質的には，銃砲刀剣類所持等取締法（昭和33年法律第6号，以下「銃刀法」という。）の補充的な意味を有する。警察犯処罰令には，本号に相当する規定はなかった[注1]。

2 行為の客体

　行為の客体は，刃物，鉄棒その他人の生命を害し，又は人の身体に重大な害を加えるのに使用されるような器具である。

(1) 「刃物」

　「刃物」とは，銃刀法第22条にいう「刃物」と同義であって，同法第2条にいう刀剣類はもとより，包丁，ナイフ，なた，鎌など鋼質製の刃を持つ器具の全てがこれに含まれる[注2]。また，側面に刃がなくても，切先が鋭利にとがり，容易に人を殺傷し得るもの，例えば，前記の刀剣類に当たらない手やりのようなものもまた刃物である。銃刀法における「刀剣類」については，

　　（注1）　本法立案当局者は，本号新設の意味につき，「人間を尊重いたしまして暴力を否定するという新憲法の精神とも一脈通ずるもの」であることを強調している（第2回国会参議院司法委員会議録第6号2頁）。

現在は刃物としての機能がなくても，通常の修理，加工によりこの機能を備えるようになると認められるものも，なお「刀剣類」として規制の対象となるとされる（最決昭42.4.13刑集21巻3号459頁）が，現に刃の付いていないものは，「刃物」とはいえないから，後段の「人の生命を害し，又は人の身体に重大な害を加えるのに使用されるような器具」に当たることがあるのは格別，本号にいう「刃物」には当たるまい。

　もっとも，銃刀法第22条により，内閣府令で定めるところによって計った刃体の長さが6センチメートル（例外として8センチメートル[注3]）を超える刃物を携帯することは，隠して携帯するかどうかを問わず，重く処罰することとされている（罰則は，第31条の18：2年以下の懲役又は30万円以下の罰金）ので，これに該当する刃物については，本号の適用はない。また，後に「鉄棒」について述べるように，「刃物」ではあっても，人の視覚上ただちに危険の感を抱かせることのない程度の極めて小さなものについては，本号の適用がないこととなる。

(2)　「鉄棒」

　「鉄棒」は，その大きさ，形状等からみて，社会通念に照らし，人の視覚上ただちに危険の感を抱かせるに足りる程度のものであることを要するものと解する[注4]。なぜなら，本号において，「刃物，鉄棒」と「人の生命を害し，又は人の身体に重大な害を加えるのに使用されるような器具」とは，「その他の」ではなく，「その他」で結ばれているから，前者は，後者の厳格な例示ではないが[注5]，「又は」で結ばれている場合と異なり，やはり，後者の有する一般的属性は，前者についても存在することが予定されているものと解さなければならないからである。鉄パイプの類も，「鉄棒」に当たる。た

（注2）　銃刀法第22条にいう「刃物」とは，「その用法において人を殺傷する性能を有し，鋼又はこれと同程度の物理的性能（硬さ及び曲げに対する強さ）を有する材質でできている片刃又は両刃の器物で，刀剣類以外のもの」をいう。また，セラミック製の刃物等，鋼と同程度の物理的性能を有する罪質の刃物についても，銃刀法第22条にいう「刃物」に当たる。

（注3）　なお，例外について同条ただし書参照。

とえ一本一本は短くても，ねじこむ等の方法で容易に数本をつないで相当の長さとなし得るものであれば，やはり本号の対象となる(注6)。また，人が扱うには長すぎるようなものであっても，容易に短くできる状態にあれば，やはり本号の対象となるものと解する(注7)。

(3) 「その他人の生命を害し，又は人の身体に重大な害を加えるのに使用されるような器具」

「その他人の生命を害し，又は人の身体に重大な害を加えるのに使用されるような器具」は，その前に掲げられている「刃物」及び「鉄棒」がそれぞれ性質上の凶器及び用法上の凶器であることから分かるように，性質上の凶器と用法上の凶器との双方を含むが，単に結果的に殺傷の用に供されたとか，あるいは，殺傷の用に供しようとすれば供し得るといったものでは足りず，

(注4) 大判大14.5.26刑集4巻5号325頁
「衆議院議員選挙法第93条第1項……ノ末段ニ於ケル『其ノ他人ヲ殺傷スルニ足ルヘキ物件』トハ其ノ前段ニ例示シタル銃砲槍戟刀剣竹槍棍棒等ト同視スヘキ程度ニ在ル用法上ノ兇器ニシテ社会ノ通念ニ照ラシ人ノ視聴上直ニ危険ノ感ヲ抱カシムルニ足ルモノタルコトヲ要スト謂ハサルヘカラス故ニ必シモ人ヲ殺傷スル目的ヲ以テ製作セラレタルモノニ限ラスト雖其ノ形状種類ノ如何ヲ問ハス苟モ人ヲ殺傷スル可能性ヲ有スル物件ハ悉ク之ヲ包含スト解スヘカラス押収ニ係ル金引棒ハ当院ニ於テ現認スル所ニ依レハ太サ略普通ノ鉛筆大ニシテ長サ約2尺2寸5分ニ過キサル鉄製ノ棒ノ上端ニ鉄製ノ輪数個ヲ施シアリテ祭礼ノ際児童カ玩具トシテ使用スル錫杖ナレハ議員選挙ノ場合ニ於テ之ヲ携帯シタリトスルモ銃砲槍戟刀剣竹槍棍棒ト同シク其ノ用法ニ付通常人ヲシテ一見危険ノ感ヲ抱カシムルニ足ラス然ラハ右金引棒ハ前記法条ニ所謂人ヲ殺傷スルニ足ルヘキ物件ニ該当セス従テ被告人カ選挙ニ関シ之ヲ携帯シタリトスルモ何等犯罪ヲ構成スルモノニアラス」
(注5) 蛇足であるが，法令用語上，「その他の」は，その前にある名詞や名詞句がその後にある言葉の意味に包含され，その一部をなす場合に用いられるが，「その他」は，その前にある名詞や名詞句以外のものがそれらと並列的に多数に考えられる場合に用いられる。
(注6) 東京高判昭51.2.9刑裁月報8巻1=2号6頁
「正当な理由がなく長さ約25ないし約53センチメートル，外径約1.2ないし約2.6センチメートルの鉄パイプ（継ぎ目で連結することが可能なもの）12本ないし21本を新聞紙で包んだうえ，ダンボール箱又は布製バッグの中に隠して携帯していた」行為を本号に当たるものとしている。
(注7) なお，京都地決昭48.10.12判時721号106頁は，貨物自動車の荷台のシートの下に長さ約3.70メートルの鉄パイプ119本及び捻子切り旋盤等を隠していた行為につき本号の成立を否定している。

その器具の性質上，ある程度殺傷の用に供されやすいものであることが必要である。したがって，ステッキ，小石，縄，手ぬぐい，バンドなどは本号の器具には当たらないものと解する。これに対し，木刀などが本号の器具に当たることはいうまでもないし(注8)，いわゆるこん棒や野球用のバット，ある程度の太さ及び長さを有する角材のようなものは，通常本号の器具に当たるものといえる。高松高判昭28.3.9高刑集6巻4号428頁は，長さ約1.5メートルで，その先端を斜めにとがらせた竹棒について，本号の器具に当たるものとしている。

また，凶器準備集合罪（刑法208条の2第1項）につき，最決昭45.12.3刑集24巻13号1707頁及び東京高判昭44.5.29高刑集22巻3号297頁は，長さ1メートル前後の角棒が，東京高判昭44.9.29高刑集22巻4号672頁は，長さ約2メートルの角材が，東京高判昭46.7.9高刑集24巻3号458頁及び東京地判昭46.11.30刑裁月報3巻11号1565頁は，竹竿が，また，広島高松江支判昭39.1.20高刑集17巻1号47頁は，鍬の柄が，いずれも同罪の凶器に当たるものとしている。「器具」でなければならないから，劇薬物や目つぶしに用いられることのある唐辛子の粉末そのものは，本号の器具には当たらないが，ある程度の量がまとまった爆竹などは，本号の器具に当たるであろう。また，前掲東京高判昭46.7.9は，コンクリート塊が，東京高判昭50.2.28東時26巻2号47頁は，こぶし大ぐらいの大きさの石塊が，前掲東京地判昭46.11.30は，コーラ，牛乳の空びん及び石塊が，それぞれ凶器準備集合罪の凶器に当たるものとしているが，単なるコンクリート塊や石塊は，「器具」には当たらないから，本号の器具には当たらないものと解される。コーラ，牛乳の空びんは，その中に劇薬物が入れられていたり，多量に，かつ，異常な状態で隠されているなど，携帯している状況によっては，積極に解することもできよう(注9)。

そのほか，最判平21.3.26刑集63巻3号265頁は，催涙スプレーが本号の「器

───────────────────────

（注8）　福岡高判昭54.9.11判時971号129頁
　　　「樫の木で作られ長さも84センチメートル」の木刀を暴力行為等処罰に関する法律（大正15年法律第60号）第1条にいう凶器に当たるものとしている。

具」に当たるとしている(注10)。なお、スタンガンも本号の「器具」に該当すると解される（札幌高判平23.7.26公刊物未登載）。

(4) 「人の身体に重大な害を加える」

「人の身体に重大な害を加える」とは、これによる身体の故障のため、日常生活に実際の支障を来す程度の害を加えることをいう。かすり傷やこぶができる程度の害は、重大な害とはいえない。「人の身体に重大な害を加えるのに使用されるような器具」は、既に述べたように、携帯者がそのような意図を現実に持っているかどうかには関係なく、客観的属性がそのようなものであるかどうかが専ら問題となるのである。

3 禁止される行為

禁止される行為は、正当な理由がなくて、隠して携帯することである。

(1) 「正当な理由がなくて」

「正当な理由がなくて」の意義は、第1条第1号（潜伏の罪）のそれと同様であるが、本号の具体的解釈に当たっては、銃刀法第22条にいわゆる「業務その他正当な理由による場合を除いては」と同様に解してよいと思われる。すなわち、同法第3条第1項所定の銃砲刀剣類の所持禁止の除外事由に当

(注9) そのほか、裁判例において「器具」に当たるとされたものとしては、こん棒（豊島簡略式命令平4.2.3）、鉄パイプ（武蔵野簡略式命令平4.11.27等）、特殊警棒（東京北簡略式命令平4.10.30等）、木刀（江戸川簡略式命令平4.12.14等）、カッターナイフ（東京北簡略式命令平4.8.19）、バール（新宿簡略式命令平4.12.24）、約3.1メートルのひもの付いた分銅（足立簡略式命令平4.7.9）、ヌンチャク（足立簡略式命令平4.2.7）、メリケンサック（武蔵野簡略式命令平4.12.25等）等があり（いずれも公刊物未登載）。また、火炎びん、硫酸びん、チェーン、のこぎり、千枚通し等も「器具」に当たるとされている（101問46頁参照）。なお、バールは、特殊開錠用具の所持の禁止等に関する法律（平成15年法律第65号）による規制対象でもある。第3号の解説4(3)参照。

(注10) 最判平21.3.26刑集63巻3号265頁（催涙スプレー1本を隠匿して携帯していた事案）

催涙スプレーにつき、「暴漢等から襲われて身に危険が迫ったときなどに相手方に向けて噴射し、身を守るために使用されることを想定した器具であることを考慮してもなお、本号にいう『人の生命を害し、又は人の身体に重大な害を加えるのに使用されるような器具』に該当することは明らかである。」と判示している。

る場合，例えば，職務上又は業務上の必要のため携帯する場合はもとより，登山等のため，必要な登山ナイフを携帯する場合などは，正当な理由がある場合である(注11)。また，鉛筆削りに使用するため，小型のナイフをかばんの中に入れて持ち歩くのも，もとより正当な理由がある場合である。これに対して，けんかの際の護身用としてこれらを携帯するような場合は，おおむね正当な理由があるものとはいえない(注12)。

(2) 「隠して」

「隠して(隠す)」とは，一般社会生活上，接触する他人の通常の視野には入ってこないような状態におくことをいう。つまり，普通では人の目に触れにくいような状態で携帯していれば足り，特に身体検査等をしなければ発見できない程度にまで達している必要はない。ポケットにしまっておくとか，バンドにはさんで上衣の下に隠れるようにしておくなどは，「隠して」携帯する典型的な場合であるが，ナイフを折りたたんで手の中に握って外から見えないように持っていることもまた，「隠して」携帯することに当たる。東京簡

(注11) (注10)に引用した最判平21.3.26は，催涙スプレーを隠匿携帯する「正当な理由」の有無について以下のように述べた上で，本号の罪の成立を否定した（菊池浩「刑事判例研究」警学62巻10号179頁参照）。
　「本号にいう『正当な理由』があるというのは，本号所定の器具を隠匿携帯することが，職務上又は日常生活上の必要性から，社会通念上，相当と認められる場合をいい，これに該当するか否かは，当該器具の用途や形状・性能，隠匿携帯した者の職業や日常生活との関係，隠匿携帯の日時・場所，態様及び周囲の状況等の客観的要素と，隠匿携帯の動機，目的，認識等の主観的要素とを総合的に勘案して判断すべきものと解されるところ，本件のように，職務上の必要から，専門メーカーによって護身用に製造された比較的小型の催涙スプレー1本を入手した被告人が，健康上の理由で行う深夜路上でのサイクリングに際し，専ら防御用としてズボンのポケット内に入れて隠匿携帯したなどの事実関係の下では，同隠匿携帯は，社会通念上，相当な行為であり，上記『正当な理由』によるものであったというべきであるから，本号の罪は成立しないと解するのが相当である。」
(注12) 京都簡判昭48.2.19判タ302号313頁
　「喧嘩その他の斗争にこれを積極的に使用しようとしてではなく，若し，再び〔暴漢に襲われる〕ようなことがあれば，そのときは逃げられるだけ逃げどうしても逃げ切れないときに本件木刀を使用してその場の難を切り抜けようというためと健康保持のための素振りのためにも使用しようというため」に木刀を携帯していた事案について，本号の成立を否定したが，微妙な事実認定にかかる事案と思われる。

判昭49.4.9刑裁月報6巻4号384頁は，新聞紙で巻いて包装した多数の鉄パイプを手提紙袋に入れて運ぶ際，若干の鉄パイプが紙袋の口から多少はみ出していても，本号にいう「隠して」携帯した場合に当たるとし，前掲高松高判昭28.3.9は，前記の先端をとがらせた長さ約1.5メートルの竹棒について，「被告人がその尖端部分を新聞紙で包み尖端が尖つていることを隠して右竹棒を携帯していた以上竹棒そのものを隠していなくても右第2号にいわゆる『器具を隠して携帯していた者』に該当するものと謂わなければならない。蓋し本件竹棒が『人の身体に重大な害を加えるのに使用されるような器具』と見られる主たる理由はその尖端部分が尖つている点にあるからである。」と判示している (注13)。

本号に「隠して」との要件を加え，公然携帯する行為を処罰しないこととした理由は，公然携帯している場合には，人に警戒心を与えるが，隠して携帯している場合には，そのようなことがなく，一般により危険性が高いと見られるからであるとされている（野木ほか33頁）が，これに対しては，公然携帯している方が危険でないとはいえないことを理由として，この要件は蛇足であるとする見解もある（植松46頁）。しかし，思うに，本号に規定する他の外形的行為は，日常生活において，業務上の必要その他の理由で，しばしば抽象的危険性もなく行われる性質のものであることに鑑みるとき，「隠して」の要件は，正当な理由がないことの象徴的な事実としての意味を有するものと考えられるのであって，本号の濫用を防止するためには，一応意義のある要件であるとしなければならない。

なお，本号の成立のためには，「隠して」携帯することが必要で，「隠された状態で」，あるいは「人目につかない状態で」，すなわち，客観的に覚知しにくい状態で携帯されていたというだけでは足りない。つまり，携帯する者に「隠す」意思のあることを要する (注14)。なぜなら，本号は，危険な器具を

（注13） なお，「隠して」携帯したことに当たらないとした裁判例としては，京都地決昭44.7.4刑裁月報1巻7号780頁がある――「貨物自動車荷台上に鉄棒，鉄パイプなどの器具を満載していた状況で，その上にシートがかぶされていたとはいえ，右自動車の後方から一見して明確に現認できる状況にあつたと認められる」事例である。

「隠して」携帯することが人の生命，身体に対する具体的危険と結び付きやすいことに着目して，犯罪として取り締まることとしたものと解されるからである。

(3) 「携帯」

「携帯」は，所持の一態様であるが，それよりも狭く，かつ，現実的な概念であり，日常生活を営む自宅ないし居室以外の場所で，身に帯びるか，自己の身辺近くに置いて，事実上その支配下に置いていることをいう。銃刀法にいう「携帯」と同じに解してよい（注15）。「携帯」というためには，必ずしも，握持，すなわち，直接自己の身に付けている必要はなく，例えば，貨物自動車の荷台に積んだり，乗用車のトランク内に収納したりして運転して行くような場合でもよいし（注16），また，他人に持たせて自己と同道させるとか（注17），他人と共同して携帯するとか，要するに，ただちにこれを使用できるような状態で，自己の支配下に置いていれば足りる。自宅に置いておいて外出しているようなとき，あるいは，自宅にその器具とともに居るようなときは，所

(注14)　もっとも，その意思は，携帯の態様や正当な理由のないことから事実上推定される場合が多いであろう。前掲東京簡判昭49．4．9は，「本号の要件としては，当該本人らが，鉄パイプなどを『携帯する』意思のほかに，それが『隠された』状態にあることについての認識をもつことが必要であることはいうまでもない。」とするにとどまるが，前掲京都簡判昭48．2．19は，さらに一歩を進め，「『隠して』とは，……他人の眼にふれぬような状態に器具を置くことについて犯人にその意思があることを必要とすべきである。」とする。

(注15)　銃刀法の「携帯」の解釈に関し，東京高判昭31．7．18高刑集9巻7号769頁は「『携帯』とは所持の一態様ではあるが，日常生活を営む自宅ないし居室以外の場所において身近に置くことをいい」と判示している。同旨　福岡高判昭41．5．6下刑集8巻5号682頁，仙台高秋田支判昭30．1．11高刑裁特2巻1＝3号1頁，松山地判昭36．4．27下刑集3巻3＝4号375頁。

(注16)　銃刀法第22条に関するものとして，浦和地越谷支判昭55．7．15刑裁月報12巻7号535頁参照。

(注17)　大判昭9．5．5刑集13巻7號566頁
「大正14年高知県令第14号（銃砲火薬類取締法第12条及同法施行規則第48条ニ依ル短刀匕首取締規則）第1条ニ所謂携帯トハ自己ニ於テ直接ニ同県令所定ノ短刀匕首其ノ他之ニ類似ノ戎器ヲ把持帯佩スル場合ノミニ限ラス所論ノ如ク戎器ヲ袋ニ入レテ手提鞄ニ納メ自己ノ監督ノ下ニ一時他人ヲ使役シテ之ヲ所持セシムルカ如キ場合ヲモ包含スルノ趣意ナリト解スルヲ相当トス」

持はあっても，携帯には当たらない。また，携帯という以上，多少継続的な行為を必要とし，その意味で，本号の罪は，継続犯である。携帯というには，必ずしも場所的移転を要しない。この点で運搬と異なる。なお，携帯している者が，所有権，使用権その他何らかの権原に基づいて携帯しているかどうかは，本罪の成否に関係がない(注18)。

4　他罪との関係

　前述したように，本号の構成要件を充足する行為が，同時に，銃刀法第3条第1項，第10条第1項（第21条において準用する場合を含む。）又は第22条の違反にも当たるときは，本号の適用はない。このことは，本号の行為が，同時に，本号に対して特別法の関係にある火薬類取締法（昭和25年法律第149号），爆発物取締罰則（明治17年太政官布告第32号），火炎びんの使用等の処罰に関する法律（昭和47年法律第17号）等の違反や公職選挙法（昭和25年法律第100号）第231条第1項の罪（凶器携帯罪）に当たる場合，さらに，本号が補充関係にある殺人予備罪（刑法第201条），強盗予備罪（同法第237条），凶器準備集合罪（同法第208条の2）等に当たる場合も同様である。

　なお，第1条第29号（暴行等共謀の罪）との関係は，凶器等のひそかな携帯を始めたことがすなわち共謀に係る身体加害の予備行為の開始に当たるというように，携帯と予備行為とが重なり合う場合には，両罪は，観念的競合の関係に立つが，それ以外の場合は，おおむね併合罪の関係に立つ。

　また，最決平15.11.4刑集57巻10号1031頁は，覚せい剤所持罪ととび口を隠して携帯した罪との関係につき，「とび口については，車両内に積み置い

　（注18）　この点に関し，弁護人が，被告人の所有物ではないドライバーを携帯した事実で現行犯逮捕したことは違法である旨を主張した事案において，東京高判昭60.9.13判タ568号92頁は，「軽犯罪法1条3号所定の他人の邸宅又は建物に侵入するのに使用されるような器具（ドライバーは，客観的に侵入の用途に用い得る性質を備えたもので，これに該当するものと解せられる）を『携帯する』とは，このような器具を，直ちに使用することができる状態で自己の支配下に置いておけば足りるのであつて，携帯している者が所有権や使用権などの権原に基づいて携帯しているかどうかは右罪の成否には関係ないものである。」と判示している。

て携帯していたものであり，一方，本件覚せい剤については，セカンドバッグに入れて持ち歩いて所持していたものであって，上記の携帯及び所持は，刑法54条１項前段の『１個の行為』と評価することはできない。」と判示して，併合罪の関係にあるとした原審の判断を是認した。

> ## 侵入具携帯の罪（第3号）

> 正当な理由がなくて合かぎ，のみ，ガラス切りその他他人の邸宅又は建物に侵入するのに使用されるような器具を隠して携帯していた者

1 本号の趣旨

　正当な理由がなくて，合い鍵，のみ，ガラス切りその他他人の邸宅又は建物に侵入するのに使用されるような器具を隠して携帯した者が処罰の対象である。

　本号は，正当な理由がないのに，他人の邸宅等に侵入するのに使用されるような器具を隠して携帯することが，住居侵入，屋内侵入盗等の犯罪に結び付きやすいことに着目して，そのような抽象的危険性のある行為自体を禁止することとしたものであり，警察犯処罰令には，同旨の規定はなく新設の規定である。

2 行為の客体

　行為の客体は，合い鍵，のみ，ガラス切りその他他人の邸宅又は建物に侵入するのに使用されるような器具である。

(1) 「その他」

　「その他」という用語の意義については，第2号の解説（注5）で述べたとおりであり，したがって，合い鍵，のみ，ガラス切り等は，いずれも他人の邸宅又は建物に侵入するのに使用されるようなものであることを要する。そこで，「邸宅又は建物」に当たらない自動車内に侵入するのに使用されるような合い鍵，すなわち，自動車のキーといったものは，ここにいう「合かぎ」には当たらないものと解さざるを得ない。

(2) 「他人の邸宅又は建物」

　「他人の邸宅又は建物」は，この用語自体からは，必ずしも人の看守する邸宅又は建物に限らないものと解されるようであるが，すぐ続いて「侵入」という用語が用いられており，かつ「人が看守していない邸宅又は建物」と

は，第1号の解説2(1)〜(3)で述べたように，施錠等もないものを意味するのであるから，そのようなものに「侵入」するということは考えられず，結局，本号にいう「他人の邸宅又は建物」とは，人の居住し，又は看守するそれらに限られる。

「邸宅」及び「建物」の意義については，第1号の解説2(2)(3)参照。

(3) 「侵入」

「侵入」とは，居住者又は看守者の意思に反して立ち入ることを意味する。

(4) 「使用されるような器具」

「使用されるような器具」の意義は，第2号の解説2(3)で述べたとおりであり，「侵入するのに使用されるような器具」とは，客観的に侵入の用途に用い得る性質を備えたものであれば足り，これを携帯する者が，これを侵入のために使用する意図を有することは必要でない（同旨　浦和地決昭56.5.25刑裁月報13巻4＝5号414頁）。そのような器具としては，合い鍵，のみ，ガラス切りのほか，ドライバー(注1)（前掲浦和地決昭56.5.25），ペンチ，やすり，縄ばしご，懐中電灯などといったものが考えられる(注2)。

3　禁止される行為

禁止される行為は，正当な理由がなくて，隠して携帯していることである。

（注1）　特殊開錠用具の所持の禁止等に関する法律（平成15年法律第65号，以下「ピッキング防止法」という。）による規制対象でもある。70頁参照。

（注2）　〇　そのほか，裁判例において「器具」として認められているものとして，ハンマー（八王子簡略式命令平4.10.20），ラチェットレンチ（大阪簡略式命令平2.2.8），タイヤレンチ（大阪簡略式命令平2.9.10），クリッパー（東大阪簡判平3.7.16），ボックスレンチ（大阪簡判平3.6.14），プライヤー（大阪簡略式命令平3.12.11），金挽鋸刃（東京簡略式命令平4.5.12），カジヤ（東京地判昭61.1.13判時1196号166頁），金槌（大阪高判昭61.9.5高刑集39巻4号347頁），ニッパー（江戸川簡略式命令平4.7.21），スパナ（同），ボルトカッター（新宿簡略式命令平4.6.19），ペンライト（前掲東京地判昭61.1.13）等がある（簡裁事件についてはいずれも公刊物未登載，101問61頁参照）。

〇　稲田＝木谷38頁は，施錠を外すための針金，高い場所に登るためのロープもそのような器具に当たるとする。

⑴ 「正当な理由がなくて」

「正当な理由がなくて」の意義については，第1号の解説 3 参照。アパートの管理人がアパートの合い鍵を，大工がのみを，ガラス職人がガラス切りを，電気工事士がペンチ，ドライバー等を携帯するような行為は，まさに正当な理由があるものということができる。

⑵ 「隠して携帯」

「隠して」及び「携帯」の意義については第2号の解説 3 ⑵⑶参照。

4 他罪との関係

⑴ 刑法犯との関係

前述したように，本号の罪の成立には，携帯する者が当該器具を現実に使用する目的を有することを必要としないが，もしも，携帯者に，それらの器具を使用して屋内に侵入し，金品を強奪する意思があれば，強盗予備罪（刑法第237条）のみが成立し，本号の罪はそれに吸収されて，本号適用の余地はないものと解する。携帯者が現実にそれらの器具を使用して邸宅等に侵入したときは，住居侵入罪（同法第130条）が成立するが，その場合は，住居侵入罪の保護法益が住居の平穏であり，実質的な法益侵害の発生を必要とする侵害犯であるのに対し，本号の罪の保護法益は，そのような個人的法益ではなく，犯罪を未然に防止することによる公共の安寧及び秩序という社会的法益であると解すべきであるから，住居侵入罪と本号の罪とは併合罪の関係に立つと解される（101問55頁）(注3)。

⑵ 常習累犯窃盗罪との関係

本罪と常習累犯窃盗罪が別個の機会に犯された場合，⑴で述べたのと同じように，常習累犯窃盗罪も個人の財産等を保護法益とする侵害犯である点で，本罪とは性格を異にするものであることからすれば，両罪は併合罪となると解すべきである（大阪高判昭61.6.12高刑集39巻3号212頁）(注4)。これに対し，

(注3)　なお，本書三訂版76頁は，本号の罪は住居侵入罪に吸収されるとの見解をとっていた。

本罪は常習累犯窃盗罪に包括され一罪となると解すると、たまたま本罪で現行犯逮捕され拘留又は科料が確定した窃盗の常習累犯者について、後日窃盗の余罪が発覚しても、既に確定した本罪の判決の既判力に妨げられて訴追できないことになり、不当に犯罪者を利する不合理な結果を招くことになるから、妥当でない。

また、本罪が当該常習累犯窃盗罪の手段として犯された場合も、両罪の罪質、保護法益の相違等に照らせば、併合罪説が妥当であろう。

（注4） 大阪高判昭61.6.12高刑集39巻3号212頁は、以下のように判示している。
「おもうに、侵入具携帯罪は、住居侵入の犯行（さらにはそのうえでの窃盗等の犯行）を未然に防止するため、他人の邸宅等に侵入するのに使用されるような器具を隠して携帯する行為を処罰するものであり、住居侵入の予備的段階を処罰対象としている点において住居侵入罪の補充的規定たる性質を有するものということができる。しかしながら、侵入具携帯罪は、住居侵入を犯す目的を構成要件要素とするものではないから、住居侵入罪の予備罪ではなく、したがつて住居侵入目的の有無にかかわらず、広く正当な理由のない侵入具携帯の行為を一般的に処罰の対象としているものであり、しかも、住居侵入の行為が時間的、場所的に限定された具体的侵害犯であるのに対し、侵入具携帯の行為は無限定に継続する抽象的危険犯であつて、仮に侵入具を携帯する行為が発展して、その侵入具を使用して住居侵入に及んだ場合でも、予備罪の行為がその目的とする基本的犯罪の実行行為により終結するのとは異なり、右住居侵入後においても携帯行為が継続する限りは、住居侵入目的の有無を問わず、なお次の住居侵入を犯す抽象的危険が存続し、その行為がやはり処罰されるべきものであることにかんがみると、侵入具を携帯する行為とこれを使用する住居侵入の行為とは層を異にする別個の行為とみるべきであり、侵入具を携帯する者がその侵入具を使用して住居侵入を犯した場合でも、侵入具携帯罪が住居侵入罪に包括的に評価され吸収されるものではなく、両罪が別個の犯罪として成立し、併合罪の関係に立つと解するのが相当である。そこで、更に侵入具携帯罪と常習累犯窃盗罪の罪数を考えるに、常習累犯窃盗罪が個々の住居侵入罪を吸収あるいは包括して個々の窃盗罪とともに集合的一罪を形成するものであることに照らすと、右罪数関係についても、侵入具携帯罪と住居侵入罪の関係について前述したところがすべて当てはまるということができ、また常習累犯窃盗の常習性に関連して、侵入具携帯罪に右常習性の発露を認めうるかの点については、前述のように侵入具携帯罪が抽象的危険犯であつて、住居侵入及び窃盗の目的の有無にかかわらず、すべての侵入具携帯行為を処罰の対象としている以上、その携帯行為を窃盗の常習性の発露を具現するものと限定して理解すべきでないというべきであり、結局、侵入具携帯罪と常習累犯窃盗罪とは併合罪の関係にあると解さざるを得ない。」

なお、最決昭62.2.23刑集41巻1号1頁は、本罪と常習累犯窃盗罪とは併合罪の関係にあるとした原判決（大阪高判昭61.9.5高刑集39巻4号347頁）の判断を是認したものと解されている（高橋省吾・判例解説（刑）昭和62年度16頁）。

(3) ピッキング防止法との関係

　本号違反に当たる行為が，同時にピッキング防止法第3条（特殊開錠用具の所持の禁止）又は第4条（指定侵入工具の携帯の禁止）違反に該当する場合には，同法と本法は特別法と一般法の関係にあることから，本号違反は，同法違反に吸収されて成立しない。同法により特殊開錠用具として所持が禁止されているのは，ピッキング用具，破壊用シリンダー回し，ホールソー，サムターン回しであり（同法施行令第1条），指定侵入工具として所持が禁止されているのは，一定の要件を満たすドライバー，バール等である（同第2条）(注5)。

（注5）〇　特殊開錠用具の所持の禁止等に関する法律施行令（平成15年政令第355号）
「(特殊開錠用具)
　第1条　特殊開錠用具の所持の禁止等に関する法律（以下「法」という。）第2条第2号の政令で定める器具は，次に掲げるものとする。
　一　ピッキング用具（法第2条第2号に規定するピッキング用具をいう。）
　二　破壊用シリンダー回し（特定の型式の建物錠のシリンダーに挿入して強制的に回転させることによりこれを破壊するための器具をいう。）
　三　ホールソー（ドリルに取り付けて用いる筒状ののこぎりをいう。）のシリンダー用軸（特定の型式の建物錠のシリンダーに挿入して用いるための軸をいう。）
　四　サムターン回し（建物錠が設けられている戸の外側から挿入して当該建物錠のサムターン（かんぬきの開閉を行うためのつまみをいう。以下同じ。）を回転させるための器具をいう。）
(指定侵入工具)
第2条　法第2条第3号の政令で定める工具は，次に掲げるものとする。
　一　次のいずれにも該当するドライバー
　　イ　先端部が平らで，その幅が0.5センチメートル以上であること。
　　ロ　長さ（専用の柄を取り付けることができるものにあっては，柄を取り付けたときの長さ）が15センチメートル以上であること。
　二　次のいずれにも該当するバール
　　イ　作用する部分のいずれかの幅が2センチメートル以上であること。
　　ロ　長さが24センチメートル以上であること。
　三　ドリル（直径1センチメートル以上の刃が附属するものに限る。）」

浮浪の罪（第4号）

> 生計の途がないのに，働く能力がありながら職業に就く意思を有せず，且つ，一定の住居を持たない者で諸方をうろついたもの

1　本号の趣旨

　生計の途がないのに，働く能力がありながら職業に就く意思を有せず，かつ，一定の住居を持たない者で諸方をうろついていた者が処罰の対象である。

　本号の立法趣旨は，このような浮浪行為は，それ自体反社会性を有するのみならず，また，犯罪行為と極めて結び付きやすいので，浮浪行為自体を禁止することとされたものである。

　本号は，警察犯処罰令第1条第3号を受け継いだ規定であるが，同令においては，その構成要件が単に「一定ノ住居又ハ生業ナクシテ諸方ニ徘徊スル者」とされていたのに対し，成立要件が厳格にしぼられている。それは，かつて，前記警察犯処罰令の規定が違警罪即決例（明治18年太政官布告第31号）とあいまって，濫用された弊害に鑑みたものである(注1,2,3)。

　かつて，警察当局者から，本号の構成要件が厳格に過ぎることを指摘し，暴力団やいわゆる愚連隊に所属するような者に対する取締りに無力であるとの批判がなされたことがある(注4)。このような意見には，傾聴すべきものがないではないが，前記のとおりの警察犯処罰令時代の運用実績を虚心に眺めた場合に，本号の構成要件の緩和に多大の躊躇を感じるといわざるを得ない。

2　行為の主体

　行為の主体は，①生計の途がないこと，②働く能力があること，③職業に就く意思がないこと，及び，④一定の住居を持たないこと，の四つの条件の全てを満たす者である。その一つが欠けても，本号の罪の主体とはなり得ない。

(1)　「生計の途がない」

　「生計の途がない」とは，日常生活を営むのに必要な費用を適法な方法で

調達することができないことをいう。したがって，適法な方法によらないもの，すなわち，盗み，売春，賭博，違法薬物の密売等により生計を立てているような者は，なお，生計の途を有しないものというべきである。また，競輪，競馬，パチンコ等による収入は違法ではないものの，費用調達の方法は継続的かつ適法なことを要するから，このような偶然性に大きく左右される行為による収入により生活する者は，生計の途を有するとはいえない（俵谷66頁）。

　また，生計の途は，必ずしも自己の働きによって得ることを要しない。例えば，親から譲り受けた財産があったり，近親者からの仕送りによって生活していたり，預貯金の利子収入を得ていたりするような場合は，生計の途がないことにはならない。

(2) **「働く能力がありながら職業に就く意思を有せず」**

　「働く能力がありながら職業に就く意思を有せず」とは，労働嫌忌者を本号の罪の対象とする趣旨である。病気や身体障害などの理由で働けない者や，

（注1）　第2回国会参議院司法委員会会議録第6号2頁
　　　「本号は警察犯処罰令の第1条の第3号の規定を受け継いだものでありますが，いわゆる浮浪罪に関する規定でありますが，従来この規定は非常に濫用された傾向がありまして，甚だ論議が多かつた規定でありますが，最近の住宅や職業の事情等を考えまして，公安維持の必要と人権の保障とを調和させるように条件を厳格にいたした次第でございます。」
（注2）　違警罪即決例は，警察署長，分署長又はその代理である官吏が，その管轄内で犯された違警罪について，正式の裁判によらず即決処分により処罰しうることを認めたもので（第1条），即決処分に対して，本人のほかその法定代理人・保佐人又は配偶者も，本人とは独立して当該警察署に申立書を差し出せば，違警罪裁判所の正式裁判を受けることができることとされていた（第3条，第5条）が，正式裁判の請求がない場合には，即決処分はその言渡をもって確定のものとし，確定判決と同一の効果を生ずるものとされた（第7条）。この違警罪即決例は，戦後，裁判所法施行法により廃止された。
（注3）　なお，野木ほか38頁は，「令の中で，浮浪罪の規定程使われたものはない。試みに統計を検するならば，昭和11年から昭和21年までの間，昭和20年を除き10年間に，警察署長の即決処分により令の罪により処罰された人員は95万7836人にのぼるのであるが，そのうち，浮浪罪によるもの実に40万5017人に及び，全体の4割2分強になるのである。濫用するとの非難の最も高かつたものである。」と指摘している。
（注4）　乗本ほか58頁。なお，同氏らは，本号を，もともとそれらの者の取締りを目的として制定されたものと理解しておられるようであるが，必ずしも賛成しがたい。

就職しようとしても職が得られないでいる者がこの要件に当たらないことはいうまでもない。

なお，ここにいう「職業」は，適法な職業に限られるものと解する。

もっとも，あらかじめ行政機関等による許認可，届出等を要する職業に，許認可を受けず，あるいは届出をしないで，従事したとしても，そのような行政取締り上の手続違背の存在のみでは，直ちに適法な職業でないことにはならない。

「職業に就く意思」は，主観的要件であるが，その認定は，被疑者の供述だけでなく，失職した経緯，失職後の求職の状況や近時の就労実績等の客観的事情を総合して判断することになろう。

(3) 「一定の住居を持たない」

「一定の住居を持たない」とは，多少継続的に人の日常生活を行う場所で，社会通念からいってそのような場所として適当と認められるものを有しないことを意味する。

したがって，旅館，ウィークリーマンション，カプセルホテル等の一室や飯場に相当期間継続して生活する者は，一定の住居を有するものといえる。

これに反し，神社・仏閣の縁下，公共施設等の軒下，地下道，公園，ガード下，駅の階段等で生活する者は，それが相当期間にわたったとしても，一定の住居を有するとはいえないであろう。

なお，近時は，いわゆる24時間営業のまんが喫茶やインターネットカフェなども見られるが，これらの場所は，その機能等にもよるものとは思われるが，一般的には，旅館やホテル等とは異なり，継続的に人が日常生活を行うことを想定している施設とはいい難いように思われ，これらに相当期間継続して生活していたとしても，一定の住居を有するものと認めるのは困難であろう。

3 禁止される行為

禁止される行為は，諸方をうろつくことである。うろつく地域の広狭は問題でない。

浮浪は，多少広い地域にわたって一定の目的を持つことなく移動することを，徘徊は，比較的狭い地域を一定の目的を持つことなく移動することを意味し，「うろつく」は，元々徘徊に当たる言葉であるとされるが，本号では，浮浪及び徘徊を含む概念として用いられているのである。

4　他罪との関係

　本号に該当する者がこじきをしながら諸方をうろつく場合には，本号と同時に，第1条第22号（こじきの罪）にも該当し，本号の罪と第22号の罪とは，観念的競合の関係に立つものと解される。

粗野・乱暴の罪（第5号）

> 公共の会堂，劇場，飲食店，ダンスホールその他公共の娯楽場において，入場者に対して，又は汽車，電車，乗合自動車，船舶，飛行機その他公共の乗物の中で乗客に対して著しく粗野又は乱暴な言動で迷惑をかけた者

1 本号の趣旨

本号は，①公共の会堂，劇場，飲食店，ダンスホールその他公共の娯楽場において，入場者に対して著しく粗野又は乱暴な言動で迷惑をかけた者及び②汽車，電車，乗合自動車，船舶，飛行機その他公共の乗物の中で，乗客に対して著しく粗野又は乱暴な言動で迷惑をかけた者が処罰の対象である。

本号は，公共の娯楽場等の入場者や公共の乗物の乗客の保護を図るとともに，このような場所における公衆道徳の維持励行を目的として設けられたものである（第2回国会参議院司法委員会会議録第6号2頁参照）。第1条第13号（行列割込み等の罪）が，広く「公共の場所」において多数の人に迷惑をかける行為を処罰の対象としているのに対して，本号は，一定の場所における入場者や乗客を特に厚く保護して，そのような場所全体の秩序の維持を図ろうとしているのである。

なお，本号は，第1条第13号や同条第28号（追随等の罪）と並んで，いわゆる小暴力の取締りに多大の役割を果たしてきたのであるが，近時，都道府県で制定されている公衆に著しく迷惑をかける暴力的不良行為等の防止に関する条例（以下「迷惑防止条例」という。）中のいわゆるダフ屋行為，ショバ屋行為，粗暴行為，不当客引き行為等に関する罰則規定の運用にその役割を譲りつつある。本号とこれら条例の規定との関係については，後に述べる。

本号は，警察犯処罰令第2条第14号（「劇場，寄席其ノ他公衆会同ノ場所ニ於テ会衆ノ妨害ヲ為シタル者」）を受け継いだものではあるが，その規定の形式，内容を比較すれば，ほとんど新設の規定といっていいほど，体裁を一新している。

2 行為の場所

行為の場所は、①公共の会堂、劇場、飲食店、ダンスホールその他公共の娯楽場又は②汽車、電車、乗合自動車、船舶、飛行機その他公共の乗物の中である。

(1) 「公共の会堂、劇場、飲食店、ダンスホールその他公共の娯楽場」

「公共の会堂、劇場、飲食店、ダンスホールその他公共の娯楽場」とは、公共の会堂、公共の劇場、公共の飲食店又は公共のダンスホール、その他公共の娯楽場の意味である。

このことは、会堂、劇場、飲食店、ダンスホールに続く「その他」以下が「公共の」娯楽場とされていることから明らかである。

ア 「公共の」

(ア) 「公共の」とは、不特定かつ多数の人が自由に利用できる性質のものをいうものと解する（同旨　大塚105頁）。

この点、「公共の」を不特定又は多数の人が自由に利用できるもので足りるとする説もある（野木ほか39頁）が、酒に酔つて公衆に迷惑をかける行為の防止等に関する法律（昭和36年法律第103号、以下「酩酊者規制法」という。）第3条第1項及び第4条第1項にいう「公共の場所」又は「公共の乗物」や各種迷惑防止条例における「公共の場所」又は「公共の乗物」が、いずれも、不特定かつ多数の人が利用できるものを指すと解されていることや、刑法第109条第2項（自己所有非現住建造物等放火罪）等の規定における「公共の危険」の「公共の」もこれと同様に解されていることなどの用例に照らすと、本号の「公共の」についても、これらの用例と別異に解する特段の理由もなく、不特定かつ多数の人が自由に利用することができる性質のものを指すものと解すべきである。

(イ) 「公共の」という上では、その利用が有償であると無償であるとを問わない。また、国又は地方公共団体の所有又は管理に係るものを指すものでないことはいうまでもない。

(ウ) 具体的な施設あるいは乗物について、それが「公共の」施設あるいは乗物に当たるかどうかを判断するに当たっては、その名目や外形にとら

われることなく，実体により決すべきであり，例えば，ある特定の都道府県又は市区町村の住民でなければ利用できないというだけで，不特定かつ多数の人が利用できないものとしてしまうことができないことはいうまでもない。

　要は，例えば，ある会社の従業員のみが利用できる従業員専用食堂といったもののように，社会的にみた利用関係が人的結合関係に基づく閉鎖的なものであるかどうか，言い換えれば，外形的に本号に当たるような行為をその内部規律によって律するに止める方が妥当と考えられる場合であるかどうかを社会通念に照らして考えてみることが必要であろう。

イ　「公共の会堂」

　「公共の会堂」とは，公民館，公会堂，演説会場，教会その他の公衆が各種会合のために利用する建物一切をいう。「公共の娯楽場」と，「その他の」ではなく，「その他」で結び付いているから，会堂は，娯楽に供されるものである必要はない。

ウ　「劇場，飲食店，ダンスホールその他公共の娯楽場」

　㋐　「劇場」

　「劇場」とは，主として，映画，演劇，音楽，舞踊等を公衆に見せ，あるいは聞かせるために設けられた施設で，ある程度以上の規模のものをいう。興行場法（昭和23年法律第137号）第1条第1項にいう「興行場」（映画，演劇，音楽，スポーツ，演芸又は観せ物を，公衆に見せ，又は聞かせる施設）よりも狭い概念である。

　㋑　「飲食店」，「ダンスホール」

　「飲食店」は，食品衛生法（昭和22年法律第233号）にいう「飲食店営業」を行う店とほぼ同一であろう。

　「ダンスホール」は，平成27年法律第45号による改正前の風俗営業等の規制及び業務の適正化等に関する法律（昭和23年法律第122号，以下「旧風営適正化法」という。）第2条第1項第4号（「客にダンスをさせる営業」であるいわゆる旧4号営業について定めている。）にいうダンスホールとほぼ同義であるが[注1, 2]，旧風営適正化法においては，①客にダンスをさせるほか

に，客の接待をしたり，かつ，客に飲食をさせる営業（いわゆる旧1号営業〔キャバレー等営業〕，又は旧3号営業〔ナイトクラブ等営業〕に該当する営業），又は②客にダンスを教授するための営業（ダンススクール営業）のうち，一定の資格を有するダンスを教授する者が客にダンスを教授する場合にのみ客にダンスをさせる営業を旧4号営業から除いていたところ，本号の「ダンスホール」には，このような①や②の業態のものも含むものと解される（101問66頁）。

(ｳ)　「その他公共の娯楽場」

「その他公共の娯楽場」とは，公衆が楽しみや慰みのために利用する場所を指し，公衆自身が運動や娯楽に興ずる場所と，そこで行われる運動や催しを公衆が観覧して楽しみを得る場所とを含む。野球場，サッカースタジアム，ボクシング会場，相撲会場，スケート場，ボウリング場，ゴルフ場等といったスポーツ関係施設のほか，麻雀荘，碁・将棋会所，パチンコ

(注1)　旧風営適正化法第2条第1項
「この法律において『風俗営業』とは，次の各号のいずれかに該当する営業をいう。
一　キャバレーその他設備を設けて客にダンスをさせ，かつ，客の接待をして客に飲食をさせる営業
二　待合，料理店，カフエーその他設備を設けて客の接待をして客に遊興又は飲食をさせる営業（前号に該当する営業を除く。）
三　ナイトクラブその他設備を設けて客にダンスをさせ，かつ，客に飲食をさせる営業（第1号に該当する営業を除く。）
四　ダンスホールその他設備を設けて客にダンスをさせる営業（第1号若しくは前号に該当する営業又は客にダンスを教授するための営業のうちダンスを教授する者（政令で定めるダンスの教授に関する講習を受けその課程を修了した者その他ダンスを正規に教授する能力を有する者として政令で定める者に限る。）が客にダンスを教授する場合にのみ客にダンスをさせる営業を除く。）」

(注2)　なお，旧風営適正化法が取締りの対象としていたダンスホール等営業については，風俗上の大きな問題を生じているという実態は見られなくなっており，また，関係団体においても，営業の健全化のための自主的な取組を進めているといった情勢も踏まえ，平成27年改正において，ダンスホール等営業を風営適正化法の規制の対象から除外することとされ，旧第2条第1項第1号の規定からダンスに係る部分を削って同項第2号と統合し，同項第3号及び第4号の規定が削除された（土屋暁胤・中野崇嗣「風俗営業等の規制及び業務の適正化等に関する法律の一部を改正する法律について」警学68巻10号66頁参照）。しかしながら，このような風営適正化法の改正は，公共の場所における秩序維持を図るべき場所の例示として掲げているにすぎない本号所定の「ダンスホール」の定義に関する前記解釈に影響を与えるものではないと解する。

店，ゲームセンター等といった遊技場や動物園，水族館，遊園地，テーマパーク等のレジャー施設も，これに当たる。

「劇場」というには当たらない比較的小規模な「寄席」なども，これに入るであろう。

また，東京スカイツリー，東京タワー，通天閣等にあるタワー展望台や超高層ビルのうちの特に料金を定めて，専ら公衆の展望に供している階層部分の類いは，本来の意味での「娯楽」の場所とはやや趣きを異にするが，専ら公衆が景色眺望を楽しむための施設であるから，本号にいう「公共の娯楽場」の一種と考えてよかろう（稲田＝木谷43頁は，美術館，図書館やサウナ風呂等の特殊浴場も「娯楽場」に当たるとするが，やや疑問に思う。）。

また，「公共の娯楽場」は，必ずしも公共の娯楽施設として常設されているものである必要はない。例えば，学校の校舎や校庭を臨時に映画会の会場に使用して公衆に入場させるような場合も，「公共の娯楽場」に当たる。

「娯楽場」であれば，屋内屋外のいずれにあるかを問わないが，入場者という概念を容れる余地のあるものでなければならないから，一定の区画が施された施設であることを要する。その意味で，例えば，デパートの屋上の一部にある子供のための遊戯施設や，公園内の同様な施設などは，本号の「娯楽場」には当たらず，むしろ第1条第13号の「公共の場所」とみるべき場合が多いであろう。

また，「○○楽天地」や「××新地」などと称される歓楽街の類いが「公共の娯楽場」に当たらないことはいうまでもない。

(2) 「汽車，電車，乗合自動車，船舶，飛行機その他公共の乗物」

ア 「汽車，電車，乗合自動車，船舶，飛行機」

「汽車，電車，乗合自動車，船舶，飛行機」は，公共の用に供されるものに限る。したがって，貸切列車，貸切バス，スクールバス，会社等の専用バス，自家用モーターボート，自家用飛行機等は含まれない。もっとも，それらが，広く不特定かつ多数の人の利用し得る状態で用いられる場合は，この限りでない。

定期観光バスは，不特定かつ多数の人がたまたま同一路線の間乗り合っ

ているものであるから，本号の「乗合自動車」に当たる。

イ 「その他公共の乗物」

「その他公共の乗物」とは，不特定かつ多数の人が同時に自由に利用できる乗物で，汽車，電車，乗合自動車，船舶及び飛行機以外の一切のものをいう。その利用が有償であるか無償であるかは問わない。

「公共の」の意義は，既に述べたとおりであるから，道路運送法（昭和26年法律第183号）等で旅客の運送事業につき許可主義がとられているものであるかどうかは，「公共の乗物」であるかどうかの判断に関係がない。また，いわゆる交通機関と呼称されるものである必要はない。

したがって，例えば，観光地のケーブルカーやロープウェイ等のほか，エレベーター等は，「公共の乗物」に当たる。また，デパートや地下鉄の駅構内等のエスカレーター（いわゆる「動く歩道」の類を含む。）も「公共の乗物」から除外しなければならない理由はない。

他方，タクシーは，本来，不特定かつ多数の人が同時に利用できるというものではないから，本号にいう「公共の乗物」には当たらない。

3 行為の客体

行為の客体は，①入場者又は②乗客である。

(1) 「入場者」

「入場者」とは，公共の会堂，劇場，飲食店，ダンスホールその他公共の娯楽場の施設内に，これを利用する目的で現に入っている者をいう。入るについて料金の支払を要するか否か，また，現実にこれを支払ったか否かを問わない。

それらの施設が公開されていない時間に，何らかの他の目的で入っている者は，「入場者」に当たらない。しかし，これらの施設を利用する目的で入っている以上，何らかの事情で，現実には，その施設内に1人しか「入場者」がいないような場合でも，当該入場者に対して本号に当たる行為をすれば，本号の罪が成立する。

なお，その施設が公共の会堂，劇場，飲食店，ダンスホールその他公共の

娯楽場として公開中であれば、その施設を何らかの意味で利用する目的で現に入っている者は、全て「入場者」であり、必ずしもその者がその施設を本来の用法に従って利用することは必要でない。例えば、野球場や劇場に専ら昼寝をするために入るような者も「入場者」である。

もっとも、これらの施設を利用するために入る者であっても、不特定かつ多数の利用者、すなわち、公衆としての立場でなく入る者、例えば、催し物等を主催する者や出演者等は、本号の「入場者」には当たらない。これらの者に対する本号に類する行為については、刑法第234条の罪（威力業務妨害罪）の成否、あるいは、第1条第31号の罪（業務妨害の罪）の成否を論ずべきであろう。

(2) 「乗客」

「乗客」とは、現に当該乗物を利用している者であって、その運行の業務に従事する者以外の者をいう。必ずしも現実に多数の人が乗り合っていることを要するものではなく、たまたま乗客が1人しかいなかったとしても、その者に対して本号に当たる行為をすれば、本号の罪が成立すること、「入場者」の場合と同様である。

4　禁止される行為

禁止される行為は、著しく粗野又は乱暴な言動で迷惑をかけることである。

(1) 「著しく粗野又は乱暴な言動」

「著しく」は、「粗野」のみを修飾する語と解する。

なぜなら、「乱暴」という語は、それ自体相当強度な挙動を前提とするのに対し、「粗野」という語は、多分に道徳的判断の領域に属する概念であるところから、その判断が恣意にわたらないように、特に「著しく」と限定したものと解されるからである。

「著しく粗野な言動」とは、場所柄をわきまえない、それ相当の礼儀を守らないぶしつけな言語又は動作のうち、一般人から見て放置できないような程度の高いものを指す。

例えば、相手構わずにわいせつな言語を吐き、あるいは、放歌高吟する行

為や，禁煙とされた場所で喫煙する行為，悪臭を発する物を携えて入場し，又は乗車する行為，極端に汚れた服装で乗物に乗る行為等が挙げられる。そのほか，混雑した電車の中で足を投げ出して座ったり，公共の乗物内での痴漢行為（101問69頁）や盗撮行為等も，これに当たると解される。

「乱暴な言動」とは，不当に荒々しい言語動作であって，刑法にいう暴行，脅迫等に至らないものをいう。他の入場者や乗客にからんだり，物を投げたりするような行為がこれに当たる。

(2) 「迷惑をかけた」

本号の罪が成立するためには，前記の著しく粗野な言動や乱暴な言動によって，他の入場者又は乗客に「迷惑をかける」ことを要する。

「迷惑」とは，相手方が困ったり，あるいは，不快の念を抱く主観的心理事実をいう。

しかし，困惑や嫌悪，不安というほど強いものである必要はなく，要するに，うるさく感じたり，何となく処置に窮したり，嫌な感じを持ったりすることで，俗に当惑するといった状態で足りる。

いずれにせよ，本号の罪の成立には，入場者又は乗客の少なくとも1人が迷惑に感じたことが必要であり，誰も迷惑に感じなかった場合には，本号の罪は成立しない。

(3) 故 意

また，本号の罪は，結果犯ではないから，犯人に著しく粗野な言動又は乱暴な言動をすることについての認識があるだけでは足りず，そのような言動によって他の入場者又は乗客に迷惑をかけることの認識をも要するものと解する。

この点について，本号を結果犯と解し，迷惑をかける結果について予見することを必要としないとする説もある（植松59頁，乗本ほか62頁）。

しかし，第1条第14号（静穏妨害の罪）における「静穏を害し近隣に迷惑をかけた」との表現と異なり，本号は，「……な言動で迷惑をかけ」と規定されており（第1条第13号前段も同様），「著しく粗野又は乱暴な言動」は，迷惑をかける行為の態様を限定しているにすぎない。また，本号の趣旨は，迷

惑をかける行為そのものを禁じようというところにあるのであるから、その迷惑をかけることの認識が不要であると解することは、文理上も実質的にも、構成要件の解釈としては適当でない。

さらに、第1条各号の規定は、全て未遂を処罰するものでないことを明らかにするため、「……した者」というように過去形で規定されている。そのため、本号は、一見、結果犯と読み誤られやすいのであるが、本号が禁止しようとしている行為は、まさに、「著しく粗野又は乱暴な言動で迷惑をかける行為」であって、既遂に達したものであり、このように若干字句を修正して一読すれば、本号の罪が結果犯ではないことが明らかであろう。

5 他罪との関係

(1) 刑法犯との関係

本号に当たるような行為が暴行、脅迫の程度に達すれば、暴行罪（刑法第208条）、脅迫罪（同法第222条）が成立することはいうまでもなく、この場合には、これらの罪に対して補充関係にある本号の適用の余地はない。また、暴行や脅迫を構成要件に含む犯罪類型についても同様に解されよう。

なお、キャバレーの開店披露の日に、客席において、コンロで牛の内臓やにんにくを焼いて悪臭を発生させ、2階にいて階下のホールに向かって大声で呼びかけ、あるいは、焼いた牛の内臓片や火のついたタバコを2階からホールに向かって投げるなどし、多数の客をして退散せしめた行為につき、本号ないし第1条第31号の問題ではなく、威力業務妨害罪（刑法第234条）が成立するとした判例がある（広島高岡山支判昭30.12.22高刑裁特2巻追録1342頁）。

(2) 他の本法違反との関係

本号と第1条第13号前段との関係は、後者が一般規定であるのに対して、本号は、特別規定の関係にあるものと解されるから、本号の罪が成立する場合は、第13号適用の余地がなく、本号の罪が成立しない場合にのみ、第13号の罪の成否が問題となる。

(3) 特別法違反との関係

ア　酩酊者規制法違反との関係

本号の罪ないし第1条第13号前段の罪と酩酊者規制法第4条第1項の罪（「酩酊者が，公共の場所又は乗物において，公衆に迷惑をかけるような著しく粗野又は乱暴な言動をしたときは，拘留又は科料に処する。」）との関係については，①両罪が観念的競合の関係に立つとする考え方，②酩酊者規制法の規定が酩酊者に関する特別規定であるから，酩酊者規制法違反の罪が成立するときは，本法の適用の余地がないとする考え方，③本法の規定が迷惑をかけたという結果の発生を要求している特別規定であるから，本法違反の罪が成立するときは，酩酊者規制法の適用の余地がないとする考え方の三つの考え方があり得る。
　いずれの考え方に立っても，両罪が併合罪の関係に立つと解する余地はないし，いずれの罪の法定刑も拘留又は科料であり両罪の間に刑の軽重はないから，結論においても実際上の影響はほとんどない。
　しかし，理論的に考えてみると，本法は，本号において入場者又は乗客に対し，第13号において多数の人に対し，それぞれ迷惑をかけることが必要とされているのに対して，酩酊者規制法は，単に，公衆に迷惑をかけるような著しく粗野又は乱暴な言動をしたことだけで処罰の対象としており，むしろそのような言動に出るほど酩酊することを防止しようとしているものと解されるのであって，両者は，それによって直接保護しようとする法益において若干異なるものがあり，その意味で，両者の罪質は，異なっているものとみるべきであろう。
　そうだとすれば，両者の罪に同時に触れる行為は，①のように観念的競合の関係に立つものと解するのが適当であろう。
　イ　興行場法違反との関係
　本号の罪と興行場法第4条第1項（「入場者は，興行場において，場内を著しく不潔にし，その他公衆衛生に害を及ぼす虞のある行為をしてはならない。」）に違反する罪（罰則は，同法10条：拘留又は科料）とは，多くの場合，併合罪の関係で成立することとなろうが，場合によっては，1個の行為が両者の構成要件を充足することも考えられ，その場合は，両罪は，観念的競合の関係に立つことになる。

ウ ストーカー行為等の規制等に関する法律違反との関係

ストーカー行為等の規制等に関する法律（平成12年法律第81号）違反との関係については、後記第28号の解説3(2)ウ参照。

(4) 迷惑防止条例等の条例違反との関係

ア 条例の有効性

本号の罪ないし第13号前段の罪と迷惑防止条例違反の罪との関係については、罪数を論ずる前に、後者の規定が法の先占を侵していないかについて検討する必要がある。

いうまでもなく、条例は、法令に違反しない限りにおいて有効に制定し得るものである（憲法第94条、地方自治法第14条第1項）。このことは、国の法令が定めたことと矛盾する条例を作ったり、既に国の法令が規定している事柄について条例で規定すること（法の先占の侵害）が許されないことを意味する（法令と条例との関係については、おかしな条例338頁以下、249頁以下等参照）。

そこで、代表例として、東京都「公衆に著しく迷惑をかける暴力的不良行為等の防止に関する条例」（昭和37年東京都条例第103号）を取り上げると、本号との適用関係が問題となり得る主なものとして、以下のような規定がある。

> 第5条（粗暴行為（ぐれん隊行為等）の禁止）
> ① 何人も、正当な理由なく、人を著しく羞恥させ、又は人に不安を覚えさせるような行為であつて、次に掲げるものをしてはならない。
> 　一 公共の場所又は公共の乗物において、衣服その他の身に着ける物の上から又は直接に人の身体に触れること。
> 　二 次のいずれかに掲げる場所又は乗物における人の通常衣服で隠されている下着又は身体を、写真機その他の機器を用いて撮影し、又は撮影する目的で写真機その他の機器を差し向け、若しくは設置すること。
> 　　イ 住居、便所、浴場、更衣室その他人が通常衣服の全部又は一部を着けない状態でいるような場所
> 　　ロ 公共の場所、公共の乗物、学校、事務所、タクシーその他不特定又は多数の者が利用し、又は出入りする場所又は乗物（イに該

　　　　当するものを除く。）
　　三　前2号に掲げるもののほか，人に対し，公共の場所又は公共の乗
　　　物において，卑わいな言動をすること。
②　何人も，公共の場所又は公共の乗物において，多数でうろつき，又
　はたむろして，通行人，入場者，乗客等の公衆に対し，いいがかりを
　つけ，すごみ，暴力団（暴力団員による不当な行為の防止等に関する
　法律（平成3年法律第77号）第2条第2号の暴力団をいう。）の威力
　を示す等不安を覚えさせるような言動をしてはならない。
③，④　〈略〉

第5条の2（つきまとい行為等の禁止）
①　何人も，正当な理由なく，専ら，特定の者に対するねたみ，恨みそ
　の他の悪意の感情を充足する目的で，当該特定の者又はその配偶者，
　直系若しくは同居の親族その他当該特定の者と社会生活において密接
　な関係を有する者に対し，不安を覚えさせるような行為であつて，次
　の各号のいずれかに掲げるもの（ストーカー行為等の規制等に関する
　法律（平成12年法律第81号）第2条第1項に規定するつきまとい等及
　び同条第4項に規定するストーカー行為を除く。）を反復して行つて
　はならない。この場合において，第1号から第3号まで及び第4号（電
　子メールの送信等（ストーカー行為等の規制等に関する法律第2条第
　2項に規定する電子メールの送信等をいう。以下同じ。）に係る部分
　に限る。）に掲げる行為については，身体の安全，住居，勤務先，学
　校その他その通常所在する場所（以下この項において「住居等」とい
　う。）の平穏若しくは名誉が害され，又は行動の自由が著しく害され
　る不安を覚えさせるような方法により行われる場合に限るものとす
　る。
　　一，二　〈略〉
　　三　著しく粗野又は乱暴な言動をすること。
　　四〜七　〈略〉
②，③　〈略〉

第6条（押売行為等の禁止）
①　何人も，住居その他人の現在する建造物を訪れて，物品の販売若し
　くは買受け若しくは物品の加工若しくは修理，害虫の駆除，遊芸その
　他の役務の提供（以下この条において「販売等」という。）又は広告
　若しくは寄附の勧誘（以下この項において「広告等の勧誘」という。）
　を行うに当たり，次に掲げる行為をしてはならない。
　　一　犯罪の前歴を告げ，暴力的性行をほのめかし，住居，建造物，器

> 　　物等にいたずらする等不安を覚えさせるような言動をすること。
> 　二〜四　〈略〉
> ②　何人も、公共の場所において、不特定の者に対して販売等を行うに当たり、不安を覚えさせるような著しく粗野若しくは乱暴な言動をし、又は依頼若しくは承諾がないのに物品の加工若しくは修理、遊芸その他の役務の提供を行つてその対価を執ように要求してはならない。

　これらの規定を見ると、まず、同条例第5条についていえば、第1項では、「衣服その他の身に着ける物の上から又は直接に人の身体に触れる」(第1号)とか「人の通常衣服で隠されている下着又は身体を、写真機その他の機器を用いて撮影し、又は撮影する目的で写真機その他の機器を差し向け(る)」(第2号)といった「卑わいな言動」を処罰の直接の対象としており(第3号)、第2項では、「多数でうろつき」とか、「たむろして」とかいう、いわゆる愚連隊的行為であることが要件とされているほか、いずれも、単に迷惑をかけるということではなく、更に一層強度な、そして、迷惑とはいわば異質な心理状態というべき羞恥や不安を覚えさせるような言動をすることが要件とされており、一般的に、行為の悪性ないし危険性が本号や第13号前段よりも高度なものを規定の対象としているものと認められる。

　また、同条例第5条の2についていえば、同規定は、本号の罪とは異なり、特定の者に対するねたみ、恨みその他の悪意の感情を充足する目的の行為を処罰対象としており、本号と保護法益をやや異にしている。また、処罰の対象とする行為も著しく粗野又は乱暴な言動だけでなく、「つきまとい、待ち伏せし、進路に立ちふさがり、住居等の付近において見張りをし、住居等に押し掛け、又は住居等の付近をみだりにうろつくこと」(同項第1号)などといった、本号で処罰の対象とされていない行為を規定しているのであるから、本号の行為類型とはかなり異質のものであるといえる。

　第6条第1項第1号や同条第2項なども、著しく粗野又は乱暴な言動といっても、いわゆる押売り行為の一態様として不安を覚えさせるようなも

のを規定の対象としているのであって，その行為類型は，本号や第13号前段の行為類型とかなり異質なものであるということができる。

このようにこれら条例の規定は，本号や第13号前段の規定する分野と隣接する分野について規定しており，その究極的な目的とするところは，類似するところはあるとはいえ，やはり，国の法令が先占している範囲は侵しておらず，有効であると考えられる(注3)。

なお，条例の規定ぶりによっては，国の法令（この場合では，本号や第13号前段）の先占を侵すものと認められる場合もあり得，そのような条例の規定は，無効となることに注意を要する。

イ　罪数関係

本号又は第13号前段の行為が，同時に前記のような迷惑防止条例の規定に触れることとなる場合は，前記のような両者の罪質の相違に鑑み，両罪が成立し，観念的競合の関係に立つものと解する。

（注3）　なお，迷惑防止条例と法の先占の問題については，田中二郎ほか「ぐれん隊防止条例についての座談会」（ジュリスト261号15頁以下）参照。また，条例制定権についての判断を示した判例としては，奈良県の「ため池の保全に関する条例」違反事件に関する最大判昭38.6.26刑集17巻5号521頁がある。

消灯の罪（第6号）

> 正当な理由がなくて他人の標灯又は街路その他公衆の通行し，若しくは集合する場所に設けられた灯火を消した者

1 本号の趣旨

　正当な理由がなくて，①他人の標灯を消した者，又は②街路その他公衆の通行し，若しくは集合する場所に設けられた灯火を消した者が処罰の対象である。

　本号の立法趣旨は，夜間における交通や集合の利便と安全を保持し，ひいては，暗い場所での非行の防止を図ろうとする点にある。

　本号は，警察犯処罰令第2条第28号（「濫ニ他人ノ標燈又ハ社寺，道路，公園其ノ他ノ公衆用ノ常燈ヲ消シタル者」）を受け継いだものであるが，後に述べるように，屋内の灯火を消す行為及び臨時灯を消す行為が含まれることとなっている点において，やや処罰の対象の範囲が広がっている。

2 行為の客体

　行為の客体は，①他人の標灯，又は②街路その他公衆の通行し，若しくは集合する場所に設けられた灯火である。

(1) 「他人の」

　「他人の」とは，自己以外の者が管理し，又は使用するものであることを意味する。その自己以外の者は，個人である必要はなく，会社等の法人や官公署等であってもよい。自己の所有に属するものでも，正当な権原に基づいて他人が管理・使用するものは，「他人の」ものに当たる。一方，事実上，門前を通行する歩行者等の通行の安全に役立っていたとしても，自己の門灯は，「他人の」ものには当たらない。

(2) 「標灯」

　「標灯」とは，標識としての役目を果たす灯火をいう。その代表的なものは，門柱や玄関口に氏名等を記入して設けられている灯火であろうが，必ずしも，

灯火自体で何かを表象していなくても，灯火と標識とがあいまって何かを表象しているもの，例えば，表札等を見やすく照らしている門灯や，診療所，助産院等の看板を照らしている灯火，交番の赤色灯，火災報知機の赤色灯などは，全て標灯に当たる。

また，ネオン等による広告灯で氏名，屋号等を店先に表示してある場合は，その商店等の存在を明らかにする目的のあるものであれば，宣伝を兼ねているものであっても，なお標灯といい得る。ビルの屋上にビルの名称を型どって設けられたネオンサインもまた，標灯と解してよいであろう。

(3) 「街路その他公衆の通行し，若しくは集合する場所に設けられた灯火」

「他人の」という限定がないから，自己の管理し，又は使用するものをも含む一方，標灯は，それが他人のものであると，自己のものであるとを問わず，含まない。なぜなら，「又は」の前で，特に「他人の標灯」と規定したのは，標灯については，他人のものに限って消すことを禁じた趣旨と解されるからである。したがって，前に掲げた自宅の門灯を消す行為は，公衆の通行に不便を感じさせる結果になったとしても，本号には当たらない。

ア 「街路」

「街路」とは，市街地の道路をいう。

市街地といい得るためには，相当程度人家が連続している必要があるが，それで足り，当該地域が行政区画上市であるか町又は村であるかといったことや，当該道路が国道，都道府県道等であるか市町村道であるかといったことは，全て関係がない。また，道路の幅員の広狭も問わない。

イ 「公衆の通行する場所」

「公衆」とは，不特定又は多数の人を意味する（101問75頁，井阪79頁，野木ほか42頁）。この点，不特定かつ少数の人では，まだ公衆とはいい得ないと解する説もある[注1]。しかし，不特定かつ少数人を「公衆」に含めないと，人通りの少ない公園等に設置された防犯灯を消しても本罪に当たらないことになるが，むしろそのような場所の方が非行防止の必要性が高い

（注1） 本書三訂版92頁では，この見解を採用していた。

のであるから，不特定かつ少数人を含むのが妥当である。

なお，人の健康に係る公害犯罪の処罰に関する法律（昭和45年法律第142号）にいう「公衆」につき，同法の立案担当者は，その立法趣旨に照らして，特に不特定かつ多数人と解すべきであるとしている（前田宏ほか「『人の健康に係る公害犯罪の処罰に関する法律』について」法曹時報23巻2号26頁）が，同法においてそのような解釈をすることが相当であるとしても，本号等の解釈としては，適当でないであろう。

「公衆の通行する場所」とは，街路以外で，多数の人の通行に供される場所をいい，それが道路法（昭和27年法律第180号）にいう道路に当たるか否かを問わない。列車の軌道は，広い意味では，公衆が通行する場所といえなくもないが，それは，公衆そのものが通行するわけではなく，公衆を積載した列車が通行するにすぎないから，本号にいう「公衆の通行する場所」には当たらない。

これに対し，公衆そのものが通行するとはいえない高速自動車国道その他の自動車専用道路（そこでは，人が自動車による以外の方法で通行することが禁じられている——例えば，高速自動車国道法〔昭和32年法律第79号〕第17条第1項。）については，自動車以外の方法による通行が禁止されている点で列車軌道に似た点はあるが，公衆が自ら自動車を運転して通行するのであるから，「公衆の通行する場所」に当たると解する(注2)。また，これらの自動車専用道路に付随して設けられる休息，食事等のための施設の周辺の広場や駐車場などは，自動車に乗車していた人たちが歩行者として行動する場所であるから，やはり，「公衆の通行する場所」ないし「公衆の集合する場所」に当たろう。

「公衆の通行する場所」は，前記のように，道路法にいう道路に限らないから，私道もまた，多数の人の通行に利用されていれば，これに当たり，また，地下街の通路の灯火やいわゆる団地内の各所に設けられた街灯など

（注2） 101問75頁，井阪80頁，稲田＝木谷51頁。なお，本書三訂版93頁では，若干疑問はあるが「公衆の通行する場所」に当たらないとしていた。

も公衆の通行する場所に設けられた灯火に当たる。

「公衆の通行する場所」は，必ずしも現に多数の人が通行している必要がないことはもちろん，たまたま全く通行者がなかったとしても，本号の罪の成否には関係がない。平素多数の人の通行に利用されるものであれば足りる。

ウ 「公衆の集合する場所」

「公衆の集合する場所」もまた，平素多数の人が集合する場所であれば足り，現に人が集合していなくてもよい。また，そこに集合する人たちが一定の共通の目的を持っている必要はない。要するに，多くの人が集まる場所であればよい。このような場所としては，警察犯処罰令において例示されていた社寺（の境内），公園のほか，駅，競技場，町の広場等がこれに当たる。

また，立案者は，「公衆の集合する場所」としては，警察犯処罰令第2条第28号と同様に，専ら屋外の場所を考えていたようである（第2回国会参議院司法委員会会議録第6号3頁参照）が，本号において，「街路」は，専ら「公衆の通行する場所」と結び付いているものと解されるのみならず，「その他」ではなくて，「その他」で結び付いているにすぎず（「その他」と「その他」の差異については，第2号の解説（注5）参照），したがって，「公衆の通行し，若しくは集合する場所」を屋外の場所と限定するような厳格な例示としての意味を持っていないし，さらに，第1条第26号（排せつ等の罪）における「公衆の集合する場所」と殊更別異の概念と解すべき理由もないから，本号における「公衆の集合する場所」は，屋内屋外を問わないものと解する。したがって，駅の構内や公共の会堂，劇場，飲食店，ダンスホール等（第1条第5号〔粗野・乱暴の罪〕参照）も，「公衆の集合する場所」に当たる。

エ 「灯火」

「灯火」とは，人工的に光を発する器具，設備の光をいう。発光源は，電気，ガス，石油，油脂類等，その種類のいかんを問わない。警察犯処罰令第2条第28号では「常燈」とされていたのが，「灯火」と改められたこ

とからみても，本号の「灯火」は，「常燈」のほか，例えば，道路工事中の危険箇所を示すために置かれた発光器のような臨時灯をも含むものであることが明らかである。

3 禁止される行為

禁止される行為は，正当な理由がなくて，灯火を消すことである。

(1) 「正当な理由がなくて」

「正当な理由がなくて」の意義については，第1号の解説3参照。自己の管理・使用する灯火であっても，公衆の通行し，又は集合する場所に設けられたものを消すことが，本号に該当することは前述したが，このような場合には，自己の管理権に基づくものとして正当な理由があるものと認められる場合が多いであろう。

しかし，公園や団地の管理人が殊更街灯を消したり，映画館の支配人が面白半分に劇場内の灯火を全て消したりするような場合には，自己の権限に基づくものであっても，本号に当たることになろう。また，他人の灯火であっても，明らかに消し忘れたと認められる他人の標灯を好意的に消す行為や，灯火による危険等を防ぐために通行人が他人の灯火を消す行為などは，「正当な理由」がある場合に当たる。

(2) 「消した」

「消す」とは，通常，発光設備を損壊することなく，すなわち，再び点灯しようと思えば，通常の点灯方法で点灯し得る状態で灯火の発光を止めることであり，例えば，電灯のスイッチを切ることなどがこれに当たるが，発光を止める行為であれば，その方法を問わない。

4 他罪との関係

発光のための設備を壊して発光を止める行為，例えば，電灯のスイッチ部分を壊したり，電球を割ったり，電線を切断したりする行為は，器物損壊罪（刑法第261条）にも該当するが，本号の罪と器物損壊罪とは，その保護法益ないし罪質を異にするから，両罪は，観念的競合の関係に立つ。

電球を盗むなどの方法によった場合には，本号の罪と窃盗罪（刑法第235条）とが同様の関係に立つ。
　また，標灯である広告灯を消したような場合には，場合によって，威力業務妨害罪（刑法第234条）が成立し，本号の罪と観念的競合の関係に立つ。鉄道用標識灯や道路標識灯を消したような場合には，往来危険罪（刑法第125条），道路運送法（昭和26年法律第183号）第100条の罪，道路交通法（昭和35年法律第105号）第115条の罪が成立し得るが，本号の罪との関係は，同様である。

水路交通妨害の罪（第7号）

> みだりに船又はいかだを水路に放置し，その他水路の交通を妨げるような行為をした者

1 本号の趣旨

みだりに船又はいかだを水路に放置し，その他水路の交通を妨げるような行為をした者が処罰の対象である。

本号の立法趣旨は，水路交通の安全と円滑を図ろうとする点にあり，警察犯処罰令第2条第12号（「公衆ノ自由ニ交通シ得ル場所ニ於テ濫ニ車馬舟筏其ノ他ノ物件ヲ置キ又ハ交通ノ妨害ト為ルヘキ行為ヲ為シタル者」）中の水路交通に関する部分を受け継いだもので，刑法第124条第1項（往来妨害罪）に対する補充規定である。

2 禁止される行為

禁止される行為は，①みだりに船又はいかだを水路に放置すること，及び②その他みだりに水路の交通を妨げるような行為をすることである。

(1) 「みだりに」

「みだりに」とは，違法性を表す表現であり，社会通念上正当な理由の存在が認められない場合をいう。それは，「正当な理由がなくて」とおおむね同じ概念ではあるが，それよりもやや広く，むやみにとか，ところかまわずにとか，公衆が迷惑することをかまわないでとかいった意味を含んでいる(注)。

（注）　〇　東京高判昭24.7.29高刑集2巻1号53頁
　　　　「『みだりに』とは社会通念上正当な理由ありと認められない場合を指すのである。」
　　　〇　大判昭6.10.26刑集10巻10号505頁
　　　　「警察犯処罰令第2条第25号ニ所謂濫ニトハ社会通念ニ照シ相当ノ理由アリト認ムルヲ得サル場合ヲ指称スルモノトス」

(2) 「船又はいかだ」

　「船」とは,「船舶」と同じ概念である。「船舶」については,第1号の解説2(4)参照。

　「いかだ」とは,木,竹などを編んで水に浮くようにしたもので人がその上に乗れるものをいうが,必ずしも,木,竹に限らず,例えば,ドラム缶などを編んで水に浮くようにしたものも「いかだ」である。

(3) 「水路」

　「水路」とは,陸上における「道路」に対応する概念で,一般交通の用に供される水面及びこれに接続する水中をいい,港湾,湖沼,河川,運河のいずれにあるかを問わない。この意味で,第1条第25号（水路流通妨害の罪）にいう「水路」とは異なる概念である。

　また,本号にいう「水路」は,船,いかだなどの放置によって水上交通が妨害される蓋然性があるものであることを要するから,ある程度限られた幅を持つものでなければならない。この意味で,遠洋ないし沿海における船舶の航路,相当水深のある湖沼の中心部などは,おおむね「水路」に当たらないことになる。一般交通の用に供されるものでなければならないから,船やいかだの通行ができないような用水路や濠のようなものは,「水路」に当たらないし,特定人のみが利用するにすぎない水面もまた「水路」とはいえない。

(4) 「放置する」

　「放置する」とは,船又はいかだを管理・使用する者が,これを水路に置いたまま,現実の管理から離れることをいう。それは,一時的でもよい。また,係留してあるかどうかを問わない。漂流して水路に至るべきことを予見しながら,水路外に放置し,その結果,船又はいかだが水路に至ったというような場合も,「水路に放置」したことに当たる。

　船又はいかだの管理者が現実に管理・使用している限り,放置したものとはいえないが,例えば,水路に釣舟を泊めて釣りをしているような行為は,場合により,本号後段の「水路の交通を妨げるような行為」に当たることになろう。

船やいかだを水路に放置する行為は，一般に交通の妨害になる蓋然性を有する行為であるが，具体的に妨害の結果を生じたことはもちろん，そのような蓋然性の認識も必要でない。

(5) 「その他水路の交通を妨げるような行為」

船又はいかだを水路に放置する行為以外の行為であって，社会通念上，水上交通の妨げとなる蓋然性があると考えられる一切のものを指す。例えば，通行する船舶の船底に触れることとなるおそれのある相当体積のある物件や，水面に浮いて船舶のスクリュー等に絡むおそれのあるような物件を投棄したり，水路に通行禁止等の虚偽の標示をするといった行為はこれに当たる。

「ような行為」というのであるから，社会通念上，水上交通の妨げとなるおそれがあると認められる行為を当該外形的行為についての認識をもって行えば足り，その行為が水上交通の妨げとなるおそれがあることについての認識までは必要でないものと解する。もちろん，現実に交通を妨げるおそれが生じたことは必要でない。

3 他罪との関係

(1) 他の本法違反との関係

本号の行為が，第1条第25号（水路流通妨害の罪）にも当たるような場合は，両者はその保護法益を異にするから，両罪が成立し，観念的競合の関係に立つ。

(2) 刑法犯との関係

本号の行為の結果，水路を閉塞して往来の妨害を生じさせたときは，往来妨害罪（刑法第124条第1項）が成立するが，本号は，同条の規定に対して補充関係にあるから，この場合には，往来妨害罪のみが成立し，本号適用の余地はない。

変事非協力の罪（第8号）

> 風水害，地震，火事，交通事故，犯罪の発生その他の変事に際し，正当な理由がなく，現場に出入するについて公務員若しくはこれを援助する者の指示に従うことを拒み，又は公務員から援助を求められたのにかかわらずこれに応じなかつた者

1 本号の趣旨

風水害，地震，火事，交通事故，犯罪の発生その他の変事に際し，正当な理由がなく，①公務員若しくはこれを援助する者の指示に従うことを拒んだ者，又は②公務員から援助を求められたのにかかわらず，これに応じなかった者が処罰の対象である。

このような変事に際して，全ての市民が互いに協力し合って災害の拡大を防止し，被害の救助等に当たり，いやしくも，災害の拡大防止，被害の救助等のための行動を妨げることのないようにすべきことは，一般の常識であるが，本号は，そのように常識に属する道徳律のうち，法によって遵守を強制すべき最小限度のものとして，公務員又はこれを援助するものが適法な権限に基づいて行う指示や援助の求めにすら応じないことを取り上げ，刑罰をもってその順守を担保しようとした趣旨の規定である。

本号は，規定の形式からいって，警察犯処罰令第2条第27号（「水火災其ノ他ノ事変ニ際シ制止ヲ肯セスシテ其ノ現場ニ立入リ若ハ其ノ場所ヨリ退去セス又ハ官吏ヨリ援助ノ求ヲ受ケタルニ拘ラス傍観シテ之ニ応セサル者」）を受け継いだものである。

2 行為の機会

行為の機会は，風水害，地震，火事，交通事故，犯罪の発生その他の変事に際してである。

(1) 「風水害，地震，火事，交通事故，犯罪の発生」

「風水害」とは，風害又は水害の意味であり，台風や洪水，津波などがこ

れに当たる。

　「交通事故」は，道路交通法（昭和35年法律第105号）第72条第1項にいう交通事故はもちろん，交通機関による事故の一切を含む。陸上の交通機関による事故に限らなければならない理由はないから，例えば，海上における船舶の衝突，航空機の墜落などといった海上ないし空中における交通事故もまた，「交通事故」に含ませてよいであろう。ただ，ここに例示されたものは，「変事」でなければならないから，広い意味では交通事故といえるにしても，自動車のパンクといった程度のものは，本号にいう「交通事故」の概念からは除かれる。

　「犯罪の発生」に当たるものとしては，騒乱，殺人，強盗などといった重大事件の発生が考えられるが，必ずしもそのような重大な事件のみに限る必要はない。

(2) 「その他の変事」

　「その他の変事」とは，その前の風水害等と「その他の」で結ばれ，風水害等が変事の厳格な例示とされているところからも明らかなように，風水害，地震，火事，交通事故，犯罪の発生等と同じ程度に異常な出来事を意味する。例えば，火山の噴火，落雷，火薬庫・ガスタンク類の爆発，原子力発電所における事故，伝染病の発生などがこれに当たる。

　「変事」というためには，一定の混乱した状態，言い換えれば公務員が現場の出入りについて指示をしなければならないような状態又は公務員がその処理のために一般人の援助を必要とするような状態を伴う程度のものでなければならないと解する(注)。

3　行為の対象

　行為の対象は，①現場に出入りするについての公務員若しくはこれを援助する者の指示，又は②公務員からの援助の求めである。

　(注)　101問84頁，野木ほか45頁。なお，本書三訂版101頁では，本号に規定する行為の機会の観点からはそのような限定的な解釈をする必要はないとしていた。

(1)　「公務員」

　「公務員」とは，一応，刑法第7条にいう公務員のほか，各種法令により罰則の適用について公務員とみなされるいわゆる「みなし公務員」を含む概念であるが，本号の性質上，当該変事に際して適法に指示したり，援助を求めたりすることのできるものでなければならないから，主として，警察官，消防職員その他の市町村職員，防疫関係職員などがこれに当たることとなろう。

　「現場に出入するについての指示」は，適法な指示でなければならない。適法な指示といい得るためには，法令上明文で指示権が認められている場合のほか，法令上当該変事に際しての当該公務員の職権行使が認められている結果，条理上当然に，必要に応じ指示をすることが許されているものと解される場合でなければならない。

(2)　「公務員」の例

　いかなる場合に，明文によらないで条理上指示権ありと解し得るかは，一概にはいい難いが，当該公務員に対し，明文上，変事に際し，現場に出入りすることについての指示権が認められている主要な例を示せば，次のとおりである。

　　○　警察官職務執行法（昭和23年法律第136号）

　　警察官は，人の生命若しくは身体に危険を及ぼし，又は財産に重大な損害を及ぼすおそれのある天災，事変，工作物の損壊，交通事故，危険物の爆発，狂犬，奔馬の類等の出現等危険な事態がある場合において，特に急を要するときは，危害を受けるおそれのある者に対し，その場の危害を避けしめるために必要な限度でこれを引き留め，又は避難させることができるものとしている（第4条第1項）。なお，この規定は，災害派遣時の自衛隊の自衛官（ただし，警察官がその場にいない場合に限る。）の職務の執行についても，準用されている（自衛隊法〔昭和29年法律第165号〕第94条第1項）。

　　○　海上保安庁法（昭和23年法律第28号）

　　海上保安官は，海上における犯罪が正に行われようとするのを認めた場合又は天災事変，海難，工作物の損壊，危険物の爆発等危険な事態がある

場合であって、人の生命若しくは身体に危険が及び、又は財産に重大な損害が及ぶおそれがあり、かつ、急を要するときは、①乗組員、旅客その他船内にある者を下船させ、又はその下船を制限し、若しくは禁止すること、②他船又は陸地との交通を制限し、又は禁止すること、③海上における人の生命若しくは身体に対する危険又は財産に対する重大な損害を及ぼすおそれがある行為を制止することができるものとしている（第18条第1項）。
○ 消防法（昭和23年法律第186号）
　火災の現場においては、消防吏員又は消防団員は、消防警戒区域を設定して、一定の者以外の者に対してその区域からの退去を命じ、又はその区域への出入りを禁止し、若しくは制限することができ（第28条第1項）、消防吏員若しくは消防団員が火災の現場にいないとき、又は消防吏員若しくは消防団員の要求があったときは、警察官は、これらの者の前記職権を行うことができるものとしている（第28条第2項）。なお、この規定は、水災を除く他の災害に関しても準用される（第36条第8項）。
○ 災害対策基本法（昭和36年法律第223号）
　災害（暴風、竜巻、豪雨、豪雪、洪水、崖崩れ、土石流、高潮、地震、津波、噴火、地滑りその他の異常な自然現象又は大規模な火事若しくは爆発その他その及ぼす被害の程度においてこれらに類する政令で定める原因により生ずる被害をいう。）が発生し、又は発生するおそれがある場合において、人の生命又は身体を災害から保護し、その他災害の拡大を防止するため特に必要があると認めるときは、市町村長は、必要と認める地域の必要と認める居住者等に対し、避難のための立退きを指示することができるものとし（第60条第1項）、また、避難のための立退きを行うことによりかえって人の生命又は身体に危険が及ぶおそれがあり、緊急を要すると認めるときは、市町村長は、必要と認める地域の必要と認める居住者等に対し、緊急安全確保措置を指示することができるものとしている（第60条第3項）。これらの場合において、市町村長が避難のための立退き若しくは緊急安全確保措置を指示することができないと認めるとき、又は市町村長から要求があったときは、警察官又は海上保安官は、必要と認める地域の必要と認める居

住者等に対し，避難のための立退き又は緊急安全確保措置を指示することができるものとしている（第61条第1項）。また，災害が発生し，又は正に発生しようとしている場合において，人の生命又は身体に対する危険を防止するため特に必要があると認めるときは，市町村長は，警戒区域を設定し，災害応急対策に従事する者以外の者に対して当該区域への立入りを制限し，若しくは禁止し，又は当該区域からの退去を命ずることができ（第63条第1項），この場合，市町村長若しくはその委任を受けてその職権を行う市町村の職員が現場にいないとき，又はこれらの者から要求があったときは，警察官又は海上保安官は，前記市町村長の職権を行うことができるものとしている（第63条第2項。なお，第73条第1項参照）。

○ 水防法（昭和24年法律第193号）

水防上緊急の必要がある場所においては，水防団長，水防団員又は消防機関に属する者は，警戒区域を設定し，水防関係者以外の者に対して，その区域への立入りを禁止し，若しくは制限し，又はその区域からの退去を命ずることができ（第21条第1項），前記の場所において，水防団長，水防団員若しくは消防機関に属する者がいないとき，又はこれらの者の要求があったときは，警察官は，それらの者の職権を行うことができるものとしている（第21条第2項）。また，洪水，雨水出水，津波又は高潮によって氾濫による著しい危険が切迫していると認められるときは，都道府県知事，その命を受けた都道府県の職員又は水防管理者は，必要と認める区域の居住者，滞在者その他の者に対し，避難のため立ち退くべきことを指示することができるものとしている（第29条）。

○ 大規模地震対策特別措置法（昭和53年法律第73号）

警察官は，地震災害に関する警戒宣言が発せられた場合において，避難に伴う混雑等において危険な事態が発生するおそれがあると認めるときは，当該危険な事態の発生を防止するため，危険を生じさせ，又は危害を受けるおそれのある者等に対し，必要な警告又は指示をすることができ，また，この場合において，警察官は，特に必要があると認めるときは，危険な場所への立入りを禁止し，若しくはその場所から退去させ，又は当該

危険を生ずるおそれのある道路上の車両その他の物件の除去その他必要な措置を採ることができるものとしている（第25条）。そのほか，第26条第1項で，前述の災害対策基本法第60条，第61条，第63条等をも準用している。

○　感染症の予防及び感染症の患者に対する医療に関する法律（平成10年法律第114号）

都道府県知事は，感染症のまん延を防止するため緊急の必要があると認める場合であって，消毒により難いときは，当該感染症の患者がいる場所等の交通を制限し，又は遮断することができるものとしている（第33条）。

○　武力攻撃事態等における国民の保護のための措置に関する法律（平成16年法律第112号）

避難住民を誘導する警察官又は海上保安官は，特に必要があると認めるときは，危険な場所への立入りを禁止し，若しくはその場所から退去させ，又は当該危険を生ずるおそれのある道路上の車両その他の物件の除去その他必要な措置を講ずることができる（第66条第2項）。この規定は，警察官及び海上保安官がその場にいない場合に限り，避難住民を誘導している消防吏員又は自衛官の職務の執行について準用される（第66条第3項）。また，市町村長は，武力攻撃災害が発生し，又は発生するおそれがある場合において，当該武力攻撃災害から住民の生命，身体若しくは財産を保護し，又は当該武力攻撃災害の拡大を防止するため特に必要があると認めるときは，必要と認める地域の住民に対し，退避をすべき旨を指示することができる（第112条第1項）。

○　道路交通法

警察官は，道路の損壊，火災の発生その他の事情により道路において交通の危険が生ずるおそれがある場合において，当該道路における危険を防止するため緊急の必要があると認めるときは，必要な限度において，当該道路につき，一時，歩行者又は車両等の通行を禁止し，又は制限することができるものとし（第6条第4項），交通事故の報告を受けた警察官は，負傷者を救護し，又は道路における危険を防止するため必要があると認める

ときは，当該報告をした運転者に対し，警察官が現場に到着するまで現場を去ってはならない旨を命ずることができるものとしている（第72条第2項）。

○ 刑事訴訟法

検察官，検察事務官又は司法警察職員は，押収，捜索又は検証に当たって，何人に対しても，許可を得ないでその場所に出入りすることを禁止することができるものとしている（第222条第1項によって準用される同法第112条）。

もっとも，以上のうち，消防法第28条第1項，第2項，第36条第8項による指示に従わない行為については，同法第44条第21号に，災害対策基本法第63条による指示に従わない行為については，同法第116条第2号に，水防法第21条による指示に従わない行為については，同法第53条に，大規模地震対策特別措置法第26条第1項で準用する災害対策基本法第63条第1項及び第2項による指示に従わない行為については，大規模地震対策特別措置法第39条第2号に，感染症の予防及び感染症の患者に対する医療に関する法律第33条による交通遮断等の命令に従わない行為については，同法第77条第5号に，道路交通法第6条第4項による指示に従わない行為については，同法第119条第1項第1号及び第121条第1項第1号に，同法第72条第2項の規定による指示に従わない行為については，同法第120条第1項第11号の2に，それぞれ特別の処罰規定があるから，これらの規定による指示は，本号にいう指示からは，結果的に除かれることになる。

(3) 「現場」

「現場」とは，変事の場所及びその周辺の地域で，前記のような当該公務員に指示権が認められる場合のその指示権が及ぶ範囲をいう。したがって，ある都市の一部で犯罪が発生しつつあるような場合，警察官が，隣接市町村からその犯罪に加功すべく参集する者を当該都市の境界線上等で阻止するような行為は，たとえ警察官職務執行法第5条による適法な職務執行であったとしても，「現場」に対する出入りについての指示とはいい得ないから，これに従わなかった場合でも，本号の罪は成立しない。

(4) 「出入するについての指示」

　「出入するについての指示」は，出ることあるいは入ることを命ずる指示や，それらのことを禁止する指示のほか，出入りの場所，方法，時間等についての指示をも含み，それが書面によってなされると，口頭によってなされるとを問わない。

(5) 「公務員を援助する者」

　「公務員を援助する者」とは，「公務員」が適法な指示権限を有する者に限られることとの対比からいって，公務員の適法な援助の求めに応じてこれを援助する者であって，そのことのゆえに，条理上，当該公務員に代わって指示をすることができると解される者をいう。

　当該公務員の適法な援助の求めに応じた者でなければならないから，当該公務員に，法令上，明示，黙示に，援助を求める権限が認められている場合でなければならない。公務員から援助を求められたわけでないのに，自発的にこれを援助する者はもちろん，公務員の適法でない援助の求めによって援助する者は，「公務員を援助する者」とはいえない。法令の明文上，公務員が援助を求める権限について規定している主要なものを挙げると，次のとおりである。

　○　警察官職務執行法

　　警察官は，人の生命若しくは身体に危険を及ぼし，又は財産に重大な損害を及ぼすおそれのある天災，事変，工作物の損壊，交通事故，危険物の爆発，狂犬，奔馬の類等の出現，極端な雑踏等危険な事態がある場合において，特に急を要するときは，その場に居合わせた者，その事物の管理者その他関係者に対し，危害防止のため通常必要と認められる措置を採ることを命ずることができるものとしている（第4条第1項）。

　○　海上保安庁法

　　海上保安官は，海難の際の人命，積荷及び船舶の救助並びに天災事変その他救済を必要とする場合における援助の職務を行うため，若しくは犯人を逮捕するに当たり，又は非常事変に際し，必要があるときは，付近にある人及び船舶に対し，協力を求めることができるものとしている（第16条）。

○　消防法

　消防吏員又は消防団員は，緊急の必要があるときは，火災の現場付近に在る者を消火若しくは延焼の防止又は人命の救助その他の消防作業に従事させることができるものとし（第29条第5項），救急隊員は，緊急の必要があるときは，傷病者の発生した現場付近に在る者に対し，救急業務に協力することを求めることができるものとしている（第35条の10第1項）。

○　災害対策基本法

　市町村長は，当該市町村の地域に係る災害が発生し，又は正に発生しようとしている場合において，応急措置を実施するため緊急の必要があると認めるときは，当該市町村の区域内の住民又は当該応急措置を実施すべき現場にある者を当該応急措置の業務に従事させることができるものとし（第65条），都道府県知事は，当該都道府県の地域に係る災害が発生した場合において，一定の事項について応急措置を実施するため特に必要があると認めるときは，災害救助法第7条から第10条までの規定の例により，従事命令等を発することができるものとしている（第71条）。

○　災害救助法（昭和22年法律第118号）

　都道府県知事は，救助を行うため特に必要があると認めるときなどには，医療，土木建築工事又は輸送関係者を，救助に関する業務に従事させることができ（第7条第1項），地方運輸局長は，都道府県知事の要求により，輸送関係者を救助に関する業務に従事させることができるものとしている（第7条第2項）。また，都道府県知事は，救助を要する者及びその近隣の者を救助に関する業務に協力させることができるものとしている（第8条。なお，第13条参照）。

○　水防法

　水防管理者，水防団長又は消防機関の長は，水防のためやむを得ない必要があるときは，当該水防管理団体の区域内に居住する者又は水防の現場にある者をして水防に従事させることができるものとしている（第24条）。

○　河川法（昭和39年法律第167号）

　洪水，津波，高潮等による危険が切迫した場合において，水災を防御し，

又はこれによる被害を軽減する措置を採るため緊急の必要があるときは，河川管理者は，その付近に居住する者又はその現場にある者を当該業務に従事させることができるものとしている（第22条第2項）。

○　水難救護法（明治32年法律第95号）

　市町村長は，遭難船救護のため人を招集することができ（第6条第1項），招集せられた者は，市町村長の指揮に従って救護に従事しなければならないものとしている（第6条第2項）。また，市町村長から，救護に際して暴行した者の身体を拘束するについて助力を命じられた者は，これを拒むことができないものとしている（第7条第3項）。

○　武力攻撃事態等における国民の保護のための措置に関する法律

　避難住民を誘導する警察官等は，避難住民の誘導のため必要があると認めるときは，避難住民その他の者に対し，当該避難住民の誘導に必要な援助について協力を要請することができる（第70条第1項）。また，市町村長若しくは消防吏員その他の市町村の職員，都道府県知事若しくは都道府県の職員又は警察官等は，当該市町村又は都道府県の区域に係る武力攻撃災害が発生し，又は正に発生しようとしている場合において，消火，負傷者の搬送，被災者の救助その他の武力攻撃災害への対処に関する措置を講ずるため緊急の必要があると認めるときは，当該市町村又は都道府県の区域内の住民に対し，その実施に必要な援助について協力を要請することができる（第115条第1項）。

　なお，本号の「公務員を援助する者」に当たらない事実上公務員を援助している者が指示的行為をしたときでも，それが当該公務員の意思を単に伝達する趣旨での行為であれば，「公務員の指示」があったものと解すべき場合があり得ることはいうまでもない。

　また，例えば，消防法第28条第1項に基づく消防団員による指示について，その消防団員が公務員でない非常勤の消防団員である場合（消防組織法〔昭和22年法律第226号〕第23条第1項参照）には，その者は，本号の適用上，「公務員を援助する者」とみるべきであろう。そのような者から消防法第29条第5項に基づいて援助を求められた者は，なお，「公務員を援助する者」といっ

て差し支えない。

(6)　「援助の求め」

「援助の求め」は，適法な援助の求めに限る。公務員自身の援助の求めに限り，これを援助する者からの援助の求めがこれに当たらないことはいうまでもない。また，「援助」は，当該変事に関連した職務執行に対する援助に限られることも，いうをまたない。

4　「正当な理由がなく」

「正当な理由がなく」の意義については，第1号の解説3参照。

指示又は援助の求めが適法なものでない場合は，そもそも本号の構成要件を充足しないことになるから，「正当な理由」の存否は問題にならない。これに対し，一応適法な指示又は援助の求めではあるが，極めて苛酷な行為を強いるような場合には，その場の状況等に照らし，「正当な理由」があるものと認められることが多かろう。

5　禁止される行為

(1)　「従うことを拒み」

指示に「従うことを拒み」とは，単に「従わない」というのとは異なり，指示に従わない意思を積極的に表示し，あるいは，指示に反する行動をすることによって，指示に従わない意思を外部的に明らかにすることをいう。

もとより，本号は，過失犯を罰するものではないから，立入り禁止の指示があった場合を例にとると，単にその場所へ立ち入る意思で立ち入ったというだけでは，直ちには，本号の罪は成立せず，立入り禁止の指示に反して立ち入る意思があることを要することはいうまでもない。このように，単に「従わない」というのとは異なるから，「従うことを拒む」罪は，不作為犯ではなく（大塚107頁は，不作為犯とする。），作為犯である。

(2)　「応じなかった」

援助の求めに「応じなかった」とは，求めに対して，その場で傍観している場合と，求めの趣旨に沿った行動に出ることなく，その場を立ち去ってし

まう場合とを含む。「援助の求めに応じない」罪は，不作為犯である。

6 他罪との関係

(1) 他の本法違反との関係

本号は，非常の事態を前提としている点において，第1条第32号（田畑等侵入の罪）前段の「入ることを禁じた場所」に立ち入る罪に対する特別規定の関係にあるから，本号の罪が成立する場合は，第32号前段の罪が成立する余地はない。

(2) 刑法犯との関係

本号は，刑法第114条（消火妨害罪）及び第121条（水防妨害罪）に対して補充関係にあるから，これらの罪が成立する場合には，本号は，適用の余地がない。

(3) 特別法違反との関係

消防法第40条第1項第2号又は第3号の罪（消防活動妨害の罪）が成立する場合には，本号の適用はない。また，既に述べた消防法第44条第21号の罪，災害対策基本法第116条第2号の罪，水防法第53条の罪，大規模地震対策特別措置法第39条第2号の罪，感染症の予防及び感染症の患者に対する医療に関する法律第77条第5号の罪，道路交通法第119条第1項第1号，第121条第1項第1号，第120条第1項第11号の2の罪等が成立する場合はもとより，災害対策基本法第113条第1号の罪（従事命令又は協力命令に従わない罪），災害救助法第31条第1号の罪（従事命令に従わない罪），水難救護法第31条各号の罪（招集に応じない罪，救護に従事しない罪，助力を命じられてこれを拒む罪）等が成立する場合には，本号の適用はない。

これらの罰則と本号とは，特別規定と一般規定の関係に立つ（ただし，大塚107頁は，観念的競合となり得るとしている。）。

火気乱用の罪（第9号）

> 相当の注意をしないで，建物，森林その他燃えるような物の附近で火をたき，又はガソリンその他引火し易い物の附近で火気を用いた者

1　本号の趣旨

相当の注意をしないで，建物，森林その他燃えるような物の付近で火をたき，又はガソリンその他引火しやすい物の付近で火気を用いた者が処罰の対象である。

本号の立法趣旨は，火災予防のため，延焼，引火の抽象的危険性のある行為を禁止しようとする点にあり，警察犯処罰令第3条第5号（「家屋其ノ他ノ建造物若ハ引火シ易キ物ノ近傍又ハ山野ニ於テ濫ニ火ヲ焚ク者」）を受け継いだものである。

2　行為の場所

(1)　「建物，森林」

「建物」の意義については，第1号の解説2(3)参照。

「森林」とは，木竹が集団して生育している土地及びその土地の上にある立木竹をいう。もっとも，森林法（昭和26年法律第249号）においては，その立法目的に即して，このほか，①木竹の集団的な生育に供される土地をも森林と定義する一方，②主として農地又は住宅地若しくはこれに準ずる土地として使用される土地及びこれらの土地の上にある立木竹を森林の概念から除いているが（第2条第1項），本号にいう「森林」は，①を含まず，②を含む概念である。

(2)　「その他燃えるような物」

「その他燃えるような物」は，建物，森林以外の可燃物一般を指す。必ずしも燃えやすいものである必要はない。材木，乾し草，自動車などは，燃えるような物に当たる。しかし，例示として建物及び森林が挙げられていることに照らし，もしそれに延焼したとしても，公共の危険を生ずるおそれがほ

とんどないもの，例えば，一片の木材，一つまみの乾し草，数枚の紙片といったものは，それがいかに燃えやすいものであったとしても，ここにいう「燃えるような物」には当たらない。

(3) **「ガソリンその他引火し易い物」**

「その他引火し易い物」は，必ずしもガソリンと同程度に引火しやすいものである必要はない。引火しやすいものの例としては，火薬類，アルコール類，油類，ガス，セルロイド等が考えられよう。

(4) **「附近」**

「附近」とは，一概にどの程度の距離であると決めるわけにはいかないが，延焼又は引火の危険性がある程度の近くの場所をいう[注1]。本号の趣旨からいって，建物，森林等の内部もまた，「附近」に含まれるものと解すべきである。

3　禁止される行為

相当の注意をしないで，①可燃物の付近で火をたくこと，又は②引火物の付近で火気を用いることである。

(1) **「火をたく」**

「火をたく」とは，火気をある程度独立して，多少継続的に燃える状態に置くことをいう。言い換えれば，ある程度の火力を生ぜしめる必要がある。したがって，例えば，住宅の塀などの近くでたき火をしようとして，マッチを擦ったが，まだ薪等には燃え移っていないというような状態は，まだ「火をたいた」とはいえず，可燃物の近くで火気を用いたというにすぎないから，本号による処罰の対象とはならない。

(2) **「火気を用いる」**

これに対して，「火気を用いる」とは，火を発生させる一切の行為をいう。

（注1）　東京地判昭52.3.7刑裁月報9巻3＝4号228頁
　　　　フードセンターほか多数の建物が立ち並んでいる幅員約6.1メートルの遊歩道上の中央花壇脇において，新聞紙や木屑，マッチのケースなどを拾い集めてたき火をした行為につき，本号違反の成立を認めた。

したがって、前記のようなマッチを擦る行為はもとより、ライターを使用する行為、タバコを吸う行為などは、全てこれに当たる。

(3) 「相当の注意をしないで」

「相当の注意をしないで」は、「火をたく」と「火気を用いる」との双方にかかっている。それは、その種の行為をするについて、通常人に一般的に期待される程度の注意を払わないことを意味する(注2)。

行為者自身にどの程度の注意を払うことを期待できるかといった行為者の主観的条件は問題にならない。風下を選んで火をたくとか、火勢があまり強くならないように気を付けるとか、水、砂その他の消火用の物を手元に用意しておくとかいったことは、状況によっては、それだけで相当の注意を払ったといえない場合もないとはいえないが、一般的には、相当の注意を払ったことになろう。

通常人に一般的に期待される程度の注意を払わない場合には、単にそのような注意を怠った場合と注意義務の内容とされる行為を殊更しなかった場合とが含まれる。前者は、過失によるものであり、後者は、故意によるものである。

前者の場合には、本号の罪は、過失犯と似たものとなる。一般に、過失犯といわれるものは、結果の発生を要件としているから、その意味で、本号の罪は、本来の過失犯ではないが、過失責任についての理論は、この場合につ

(注2) ○ 前掲東京地判昭52.3.7
「被告人は判示花壇脇においてたき火をする際、消火用の水を用意することなくまた右消火用の水がどこで入手できるかについても事前に確かめず、漫然折からの寒さから暖をとるため新聞紙等を拾い集めてたき火をしたものであって、付近建物への延焼の危険の有無について考え、あるいはこれが防止にことさら気を配り、注意を払った形跡は窺われない」として、「相当の注意をしないで」に当たるとした。
○ 東京高判平15.2.5東時54巻1=12号6頁
住宅街に隣接した宅地造成予定地で、土地上に一面に生い茂っていた雑草が枯れ草となっていた場所において、整地するために切って集めておいた木の枝を燃やした事案において、「被告人は、……本件土地一面に存する枯れ草という燃えるような物、あるいはそれに近接する建物の付近で火をたいたものであり、被告人らは、点火の際、鎮火に足りる程度の消火用の水等を手元に準備するなど、直ちにたいた火を消火し、火が周囲の枯れ草等に燃え広がらないように配慮した形跡はないから、相当の注意、すなわち、通常人に一般的に期待される程度の注意を欠いたものである」として、本罪の成立を認めた。

いても適用される。例えば、数人がいずれも相当の注意を怠って、共に火をたいたような場合には、過失の共同正犯を認めない多数説の立場からは、それらの者は、共謀共同正犯としては評価されず、過失の競合の問題として評価されることになろう。

(4) 行為者の目的

本号の罪の成立は、火をたき、又は火気を使用する目的のいかんによって左右されない。したがって、仮に、火をたき、又は火気を使用することについて正当な理由があったとしても、相当の注意を払わない限り、本号の罪が成立し、仮に、火をたき、又は火気を使用することについて正当な理由がなかったとしても、相当の注意を払った場合には、本号の罪は成立しない。

4 他罪との関係

(1) 刑法犯との関係

本号の行為の結果、現住建造物又は他人所有の非現住建造物に延焼させ、あるいは、自己所有の非現住建造物又は建造物以外の物に延焼させて公共の危険を生じさせた場合は、失火罪（刑法第116条）が成立し、他人の森林に延焼させ、あるいは、自己の森林に延焼させて公共の危険を生じさせた場合は、森林失火罪（森林法第203条）が成立するが、いずれの場合にも、本号の罪は、これらの罪に吸収され、本号適用の余地はない。

また、建物又は森林に延焼する危険があることを予見しながらあえて本号に当たる行為をしたときは、多くの場合、放火未遂罪（刑法第112条）又は森林放火未遂罪（森林法第204条）が成立することとなろうが、その場合にも、本号の罪は、これらの罪に吸収される。

(2) 特別法違反との関係

消防法（昭和23年法律第186号）第3条第1項第1号、第44条第1号は、火遊び、喫煙、たき火等の禁止等に関する消防長等の命令に違反した者を30万円以下の罰金又は拘留に処するものとしているが、この規定は、本号に対して特別規定の関係にあるから、この罪が成立する場合には、本号の適用はないものと解する。

爆発物使用等の罪（第10号）

> 相当の注意をしないで，銃砲又は火薬類，ボイラーその他の爆発する物を使用し，又はもてあそんだ者

1　本号の趣旨

相当の注意をしないで，銃砲又は火薬類，ボイラーその他の爆発する物を使用し，又はもてあそんだ者が処罰の対象である。

本号の立法趣旨は，危害予防のため，銃砲の暴発，爆発物の爆発等により他人の生命，身体，財産等に危害を及ぼす抽象的危険性のある行為を禁止しようとする点にあり，警察犯処罰令第3条第4号（「濫ニ銃砲ノ発射ヲ為シ又ハ火薬其ノ他劇発スヘキ物ヲ玩ヒタル者」）を受け継いだものである。

2　行為の客体

(1)　「銃砲」

「銃砲」とは，銃砲刀剣類所持等取締法（昭和33年法律第6号）第2条第1項にいう銃砲（金属性弾丸を発射する機能を有する装薬銃砲及び空気銃）がこれに当たることはもちろん，同法第14条第1項の古式銃砲をも含むものと解する。玩具類の銃砲がこれに当たらないことは，いうまでもない。

(2)　「火薬類，ボイラー」

「火薬類，ボイラー」は，「爆発する物」の例示である。

「火薬類」とは，火薬類取締法（昭和25年法律第149号）第2条にいう火薬，爆薬及び火工品をいうが，同条第2項にいう「がん具煙火」は，原則として本号の「火薬類」には当たらないものと解する（101問99頁）。なぜなら，本号は，暴発や爆発によって他人の生命，身体，財産等に危害を及ぼすこととなるおそれのある銃砲や爆発する物の相当の注意をしないでの使用等を禁じたものであるところ，玩具花火や爆竹，クラッカー（かんしゃく玉など）などといった「がん具煙火」（火薬類取締法施行規則〔昭和25年通産省令第88号〕第1条の5参照）は，火薬類取締法上も，他の火薬，爆薬及び火工品に比し

各種規制が大幅に緩和されていることからも分かるように、通常一般にはこのような抽象的危険性を有しないものと認められるからである^(注1)。もっとも、「がん具煙火」であっても、多量に存在する場合であれば、本号にいう「爆発する物」に当たることになろう。

「ボイラー」は、刑法第117条第1項（激発物破裂罪）にいう「ボイラー」と同義である。

(3) **「爆発する物」**

「爆発する物」とは、爆発物取締罰則（明治17年太政官布告第32号）にいう「爆発物」^(注2)がこれに当たることはいうまでもないが、そのほか、爆発又はこれに類する作用によって誘引された急激な燃焼作用によって相当の破壊力を発揮するもの、例えば、火炎びんのようなものや、ガソリンを充満した容器といったもの、さらに、「ボイラー」によって例示されているように、破裂して相当の破壊力を発揮するもの、例えば、酸素ボンベや圧縮ガスを入れた容器といったものも、本号にいう「爆発する物」に当たるものと解される。

3 禁止される行為

相当の注意をしないで、①使用すること、又は②もてあそぶことである。

(1) **「使用する」**

「使用する」とは、その物の本来の用法に従ってこれを取り扱うこと、例えば、銃砲を発射し、火薬類をその目的に応じて発火させ、あるいは、ボイラーをたくことはもちろん、本来の用法に従った使用と密接不可分な行為を含む。例えば、銃砲やボイラーを掃除したり、火薬類を倉庫に運搬したりす

（注1） なお、通行人をからかうために、その歩いている面前の歩道上に「かんしゃく玉」を投げてびっくりさせる行為が本号に当たるとする見解もあるようであるが（井阪99頁）、そのような行為が第1条第11号違反となることは格別、本号違反には当たらないというべきであろう。

（注2） 最大判昭31.6.27刑集10巻6号921頁
「理化学上の爆発現象を惹起するような不安定な平衡状態において、薬品その他の資材が結合せる物体であつて、その爆発作用そのものによつて公共の安全をみだし又は人の身体財産を害するに足る破壊力を有するものを指称する」

る行為がこれに当たる。この意味では，本号にいう「使用」は，火薬類取締法第23条などにいう「取扱い」とほぼ同じ概念であるということができる。

(2) 「もてあそぶ」

「もてあそぶ」とは，なぐさみ，冒険心，好奇心，いたずらなどで，なんら本来の必要がないのに，これを取り扱う行為を意味する。

(3) 「相当の注意をしないで」

「相当の注意をしないで」の意義については，第9号の解説3(3)参照。なお，本号の「相当の注意をしないで」は，前段のみにかかり，「もてあそんだ」にはかからないとの説もある（植松77頁）が，前号及び次号と対比してみれば，規定の体裁上，そのように解するのは無理であり，また，もてあそぶ行為にも，いろいろな態様が考えられ，相当の注意を払ってもてあそべば，全く危険性のない場合も考えられないではないので，前号及び次号との対比における文理に従って，前段，後段双方にかかるものと解すべきものと考える（101問101頁，井阪99頁）。

4 他罪との関係

(1) 特別法違反との関係

本号に当たる行為が，同時に，例えば，銃砲刀剣類所持等取締法第10条第2項（所持の許可を受けた者の不当な銃砲発射の禁止），火薬類取締法第23条第1項（18歳未満の者の火薬類取扱いの禁止），第2項（18歳未満の者等に火薬類を取り扱わせることの禁止）の規定に違反することとなる場合は，両者はそれぞれ保護法益を異にするから，両罪が成立し，両者は，観念的競合の関係に立つものと解する。

(2) 刑法犯との関係

本号の行為により，人を死傷させるに至ったときは，過失致死傷罪（刑法第209条から第211条まで），場合によっては，殺人罪（同法第199条）又は傷害罪（同法第204条）が成立し，物を損壊するに至ったときは，過失激発物破裂罪（同法第117条第2項，第117条の2），場合によっては，激発物破裂罪（同法第117条第1項）又は器物損壊罪（同法第261条）が成立することになるが，この場合には，本号の罪は，これらの罪に吸収され，本号適用の余地はない。

危険物投注等の罪（第11号）

> 相当の注意をしないで，他人の身体又は物件に害を及ぼす虞のある場所に物を投げ，注ぎ，又は発射した者

1 本号の趣旨

相当の注意をしないで，他人の身体又は物件に害を及ぼすおそれのある場所に物を投げ，注ぎ，又は発射した者が処罰の対象である。

本号の立法趣旨は，他人の身体又は物件の安全を害する抽象的危険性のある行為を禁止することにあり，警察犯処罰令第2条第32号（「他人ノ身体，物件又ハ之ニ害ヲ及ホスヘキ場所ニ対シ物件ヲ抛擲シ又ハ放射シタル者」）を受け継いだものである。

2 行為の場所

(1) 「他人の身体又は物件」

「他人」は，特定人であると不特定人であるとを問わない。また，「他人の物件」という場合の「他人」は，自然人に限らず，法人をも含み，国又は地方公共団体や人格なき社団も含まれる。なお，自己所有の物件であっても，他人が賃借権その他の適法な権原に基づいて占有，使用しているものは，本号の「他人の物件」に当たるものと解すべきである。

「物件」とは，動産と不動産とを含む。動物もまた「物件」である。しかし，本号のような行為で害を及ぼす可能性がほとんどない土地は，おおむねここにいう「物件」には当たらないものと解されよう。

(2) 「害を及ぼす虞のある場所」

「害」とは，脅迫罪（刑法第222条）や強要罪（同法第223条）にいう「害」とほぼ同義に解してよいが，本号の罪の性質からいって，いわゆる危害よりは広い概念であり，例えば，水に濡れさせることなども，「害」に当たるといってよい。

「害を及ぼす虞」とは，物を投げたりすることによって直接その物が他人

の身体又は物件に当たるようなおそれのみをいうのではなく，通行人がその物を踏んで怪我をするとか，滑って転ぶとかのおそれがある場合のように，間接的なものでも足りる。

(3) 具体例

「他人の身体又は物件に害を及ぼす虞のある場所」の例としては，公道，広場，公園などを挙げることができる。「場所」とは，単に地域のみを指すものとは解されないから，邸宅その他の建造物の内部もまた，「他人の身体又は物件に害を及ぼす虞のある場所」に当たるものと解する。

また，海水浴場の砂浜やその遊泳区域の水面及び水中，海底もまた，これに当たり，海水浴場の水面に空き瓶を投げる行為は，本号に当たる。公開ないし使用中の水泳プール，スキー場，スケート場などや汽車，電車，自動車などの車内も，このような場所といえる。

一般に「他人の身体又は物件に害を及ぼす虞のある場所」であれば，たまたまそこに他人又は他人の物件が存在しなくてもよい。「他人」に自己の家族を含まないものと解することはできないから，自宅の庭先なども，このような場所に当たらないということはできないが，そのような場所に物を投げたりする行為には，可罰性が認められないことが多いであろう。

なお，「他人の身体又は物件」そのものも，「他人の身体又は物件に害を及ぼす虞のある場所」に含まれるものと解すべきであろう。

3 禁止される行為

(1) 「物」

「物」は，その種類のいかんを問わない。固体に限らず，水その他の液体，ガス，蒸気その他の気体も「物」である。しかし，電気やその他のエネルギーは，「物」とはいえない。

また，本号の性質上，全く他人の身体又は物件に害を及ぼす可能性のない物，例えば，紙片や布片のようなものは，本号にいう「物」には含まれないものというべきである。このようなものの投棄は，むしろ第1条第27号（汚廃物放棄の罪）の問題として捉えられることになる。

(2) 「投げ，注ぎ，又は発射した」

「投げる」は固形物に，「注ぐ」は液体及び気体に，それぞれ呼応する行為であるが，「発射する」とは，何らかの器具，装置を利用して物を飛ばすことをいう。パチンコで小石を飛ばし，水鉄砲で水をかけ，扇風機等を利用してガスを吹き付けるなどの行為がこれに当たる。なお，「投げる」とは，必ずしも積極的に力を加える必要はなく，高所から物を落下させることもまた，「投げる」ことに当たる。

(3) 「場所に」

「場所に」とは，場所に向かって，の意味である。したがって，単に当該場所において物を投げるなどの行為は，本号に当たらない。例えば，多くの人が散策する公園内においてキャッチボールをするような行為は，投球が公園内で行われることによってではなく，その投球の目標点が公園内の地点であることによって，本号に当たることとなるのである。

なお，本号の行為としては，害を及ぼすおそれのある場所に向かって投げたりすれば足りるから，たまたま物が目標とした場所以外の場所に落下したような場合，例えば，道路に向かって投げたのに，自宅の庭先に落ちてしまったというような場合であっても，「他人の身体又は物件に害を及ぼす虞のある場所に」投げたことになる。すなわち，本号の罪は，そのような場所に向かって，物を投げ，注ぎ，又は発射する行為をした時点で既遂に達し，その物が落下し，その他目標点又はその近傍に到達することは必要でない。

(4) 「相当の注意をしないで」

「相当の注意をしないで」の意義については，第9号の解説3(3)参照。本号の罪は，他人の身体又は物件に害を及ぼすおそれのある場所に向かって物を投げたりする場合において，相当の注意を払わなかったことにより成立するのであるから，飽くまでも，物を投げたりしようとしている目標の場所がそのようなおそれのある場所であること，及びそのような場所に向かって投げたりすることについての認識を必要とする。すなわち，相当の注意をしないで物を投げたりした結果，たまたまその物がそのようなおそれのある場所に落下したというような場合には，本号の罪は成立しない。

例えば、道路の向こう側の野球場にいる野球選手に直接返球するつもりでボールを投げたところ、投球を慎重にしなかったために、ボールが多数の人の通行する路上に落ちてしまったような場合がこれである。もちろん、この場合、自己の技量では、ボールが路上に落ちてしまうことがあり得ることを未必的にもせよ予見していたとすれば、本号の罪が成立することになる。

「相当の注意」とは、既に第9号の解説でも述べたように、一定の具体的状況のもとにおいて通常人に一般的に期待し得る注意のことであるから、どのような場合に相当の注意を払ったことになり、どのような場合にこれを払わなかったことになるかを一概にいうことは難しいが、例えば、見通しのきく路上に人気がないことを確かめて小石を投げたような場合は、相当の注意を払ったものといえよう。しかし、このような場合でも、投げたのが小石ではなくて、ガラスの破片などであったとすれば、後で通行人が踏んで怪我をする可能性がないとはいえないから、相当の注意をしなかったことになろう。また、たまたま人影がないと思っても、見通しのきかない道路であれば、これに向かって物を投げたりすることは、相当の注意をしていないと評価されるであろう。

4 他罪との関係

(1) 刑法犯との関係

本号に当たる行為が、同時に、過失致死傷罪(刑法第209条から第211条まで)に当たる場合は、本号の罪は、これに吸収され、本号適用の余地はない。また、本号に当たる行為が、故意犯である傷害罪(同法第204条)、暴行罪(同法第208条)又は器物損壊罪(同法第261条)に当たる場合にも、同様に、本号の適用はない。

(2) 特別法違反との関係

道路交通法(昭和35年法律第105号)第76条第4項第4号(石、ガラスびん、金属片その他道路上の人若しくは車両等を損傷するおそれのある物件を投げ、又は発射する行為の禁止)、第5号(前号に掲げるもののほか、道路において進行中の車両等から物件を投げる行為の禁止)に違反する罪は、本号の罪と特別法の

関係に立つと解されることから，道路交通法第76条第4項第4号又は第5号が成立するときは，本号の罪は成立しない(注)。

また，廃棄物の処理及び清掃に関する法律（昭和45年法律第137号）は，第25条第1項第14号，第16条に，みだりに廃棄物を捨てた者を処罰する規定を置いているが，本号の罪とは，保護法益を異にするから，両者は観念的競合の関係に立つものと解される（101問107頁）。

（注）　101問107頁，井阪106頁。なお，本書三訂版124頁では，観念的競合の関係に立つとしていた。

危険動物解放の罪（第12号）

> 人畜に害を加える性癖のあることの明らかな犬その他の鳥獣類を正当な理由がなくて解放し，又はその監守を怠つてこれを逃がした者

1 本号の趣旨

人畜に害を加える性癖のあることの明らかな犬その他の鳥獣類を正当な理由がなくて解放し，又はその監守を怠ってこれを逃がした者が処罰の対象である。

本号の立法趣旨は，危険な動物が人や人の飼う動物に対して害を及ぼすことを防止するため，その管理の適正を担保しようというものであって，警察犯処罰令第3条第13号（「狂犬，猛獣等ノ繋鎖ヲ怠リ逸走セシメタル者」）を受け継いだものである。

2 行為の客体

(1) 「人畜」

「人畜」とは，人及び家畜をいう。家畜とは，人に養われ，飼い慣らされる動物をいう。したがって，牛，馬，ろば，羊，山羊，豚，犬，猫，うさぎ等の獣類やにわとり，あひる，伝書鳩，カナリヤ，文鳥等の鳥類がこれに当たる。獣類でも，人に飼育されることを通常としないライオン，虎，熊等の猛獣や，狐，狸などといったものは，たまたまペット等として人に飼養されていたとしても，家畜には当たらない。

また，金魚，熱帯魚等の魚類は，家畜とはいえないし，キリギリス，鈴虫等の昆虫類も家畜とはいえない。家畜伝染病予防法（昭和26年法律第166号）では，蜜蜂が家畜として取り扱われているが，これは，防疫上の見地から特にそのような取扱いとしたものであり，本号にいう「畜」には，蜜蜂は含まれないものと解してよいであろう。

(2) 「害」

「害」とは，生命，身体に対する危害をいう。「害」には，精神的な不快感

情をも含むとする説もある（大塚110頁，植松84頁）が，「害を加える」という表現からして，人がそれを見ることによって精神的な不快感を持つというにすぎない場合は，「害」に当たらないものと解する（101問108頁，井阪108頁）。

(3) 「性癖のあることが明らかな」

「性癖」には，本来的な性質と後天的に生じた傾向とを含む。猛獣などは，本来的な性質として人畜に害を加える性癖のある動物の例であり(注1)，病気によってそのような性癖を持つに至った狂犬や訓練によってそのような性癖を備えるに至った闘犬などは，後天的にそのような傾向を持つに至った動物の例である。

そのような性癖を有するものであることが「明らか」でなければならない。したがって，本号の罪が成立するためには，行為者が，当該鳥獣類が明らかに人畜に害を加える性癖のあるものであることを認識していなくてはならない。

(4) 「鳥獣類」

「鳥獣類」とは，鳥類，獣類のほか，わに，へびなどのは虫類を含むものと解する。本号の行為が解放すること，又は，監守を怠って逃がすことであることからみて，本号の「鳥獣類」は，人に飼養されているか，少なくとも，人に管理されているものでなければならない。前記以外のさそり，むかで，蜂などは，たまたま人に飼養されていたものであっても，「鳥獣類」とはいえない。

3　禁止される行為

(1) 「正当な理由がなくて」

「正当な理由がなくて」は，前段のみにかかる。なぜなら，後段には，「怠

（注1）　東京高判昭58.10.6 高検速報（東京）2677号
　　本号にいう「人畜に害を加える性癖のあることの明らかな鳥獣類」とは，「その鳥獣類が人畜に害を加える性癖を有し，かつ，右事実が社会通念により明らかである場合を指すと解すべきであり」，生後11か月余の子虎が本号にいう「鳥獣類」に当たるとした。

る」という違法性を表わす語があるからである。「正当な理由がなくて」の意義については，第1号の解説3参照。

(2) **「解放し，又はその監守を怠ってこれを逃がした」**

「解放する」とは，故意に動物に自由を与えることである。鎖を解くとか，おりの扉を開けるなどの積極的行為である。

「監守」とは，動物を勝手に行動させないようにしておくことをいう。「監守を怠ってこれを逃がす」とは，監守を怠るという過失により動物に自由を与えることである。すなわち，この後段の罪は，監守の義務がある者を主体とする過失犯である。未必的にもせよ，故意があれば，「解放」に当たる。

「逃がす」とは，監守者の支配を脱して自由に行動し得る状態に置くことである。したがって，おりの扉を閉め忘れたが，動物が外へ出なかったという場合はもちろん，一応おりから出たが外部から遮断された庭内にとどまっており，道路等へ出なかったというような場合には，まだこの罪は成立しない。これに反し，一旦監守者の支配を脱して自由に行動し得る状態になった以上，遠方まで逃げたりすることは必要でない。

4 他罪との関係

(1) 刑法犯との関係

本号の行為の結果，人を死傷させたときは，過失致死傷罪（刑法第209条から第211条まで）が成立し，また，本号前段の罪においては，殺意又は暴行の故意の有無により，殺人罪（同法第199条），傷害罪（同法第204条），傷害致死罪（同法第205条），暴行罪（同法第208条）が，他人の家畜を死傷させる故意の有無により器物損壊罪（同法第261条）が，それぞれ成立する場合があり得るが，このような場合には，本号の罪は，それらの罪に吸収され，本号適用の余地はない。

(2) 他の本法違反との関係

本号の罪と第1条第30号の罪（動物使そう・驚奔の罪）とは，その構成要件を対比してみると，競合することとなる場合は，ほとんどないものと考えられる。

(3) 条例違反との関係

　多くの都道府県あるいは市町村で制定されている動物の愛護及び管理に関する条例中には，しばしば，飼い犬をおりに入れ，又は係留しておかなかった行為を処罰の対象としているものがあるが，本号の行為が，同時に，それらの条例の規定にも触れることとなる場合には，おおむね両罪は，観念的競合の関係に立つものと解する。

　なお，いくつかの自治体では，動物の愛護及び管理に関する法律（昭和48年法律第105号）第32条の規定に基づいて，特定動物の飼養及び保管に関し必要な措置を講ずることとした条例が制定されている(注2)。それらの条例は，いずれも「危険な動物」を指定した上，これを飼養・保管する者が危険防止のため講ずべき措置を定め，それらの措置を講じず，又は知事の措置命令に従わなかった場合，罰則を科することとしているが，なかには，講ずべき措置を講じなかったため危険な動物を逃走させた者に対し本号よりも重い刑罰で臨むこととしているものもある。

　動物の愛護及び管理に関する法律第32条が，本号と実質的に構成要件及び趣旨・目的を同じくする行為に対する特別の罰則を設けることまで条例に委任した趣旨かどうか，若干疑問がないわけではないが（この点を消極に解するとすれば，そのような条例罰則は，国の法令に違反して無効ということになる〔憲法第94条，地方自治法第14条第1項〕。），この点を一応積極に解すれば，そのような条例罰則は，本号に対する特別規定となるから，本号の行為が，同時に，前記条例罰則に触れることとなる場合は，同罰則のみによって罰せられ，本号の適用はないことになる。

（注2）　動物の愛護及び管理に関する条例中で「飼い犬の係留業務」と「特定動物に関する措置」の両方について規定を置いているもの，いずれかの規定を置いているものなど，各自治体により異なる。

行列割込み等の罪（第13号）

> 公共の場所において多数の人に対して著しく粗野若しくは乱暴な言動で迷惑をかけ，又は威勢を示して汽車，電車，乗合自動車，船舶その他の公共の乗物，演劇その他の催し若しくは割当物資の配給を待ち，若しくはこれらの乗物若しくは催しの切符を買い，若しくは割当物資の配給に関する証票を得るため待っている公衆の列に割り込み，若しくはその列を乱した者

1 本号の趣旨

本号は，前後二段に分かれる。

前段においては，公共の場所において，多数の人に対して著しく粗野又は乱暴な言動で迷惑をかけた者が処罰の対象である。

後段においては，威勢を示して，汽車，電車，乗合自動車，船舶その他の公共の乗物，演劇その他の催し若しくは割当物資の配給を待ち，又はこれらの乗物若しくは催しの切符を買い，若しくは割当物資の配給に関する証票を得るため待っている公衆の列に割り込み，又はその列を乱した者が処罰の対象である。

本号は，公衆の日常の社会生活における秩序を保護することを目的とする規定である。本号は，警察犯処罰令第2条第15号（「雑沓ノ場所ニ於テ制止ヲ肯セス混雑ヲ増スノ行為ヲ為シタル者」）を受け継いだ面をも有する規定であるが，その規定の内容をみれば，ほとんど新設の規定といってもよく，立案者は，戦後のとかく人心がすさみがちであった社会情勢に対処して，国民の公徳心を維持する役割を果たすべきものとして，相当重要な意義を持つものと考えていたようである[注1]。

本号は，第1条第5号（粗野・乱暴の罪）と罪質を同じくしているが，同号が，公共の娯楽場や公共の乗物といった一定の場所の秩序の保護を目的とし，入場者や乗客の一人に対して行われた場合でも，その罪が成立するのに対し，本号は，多数人に対して迷惑を及ぼす行為であることを要件としてい

る点で異なっている。

2 行為の場所（前段の罪）

　行為の場所は，公共の場所である。

　「公共の場所」とは，不特定かつ多数の人が自由に利用できる場所をいい，屋内，屋外を問わず，その利用が有償であるか無償であるかを問わないし，その場所の所有権，管理権が何人に属するかも問わない(注2)。

　「公共の場所」の典型的なものとしては，道路，公園，駅，公衆浴場などを挙げることができよう。第5号にいう「公共の会堂，劇場，飲食店，ダンスホールその他公共の娯楽場」（これらの意義については，第5号の解説2(1)参照）も，「公共の場所」に当たることはもちろんであるが，それらの場所で本号前段の行為がなされたときは，専ら第5号が適用されることになる（第5号の解説5(2)参照）から，本号前段の適用はない。しかし，公共の場所の内部にあっても，個室のように，少数の者のみによって利用される他と遮断された区画内は，「公共の場所」とはいえない。

　なお，本号の「公共の場所」は，酒に酔つて公衆に迷惑をかける行為の防

（注1）　第2回国会参議院司法委員会会議録第6号3頁
　　「これは公衆の日常の社会生活の秩序を保護する規定ということができるかと思います。殊に公衆が自由に利用できるような公共の場所，若しくは公共の施設の利用，物資の配給のため必然的に作られるところの行列の秩序が保護さるべきことは，正常なる社会生活のためにどうしても必要でありますし，又かような機会にとかく秩序は紊れ易いのであります。殊に最近の世相を見まするのに，人心が荒み勝ちで且つ利己的に動き易い，ここに規定するような行為は我々が到る処で見聞するところであります。その意味で相当重要な意義を持つ規定だと信ずるのであります。」
（注2）　いわゆる広島県公安条例にいう「屋外の公共の場所」に関する最判昭45.7.16刑集24巻7号434頁
　　「『屋外の公共の場所』とは，そこにおいて集団示威運動等が行なわれると，公共の安全と秩序に対し危険が及ぶおそれのあるような，道路，公園，広場にも比すべき場所，すなわち，現実に一般に開放され，不特定多数の人が自由に出入し，利用できる場所を指すものと解すべきであつて，一般公衆の使用に供することを，本来の，もしくは直接の目的として設けられた場所であることを要しないし，また，その場所が，官公庁の用に供され，官公庁の庁舎および構内管理権の及ぶ公用の場所であることも，同条にいう『公共の場所』であるとすることの妨げとなるものではない。」

止等に関する法律（昭和36年法律第103号）第3条，第4条や各種迷惑防止条例（公衆に著しく迷惑をかける暴力的不良行為等の防止に関する条例）にいう「公共の場所」と同意義である。

3　行為の客体（前段の罪）

行為の客体は，多数の人である。

「多数」とは，2人以上であれば足りるとの説もある（大塚111頁）が，迷惑を受けた者が2人だけであるというのでは，まだ「多数」ということはできず，少なくとも数名以上であることを要するものと解する（同旨　101問113頁）。

本号前段の罪が成立するためには，「多数の人」が現に迷惑を受けたことで足り，その場所にいた全員又は大多数の者が迷惑を受けたことは必要ではない。

4　禁止される行為（前段の罪）

禁止される行為は，著しく粗野又は乱暴な言動で迷惑をかけることである。

「著しく粗野若しくは乱暴な言動で迷惑をかける」の意義については，第5号の解説4参照。

5　行為の客体（後段の罪）

行為の客体は，①汽車，電車，乗合自動車，船舶その他の公共の乗物を待っている公衆の列，②これらの乗物の切符を買うため待っている公衆の列，③演劇その他の催しを待っている公衆の列，④これらの催しの切符を買うため待っている公衆の列，⑤割当物資の配給を待っている公衆の列又は⑥割当物資の配給に関する証票を得るため待っている公衆の列である。

(1)　「公共の乗物」

「公共の乗物」の意義については，第5号の解説2(2)参照。本号においては，第5号と異なり，飛行機が例示されていないが，これは立法当時飛行機を待つため，又はその搭乗券を買うための行列というものが予想されなかったこ

とによるものと思われるのであって，旅客運送に従事する飛行機が「公共の乗物」に含まれることはいうまでもない。

　タクシーもまた一般大衆が利用する乗物であり，公共の乗物を待つ行列を保護する必要性という観点からは，個々の乗物に不特定多数の人が同時に利用できるか否かは関係がないと思われるので，タクシーも「公共の乗物」に含まれると解される(注3)。

　なお，第5号においては，例示部分と，「公共の乗物」とが「その他」で結ばれていたのに対し，本号では，それらが「その他の」で結ばれているが，この差異によって解釈が特に異なるわけではない。

　「公共の乗物を待つ行列」とは，乗車，乗船等に関する行列であれば足り，その場所が，例えば，プラットホームであると改札口であるとを問わない。

　「公共の乗物の切符」には，乗車券，乗船券等のほか，指定席券等をも含み，「切符を買う」には厳密には買うというには当たらなくても，例えば，空港カウンターで航空券を搭乗券に引き換えるような行為（チェックイン）をも含むものと解する。

(2) 「演劇その他の催し」

　「演劇その他の催し」には，映画の上映，音楽会，運動競技会，絵画等の展覧会などが考えられる。デパート，商店等のバーゲンセール，大売出し等については，やや疑義があるが，積極に解してよかろう。「催し」は，その入場について料金を要するか否かを問わない。

　「催しを待つ」とは，催しの入場を待つことである。

（注3）　101問115頁，井阪115頁，稲田＝木谷75頁。なお，本書三訂版133頁では，タクシーは「公共の乗物」に当たらないとしていたが，「解釈論としては，本号が第5号と異なり，乗物の乗客に対する行為ではなく，これに乗車するため待っている行列そのものの秩序の保持を目的としていることや，タクシーも，いまや一部の人たちだけが利用するものではなく，生活に欠くべからざるいわば大衆の足としての公共性をもつに至っているという社会事情に注目すれば，タクシーを待っている人々の行列も『公共の乗物を待っている公衆の列』に当たると解する余地もなくはない」との補足も示していた。

(3) 「割当物資の配給」

「割当物資の配給」とは,国又は地方公共団体が一定の法令の根拠に基づいて消費規制を行っている物資の配給をいう。かつてブームとなっていた記念切手の売出し等については,一人当たりの販売枚数が制限されることがあったようであるが,そのようなものは,「割当物資の配給」には当たらない。

「配給に関する証票を得るため待つている」とは,配給を受けるため必要な切符等の交付を受けるため,又はこれらに証印等を受けるために待っていることを指す。

(4) 「公衆の列」

「公衆の列」とは,多数の人が作っている列である。「公衆」の意義については,第6号の解説2(3)イ参照。

およそ,日常生活において,行列はしばしば見られるが,本号は,立法当時の社会事情からみて最も重要な意味を持つものと考えられた3種類,さらに細分すれば6種類の行列について規定したものである。しかし,その後の社会情勢の変化により,例えば,「割当物資の配給を待ち,若しくは割当物資の配給に関する証票を得るため待っている公衆の列」とある部分は,今日の社会では,ほとんど有名無実となっている。

6 禁止される行為（後段の罪）

禁止される行為は,①威勢を示して割り込むこと,又は②威勢を示して乱すことである。

(1) 「威勢を示す」

「威勢を示す」とは,威力業務妨害罪（刑法第234条）にいう「威力を用い」よりはやや程度の軽い態度を示す表現であるが,実際問題としては,両者の間にさほどの相違はないであろう。

要するに,「威勢を示して」とは,もしもその者の要求に従わず,又はその者の行動を阻止しようとすれば,何らかの害が加えられるか,あるいは,迷惑を受けるであろうとの印象を与える態度を示すことである。

各種迷惑防止条例にいう「いいがかりをつける」とか「すごむ」とかいう

ことも，威勢を示す態様の一つであろう。本号後段の罪が成立するためには，「威勢を示」せば足り，これにより現実に相手が不安ないし迷惑を覚えることは必要でない。また，「威勢を示す」ことを要するから，行列中にいる人の好意によって列中に入れてもらったり，偽計・詐術を用いて行列に割り込んだり，行列を乱すような行為は，本号の対象とはならない。

(2) 「割り込む」

「割り込む」とは，列を作っている者の意に反して，列の先頭又は中間に入ることをいう。列の一部の者の同意があっても，列中の他の者が不同意であるときは，やはり割り込んだことになる。

不同意であることは，明示される必要はなく，また，割込みに対し何ら阻止行為がなされなくても，そのことだけで列を作っている人が同意したと推定することは適当ではない。なぜなら，不満であっても，あえて文句を言ったりしたくないというのが人情であるからである。そのような人の心理状態を利用して，あえて列の中に入り込むことが，正に割込みなのである。

(3) 「列を乱す」

「列を乱す」とは，割り込む以外の方法で列の正常な状態を乱すことであり，列を解かせたり，列の順序を乱したり，あるいは，他の列を作って紛らわしくしたりすることがこれに当たる。

7　他罪との関係

(1) **刑法犯との関係**

本号の行為が，暴行，脅迫の程度に達すれば，暴行罪（刑法第208条），脅迫罪（同法第222条），強要罪（同法第223条）等が成立することになるが，その場合には，本号の罪は，これらの罪に吸収され，本号適用の余地はない。

(2) **条例違反との関係**

本号と第1条第5号（粗野・乱暴の罪）や酒に酔つて公衆に迷惑をかける行為の防止等に関する法律，迷惑防止条例等との関係については第5号の解説5参照。

静穏妨害の罪（第14号）

> 公務員の制止をきかずに，人声，楽器，ラジオなどの音を異常に大きく出して静穏を害し近隣に迷惑をかけた者

1 本号の趣旨

公務員の制止をきかずに，人声，楽器，ラジオなどの音を異常に大きく出して静穏を害し，近隣に迷惑をかけた者が処罰の対象である。

本号の立法趣旨は，日常生活の平穏を乱す騒音を防止しようとする点にある。

本号は，警察犯処罰令第2条第11号（「公衆ノ自由ニ交通シ得ル場所ニ於テ喧噪シ，横臥シ又ハ泥酔シテ徘徊シタル者」）を一応受け継いでいるが，場所，方法等においてはるかに広くなり，ほとんど新設の規定といってもよい。

2 禁止される行為

禁止される行為は，公務員の制止をきかずに，人声，楽器，ラジオなどの音を異常に大きく出して静穏を害し，近隣に迷惑をかけることである。すなわち，本号の罪が成立するためには，①公務員の制止をきかないこと，②人声，楽器，ラジオなどの音を異常に大きく出して静穏を害すること，③近隣に迷惑をかけること，の三つの要件を充足することを要する。

(1) 「公務員」

「公務員」とは，「当該公務員」の意味であり，騒音等の取締りにつき権限を有する公務員をいう。警察法（昭和29年法律第162号）第2条第1項に規定するように，「公共の安全と秩序の維持に当ることをもつてその責務とする」警察官はもとより，騒音防止に関する事務を取り扱う地方公共団体の職員等も，本号の「公務員」に当たる。

(2) 「制止」

「制止」とは，特定の騒音に対してなされる禁止又は制限である。一般的な禁止・制限を含まない。例えば，警察官が病院の付近などに，静粛にすべ

き旨を立札などで掲示をしたとしても，それは，本号の「制止」には当たらない。しかし，禁止・制限は，必ずしも一人一人に対して行われることは必要でないから，多数の人が騒いでいる場合に，拡声機などで，騒ぎをやめるように呼びかけることは，「制止」に当たる。

「制止」は，適法なものでなければならない。通常は，言語，動作，書面などで警告するといった方法が採られるであろうが，法令（条例を含む。）等の根拠があれば，実力によって騒音の発生を阻止することができる場合もあろう。そのような実力による阻止行為もまた，「制止」である。要するに，適法なものであれば，「制止」の方法は問わない(注1)。

なお，「制止」は，禁止する場合だけでなく，制限する場合をも含むから，例えば，音量を下げるように，あるいは，夜間は当該音を発しないように，といった警告を与えることも，「制止」である。

(3) 「きかずに」

「きかずに」ということが要件とされているから，本号の罪が成立するためには，制止されたことの認識を要する。しかし，制止が直接行為者になされたことは，必ずしも必要ではなく，例えば，従業員が当該公務員から制止を受けたことを知りながら，営業主が，これを無視して，あえて騒音を発生させるような場合にも，本号の適用があるものと解される。

(4) 「人声，楽器，ラジオなどの音」

「などの音」は，例示されている人声，楽器の音，ラジオの音のほか，全ての音を含む。例えば，拡声機，テレビその他のAV機器などの音はもとより，人の動作に伴って発する音，工場等の機械から発する音，自動車等の警笛，犬のほえる声等は，全て本号の「音」に含まれる(注2)。

（注1）　東京高判昭27.3.11高刑集5巻3号409頁
　　　「被告人が再三所轄X警察署勤務警察官から異常に高音の放送をなさざるよう注意を受けていたことは明らかであり，かかる注意は軽犯罪法第1条第14号にいわゆる公務員の制止に該当するものと解するを相当とする。されば公務員の注意は受けたが制止は受けたことがないとする所論は到底採用し難い。」

(5) 「異常に大きく出して静穏を害し」

　「異常に大きく出す」とは，社会通念上相当とされる以上の大きな音を出すことをいう。どの程度の大きさの音が社会通念上相当とされるかは，その音が出される場所（例えば，商店街や工場地帯であるか，住宅街，病院・学校の付近等であるか，あるいは，キャバレー等の中であるか，図書館等の中であるか），時刻（例えば，昼間であるか夜間であるか）などといった諸般の具体的事情を勘案して決するほかはない(注3)。

　結局，「異常に大きく出す」とは，近隣の静穏を害するような不必要な大きな音を出すことに帰着する。したがって，本号の「静穏を害し」の字句は，「異常に大きく出して」とその意味において重複しているといわなければならない（同旨　植松95頁）。

(6) 「近隣に迷惑をかけた」

　「近隣」とは，隣近所の人たちの意味である。「公衆」とは異なり，特定少数人で足りることはいうまでもないが，1人では足りず，少なくとも複数人

（注2）　なお，本号の「『人声，楽器，ラジオなどの音』とは，その音を発生させている者の良心に訴えるなら，その音の発生をやめたり，まれにはその音を小さくすることが甚だ容易であるような社会倫理的な次元で容易に解決できる騒音をいうものと思われる。」，「事業所の機械音は，直接それがその者の生業に結びついているのであり，社会倫理的な次元だけで解決するのが困難な音である。したがって，軽犯罪法第1条第14号の『人声，楽器，ラジオなどの音』には該当しないと解される。」との見解もあるが（調査統計官18頁），論旨必ずしも明快でなく，この結論には賛成できない。
　「生業」に基づくものであるといっても，閑静な住宅専用地域の真ん中に事業所を設け，深夜に極めて大きな機械音を立てたり，マンションの一区画にスナックの類いを開いて，カラオケなどの音を大きく発したりするような例を想定すれば，社会通念上，近隣の静穏保持のため「制止」を相当とする場合があろう。したがって，事業所の機械音を本号の「などの音」から除外すべき理由はない。

（注3）　大阪高判昭28.6.8高刑判特28号37頁
　「……の各供述を綜合すると，被告人は，X市内の店舗において，録音機（テープレコーダー）に拡声機を取りつけ，近隣はもとより，約2キロメートルをへだてる部落にまで達する異常に大きな高音で放送し，近隣の者に対し，電話による通話，客との商談，医師の診察，その他の業務遂行に障害を与え，一般住民の神経を不断に刺激し，迷惑をかけたことを認め得られる。X市のような商店住家の混在する地方都市において，前記のような高音で録音放送をすることが，軽犯罪法第1条第14号にいわゆる『ラジオなどの音を異常に大きく出し』たことに該当することは明白である。」

であることを要するものと解する。

　アパートの両隣や階上，階下の住人，旅館の近くの部屋の宿泊者たちもまた，「近隣」である。「迷惑」の意義については，第5号の解説4(2)参照。要するに，日常生活に何らかの支障を及ぼすような不快感を与えることであり，いらいらして仕事の能率が上がらないとか，読書，会話あるいはテレビ・ラジオの音をよく聴き取ることができないとか，なかなか眠れないとかは，これに当たる。

　本号の罪が成立するためには，「近隣に迷惑をかけた」結果の発生を必要とするが，文理からいって，行為者には，「公務員の制止をきかずに」行為をすること，及び「音を異常に大きく出して静穏を害する」こと（前述したように，この点は，単に「音を異常に大きく出す」ことと言い換えても同じである。）についての認識があれば足り，「近隣に迷惑をかける」ことの認識は，必要ないものと解する。その意味で，本号の罪は，いわゆる結果犯である。

3　他罪との関係

(1)　刑法犯との関係

　本号の行為が暴行の程度に至れば，暴行罪（刑法第208条），傷害罪（同法第204条）が成立し，本号の罪は，これに吸収され，本号適用の余地はないものと解する[注4]。

（注4）　○　最判昭29.8.20刑集8巻8号1277頁
　　　　「刑法第208条にいう暴行とは人の身体に対し不法な攻撃を加えることをいうのである。従つて第1審判決判示の如く被告人等が共同して判示部課長等に対しその身辺近くにおいてブラスバンド用の大太鼓，鉦等を連打し同人等をして頭脳の感覚鈍り意識朦朧たる気分を与え又は脳貧血を起さしめ息詰る如き程度に達せしめたときは人の身体に対し不法な攻撃を加えたものであつて暴行と解すべきである」として，騒音が暴行になり得ることを認めている。
　　　　○　最決平17.3.29刑集59巻2号54頁
　　　　連日にわたって，自宅から隣家に向けてラジオの音声等を大音量で鳴らし続けるなどした結果，全治不詳の慢性頭痛症等を発症させた事案において，傷害罪の成立を認めている。

(2) **特別法違反との関係**

　いわゆる騒音公害を規制するために制定された騒音規制法(昭和43年法律第98号)は，第15条第1項において，指定地域内で行われる特定建設作業に伴って発生する騒音が一定基準を超え，周辺の生活環境が著しく損なわれると認められるときは，市町村長は，工事施工者に対し，騒音防止方法の改善等を勧告できるものとし，同条第2項において，その勧告に従わない場合には，市町村長は，事態の除去に必要な限度において，騒音防止方法の改善等を命ずることができるものとし，この命令にも従わない者については，第30条において，5万円以下の罰金に処するものとしている。この規定は，その規制の対象や法定刑からみて，本号に対する特別規定と認められるから，本号の行為が，同時にこの規定に触れることとなる場合は，同規定のみによって罰せられ，本号の適用はないものと解する。

　また，自然公園法(昭和32年法律第161号)第37条第1項第2号は，国立公園又は国定公園の特別地域等においては，何人も，みだりに拡声機，ラジオ等により著しく騒音を発する行為をしてはならないものとし，同条第2項は，国又は都道府県の当該職員は，これらの行為をしている者があるときは，その行為をやめるべきことを指示することができるものとしており，その指示に従わないで著しく騒音を発する行為をする者については，同法第86条第10号において，30万円以下の罰金に処するものとしている。この規定は，本号に対する特別規定と認められるから，本号の行為が，同時に，この規定に触れることとなる場合は，同規定のみによって罰せられ，本号の適用はないものと解する。

(3) **条例違反との関係**

　また，各都道府県において制定されている公害防止条例中には，騒音の規制に関する規定を持つものが多いが，条例が有効で，軽犯罪法より重い刑を定めている場合，当該条例は通常，本号の罪の特別規定と解されるので，条例違反のみが成立すると思われる(101問119頁)。

称号詐称，標章等窃用の罪（第15号）

> 官公職，位階勲等，学位その他法令により定められた称号若しくは外国におけるこれらに準ずるものを詐称し，又は資格がないのにかかわらず，法令により定められた制服若しくは勲章，記章その他の標章若しくはこれらに似せて作つた物を用いた者

1 本号の趣旨

本号は，前後二段に分かれる。

前段においては，官公職，位階勲等，学位その他法令により定められた称号又は外国におけるこれらに準ずるものを詐称した者が処罰の対象である。

後段においては，資格がないのにかかわらず，法令により定められた制服若しくは勲章，記章その他の標章又はこれらに似せて作った物を用いた者が処罰の対象である。

本号の立法趣旨は，法令に定められた称号，制服，標章等の信用を保護するとともに，詐欺その他の犯罪の発生の抽象的危険性のある行為を禁止しようとする点にあり，警察犯処罰令第2条第20号（「官職，位記，勲爵，学位ヲ詐リ又ハ法令ノ定ムル服飾，徽章ヲ借用シ若ハ之ニ類似ノモノヲ使用シタル者」）を受け継いだものである。

2 行為の客体（前段の罪）

行為の客体は，①官公職，位階勲等，学位その他法令により定められた称号又は②外国におけるこれらに準ずるものである。

(1) 「官公職，位階勲等，学位」

「官公職」とは，公務員の官名，職名の総称である。国家公務員の官名，職名，地方公務員の職名等のほか，人権擁護委員（人権擁護委員法〔昭和24年法律第139号〕），保護司（保護司法〔昭和25年法律第204号〕），民生委員（民生委員法〔昭和23年法律第198号〕），民事調停委員及び家事調停委員（民事調停委員及び家事調停委員規則〔昭和49年最高裁判所規則第5号〕）等非常勤の公務員の

名称も,「官公職」に当たるものと解する。官名のみ,あるいは職名のみを詐称する行為も本号に当たる。なお,法令により,一般的に,あるいは,罰則の適用について,公務に従事する者とみなされるいわゆる「みなし公務員」の職名もまた,「官公職」に当たるものと解する。

「位階勲等」とは,位階令(大正15年勅令第325号)に定める正一位から従八位までの位階及び勲章制定ノ件(明治8年太政官布告第54号)に定める各種の勲章により6級に分けられた勲等をいう。

「学位」とは,学校教育法(昭和22年法律第26号)及び学位規則(昭和28年文部省令第9号)に定める博士,修士,学士,専門職学位,短期大学士をいう。なお,学位規則では,学位は,大学名等を付して用いるものとされているが(第11条),大学名等を省いて,例えば,単に「工学博士」と詐称したとしても,なお本号に当たる。

(2) 「その他法令により定められた称号」

「その他法令により定められた称号」とは,法令によって特に一定の地位,資格を有する者に対して用いることが定められている称号をいい,弁護士(弁護士法〔昭和24年法律第205号〕),弁理士(弁理士法〔平成12年法律第49号〕),医師(医師法〔昭和23年法律第201号〕)等の称号がこれに当たる。

もっとも,それらの称号を定めた特別法においては,無資格者がそれらの称号を用いることに対して特別の処罰規定を置いているものが多いから(注1),本号が適用されることとなるものは,あまりない(注2)。

(3) 「外国におけるこれらに準ずるもの」

「外国におけるこれらに準ずるもの」は,外国における官公職,外国における位階勲等のようなもの,外国における学位のほか,我が国において法令によって定められている称号に準ずる外国における称号を指し,当該称号が当該外国の法令に根拠を有する必要はない。

3 禁止される行為(前段の罪)

「詐称する」とは,当該称号等を有しない者が,真実これを有するように装うことをいう。自分自身が当該称号等を有するように装う場合のほか,当

該称号を正当に有する他人に成り済ます場合をも含む(注3)。相手方が特定人であるか不特定人であるかを問わず，また，相手方が詐称に係る称号等を信じたとか，それによって迷惑を被ったとかの結果は必要でないが，一時の座興にとどまるような場合は，「詐称」に当たらないこととなろう(注4)。

（注1） 特別の処罰規定を置いている称号
　○　弁護士法第77条の2，第74条第1項
　○　弁理士法第81条第2号，第76条第1項
　○　医師法第33条の2第1号，第18条（なお，歯科医師について歯科医師法〔昭和23年法律第202号〕，第31条の2第1号，第18条，薬剤師について薬剤師法〔昭和35年法律第146号〕第32条第5号，第20条）
　○　公認会計士について公認会計士法（昭和23年法律第103号）第53条第1項第4号，第48条第1項
　○　税理士について税理士法（昭和26年法律第237号）第61条第1号，第53条第1項
　○　司法書士について司法書士法（昭和25年法律第197号）第79条第1号，第73条第3項
　○　行政書士について行政書士法（昭和26年法律第4号）第22条の4，第19条の2第1項等
（注2） 本号の適用があると思われる称号
　○　消防法（昭和23年法律第186号）に規定する消防設備士
　○　船舶職員及び小型船舶操縦者法（昭和26年法律第149号）第5条第1項に掲げる1級海技士（航海）から4級海技士（電気通信）に至る海技士の資格に係る称号
　○　航空法（昭和27年法律第231号）第24条に掲げる定期運送用操縦士から航空工場整備士に至る航空従事者の資格に係る称号
　○　電波法（昭和25年法律第131号）第40条第1項に規定する第1級総合無線通信士から第4級アマチュア無線技士に至る無線従事者の資格に係る称号
　○　あん摩マッサージ指圧師，はり師，きゅう師等に関する法律（昭和22年法律第217号）に規定するあん摩マッサージ指圧師，はり師及びきゅう師
　○　柔道整復師法（昭和45年法律第19号）に規定する柔道整復師
　○　栄養士法（昭和22年法律第245号）に規定する栄養士
（注3） 最決昭56.11.20刑集35巻8号797頁
　　判事補たる被告人が「検事総長のXである」旨詐称して首相に電話をした事案について，「軽犯罪法1条15号にいう官職の詐称には，自己の同一性については正しく表示しながら単に官職のみを僭称する場合のみならず，当該官職にある特定の人物をその官職名とともに名乗る場合も含まれると解すべきである。本件のいわゆる偽電話テープに現われた被告人の言辞を総合すれば，被告人は自己を検事総長のXであると称したことが認められるから，被告人が検事総長の官職を詐称したものとして同号の罪の成立を認めた原審の判断は，相当である。」としている。

「詐称」は，必ずしも口頭による必要はなく，書面や名刺，電子メールなどで示すことでもよく，また必ずしも明示の詐言を要しない。例えば，「警察の者だ」とか「税務署の者だ」とか「弁護士だが」といった程度の表現でも足りるし，また，前後の会話の内容等との関連においては，「私の部下に○○刑事がいるが」といった程度の表現で足りる場合もあろう(注5)。

　実在の称号をもじって，紛らわしいものを用いることは，本号に当たらないとする説もある（植松99頁）が，本号の立法趣旨に照らせば，このような解釈は，いささか狭きに過ぎるものと思う。例えば，警視庁捜査第五課第一係長（警視庁に捜査第五課は存在しない。）と詐称するとか，検察庁事務官（検察事務官が正しい。）と詐称するとか，あるいは，政経学博士（学位規則に定める博士号ではないが，政経学部の設置されている大学が多く存在するところから，通常人は，容易に実在の博士号と誤信するであろう。）と詐称するなどのように，通常人をして，実在の官公職と誤信させる程度に紛らわしいものを用いることは，なお本号に当たると解すべきであろう。

　なお，自ら官公職を詐称しなくても，数人共謀して，その中の一人が官公職にあるものである旨詐称すれば，全員が共同正犯の罪責を問われることになるのは，いうまでもない(注6)。

（注4）　東京高判昭31.3.1高刑集9巻1号121頁
　　Aに対し「警視庁でいれずみをしているお巡りさんは自分だけだ」と申し向け，Bに対し「俺は今警視庁捜査課の刑事部長をしている」と申し向け，Cに対し「俺は警察の者だ」と申し向けた事案につき，「被告人が警察官でないのに警察官のように申し向け，それが一時の座興程度のものでなく，相手方が知らないのに乗じて為されたものと認められる以上，飲食代金を支払わなかつたり，相手方に迷惑をかけた事実がないとしても，道義的非難に値しないものとはいえず，被告人の所為が違法性のないものとすることはできない。」としている。
（注5）　広島高松江支判昭27.9.24高刑判特20号187頁
　　夜間，路上で人を呼び止めて，その氏名を手帳に記入した上，警察の者だが，用事があるから警察まで来てもらいたいと申し向けたとの事案について，「軽犯罪法第1条第15号にいわゆる官公署等を詐称する犯罪の構成要件として必ずしも明示の詐言あることを要せず言語の口調態度等を通して相手方を錯誤に陥らしめるに足る以上既に詐称行為ありたりということができる。」としている。

4 行為の客体（後段の罪）

行為の客体は，①法令により定められた制服若しくは②法令により定められた勲章，記章その他の標章又は③これらに似せて作った物である。

(1) 「法令により定められた制服」

「法令により定められた」は，「勲章，記章その他の標章」にもかかる。「法令」には，国の法令のほか，地方公共団体の条例，規則をも含むものと解する。

「法令により定められた制服」とは，制服を着用することについて法令に根拠のあるものをいう。その制式まで法令によって定まっていることは必要でないものと解する(注7)。制帽もまた「制服」に当たる。

(2) 「勲章，記章その他の標章」

「勲章」とは，勲章制定ノ件，文化勲章令（昭和12年勅令第9号）等に基づ

（注6） 大判明42. 7. 5 刑録15輯954頁
　　旧刑法第232条の官名詐称罪に関する事案において，「官名詐称ノ罪ハ犯人ニ於テ己レ自ラ之ヲ詐称シタル場合ハ勿論縦シ己レ自ラ之ヲ詐称セサルモ其ヲ詐称スル者ニ実行行為ヲ以テ加担シタルトキハ共ニ成立スルモノトス今原判決ヲ見ルニ『被告ハ云云AカBヨリ殴打サレ告訴セントシタル際甲警察署ヨリ熟考ノ上和解スヘキ旨説諭セラレタル由ヲ聞知シCトB及ヒ其殴打ノ現場ニ居合セタルDEノ3名ヲ恐喝シテ財物ヲ騙取センコトヲ共謀シ明治41年9月27日午後8時頃A宅ニ同行シテCハ甲警察署詰探偵巡査ニシテ署長ノ命ニヨリ和解セシムルタメ出張シタリト詐称シXモ亦其旨ヲ受ケテ仲裁スル者ノ如ク装ヒ云云Fヲ介シBDEニ対シ云云ト恐喝シ云云』トアリテ即チ被告Xハ本件官名詐称ノ点ニ付前相被告タリシCトノ共謀ノ上右Cノ官名詐称ノ行為ニ実行行為ヲ以テ加功シタル事実ナルコト該判文記載ノ趣旨ニ徴シテ之ヲ見ルニ足ル」としている。

（注7） 警察官（警察法〔昭和29年法律第162号〕第70条参照），駐車監視員（道路交通法〔昭和35年法律第105号〕第51条の12第4項参照），海上保安官（海上保安庁法〔昭和23年法律第28号〕第17条第2項，第3項参照），自衛官（自衛隊法〔昭和29年法律第165号〕第33条参照），入国審査官及び入国警備官（出入国管理及び難民認定法〔昭和26年政令第319号〕第61条の5参照），消防吏員（消防組織法〔昭和22年法律第226号〕第16条第2項参照），鉄道職員（鉄道営業法〔明治33年法律第65号〕第22条参照）等の制服がこれに当たる。

また，裁判官のいわゆる法服（裁判官の制服に関する規則〔昭和24年最高裁判所規則第5号〕参照）もこれに当たる（もっとも，稲田＝木谷86頁は，それを着用する場所が限定されているので，「制服」には当たらないであろうとする）。

く勲章をいう（注8）。

「記章」とは，警察功労章令（昭和19年勅令第298号）などに定められた記章をいう。鉄道の記章や都道府県の記章などを「記章」に含ませる説もある（植松100頁，乗本ほか80頁）が，これらは，むしろ，「その他の標章」に含ませるべきであろう。

「その他の標章」としては，警察官等の帽章や階級章，駐車監視員の記章，官公署の職員であることを示すバッジなどが考えられる。法令に根拠を有するものでなければならないことはもちろんである（注9）。警察手帳，身分証明書のようなものは，法令に基づくものであっても，「標章」とはいえない。

(3) 「これらに似せて作つた物」

「これらに似せて作つた物」とは，一般人をして真正なものと誤信させる程度に類似して作られている物をいい，作成当時，似せて作る意図で作られたものであることを要する。したがって，これを用いる者が自ら作った物であることは必要でないが，用いる者において，このような意図で作られた物であることの認識を要する。

前段と異なり，外国の制服，標章やそれらに似せて作った物は，処罰の対象にならない（注10）。それらの物は，通常，日本国民に周知されていないから，それらを用いている者を見ても，その者の地位，資格等についての誤信を生ぜしめるおそれが大きくないことが考慮されたものであろう。

（注8） なお，戦前の金鵄勲章は，その製式，授与等を定めていた金鵄勲章ノ等級製式及佩用式（明治23年勅令第11号）及び金鵄勲章叙賜条例（明治27年勅令第193号）が内閣官制の廃止等に関する政令（昭和22年政令第4号）によって廃止されたため，「法令により定められた勲章」には当たらなくなっている。

（注9） 例えば，昭和35年厚生省告示第327号で定められている民生委員の徽章（バッジ）は，民生委員法（昭和23年法律第198号）や同法施行令（昭和23年政令第226号）にその制定の根拠となるべき規定がないことから，「法令により定められた標章」とはいえないし，菊花紋章は，商標法（昭和34年法律第127号）第4条第1項第1号で商標登録を受けることができないものとされているものの，戦前その一般の使用を禁じていた菊御紋章並禁裏御用等ノ文字濫用禁止ノ件（明治元年太政官布告）が昭和23年1月1日をもってその効力を失った（法制意見総覧229頁）ことと，他に法令上の根拠が存しないことから，「法令により定められた標章」には当たらない。

5 禁止される行為（後段の罪）

禁止される行為は，資格がないのにかかわらず用いることである。

「資格がない」とは，もともと全く無資格である場合のほか，資格停止中の場合，用いようとする物に相当する資格よりも下位の資格しかない場合等を含む。

「用いる」とは，用法に従って着用ないし帯用することをいう。飾り棚に陳列するような行為は，これに当たらない。

6 他罪との関係

(1) 刑法犯との関係

本号の行為を詐欺罪（刑法第246条）又は恐喝罪（同法第249条）の手段としたような場合には，それらの罪と本号の罪とは，牽連犯の関係に立つ[注11]が，強制わいせつ罪（同法第176条）の手段として本号の行為がなされたような場合には，同罪と本号の罪とは，併合罪となる[注12]。

(2) 特別法違反との関係

警備業法（昭和47年法律第117号）は，第16条において，警備業者及び警備

（注10）　ただし，日本国とアメリカ合衆国との間の相互協力及び安全保障条約第6条に基づく施設及び区域並びに日本国における合衆国軍隊の地位に関する協定の実施に伴う刑事特別法（昭和27年法律第138号）第9条は，正当な理由がないのに，同条約に基づいて日本にあるアメリカ合衆国軍隊の構成員の制服又はこれに似せて作った衣服を着用した者を拘留又は科料に処する旨規定している。

（注11）　大判明43.10.10刑録16輯1651頁
　　警察犯処罰令第2条第20号の罪と恐喝罪との関係について，「所掲判示事実ハ被告等ハ他人ニ対シテ官名ヲ詐称シ且其者ヲ制縛シ以テ不法ニ害悪ヲ加フヘキコトヲ告知シ之ヲ畏怖セシメ金円ヲ交付セシメタルモノナリト謂フニ在レハ恐喝罪ヲ遂行スル為メニ官名詐称及ヒ不法制縛ノ所為ヲ行ヒタルモノナルコト洵ニ明白ニシテ右二箇ノ所為カ恐喝罪ノ具体的犯罪構成ノ事実タルコトハ固ヨリ論ナキモ該所為ハ寔ニ恐喝罪ヲ犯スニ付キ普通用キラルル手段ニシテ而カモ恐喝罪ノ特別構成要素ニ属セサルヲ以テ刑法第54条ニ所謂犯罪ノ手段タル行為ニシテ他ノ罪名ニ触ルルモノニ該当ス蓋シ恐喝罪ハ恐喝ノ所為ヲト財物ヲ交付セシムル所為トヲ以テ構成シテ而シテ恐喝ノ所為ハ他人ニ害悪ヲ通告シ之ヲ畏怖セシムルノ謂ナレハ其害悪ヲ通告スル手段トシテ用ヒタル官名詐称若クハ不法制縛ノ所為ノ如キハ恐喝ノ所為中ニ当然包含セラルヘキモノニ非スシテ別箇ノ所為タルヘキモノナレハナリ」としている。

員は，警備業務を行うに当たっては，警察官及び海上保安官の制服と，色，型式又は標章により，明確に識別することができる服装を用いなければならないものとした上，この規定に違反した者に対しては，都道府県公安委員会が必要な措置を採るべきことを指示することができるものとしており（第48条），この指示に違反した者は，100万円以下の罰金に処するものとしている（第57条第7号）。

　本号の罪が成立する場合において，前記指示がなされた結果，この罪も成立することとなる場合が考えられるが，本号が，前記のような趣旨で，法令により定められた制服又はこれに似せて作った物を用いる行為を直接に処罰の対象とするのに対し，警備業法の前記規定は，行政機関の指示に対する間接強制として設けられているものであり，それぞれ，犯罪成立の時点及び保護法益を異にしているから，両者は，一般的には，併合罪の関係に立つが，前記指示の前後にわたる着装が1個の行為と見られる場合には，両者が観念的競合の関係に立つことも考えられる。

（注12）　前掲広島高松江支判昭27.9.24
　　　「被告人において，原判示第一の如くXに対して情交を挑まんがため，故ら警察官を装つたとするも本来，官公職等を詐称する行為はその犯罪の性質上猥褻行為の手段として普通用いられるところでないから原審においてそれ等を別個の犯罪として処断したことはその認定まことに相当であるというべきである。」

虚構申告の罪（第16号）

> 虚構の犯罪又は災害の事実を公務員に申し出た者

1 本号の趣旨

虚構の犯罪又は災害の事実を公務員に申し出た者が処罰の対象である。

本号の立法趣旨は，異常な事態の発生に対処すべき公共の機関が無駄な活動を余儀なくされ，ひいては，公共の利益を害することとなるおそれのある行為を防止しようという点にある。

本号は，警察犯処罰令第2条第21号（「官公署ニ対シ不実ノ申述ヲ為シ又ハ其ノ義務アル者ニシテ故ナク申述ヲ肯セサル者」）を受け継いだものであるが，処罰の対象となる行為は，はるかに狭く限定されている(注1)。

2 行為の相手方

行為の相手方は，公務員である。

「公務員」とは，当該公務員の意味であり，犯罪又は災害の事態に対処すべき権限を有する公務員をいう。犯罪に関しては，検察官，検察事務官，一般司法警察職員である警察官，特別司法警察職員（海上保安官，麻薬取締官等），国税庁監察官等の捜査機関であり，災害に関しては，警察官，消防職員，市町村職員等が考えられる。

当該公務員以外の者に話したような場合は，その結果，公務員に伝達されるに至ったとしても，一般的には，本号に当たらないが，公務員以外の者を

（注1） 第2回国会参議院司法委員会会議録第6号4頁
　　「その申出た事実は虚構，即ち作り事でなければなりませんし，又本人が進んで申出た場合に限ることに注意されたいのであります。その点は処罰令の2条の21号に非常に広く，不実の申告をし，又は申述を肯じない場合を罰することになつておつたのでありますが，これでは自白の強要を禁止する憲法の規定にも違反する虞れがありますので，これを本号の中に明らかに限定して規定したのでございます。」

して公務員に申し出させる意思があったような場合には，間接正犯の理論により，本号の罪が成立することになる。

3　行為の客体

　行為の客体は，虚構の犯罪又は災害の事実である。
(1)　「虚構の」
　「虚構の」とは，存在しない事実を存在するように装うことをいう。いわゆる根も葉もないことである。
　したがって，「虚偽」あるいは「不実」というのとは異なる。実在する事実に若干の変更を加える程度では足りない。言い換えれば，基本的事実関係が存在すれば，多少大げさに述べても，「虚構」とはいえない。もっとも，人がかすり傷を負ったにすぎないものを殺されたと述べるように，極端に針小棒大になれば「虚構」に当たることになろう。
　申告者が虚構の事実であることを知っていれば足り，申告者自身のねつ造に係るものであることを要しない。
(2)　「犯罪又は災害の事実」
　「犯罪又は災害の事実」は，犯罪又は災害が発生したこと自体に関するものをいう。「犯罪又は災害に関する事実」というのとは異なる。また，犯罪又は災害が発生しようとしている事実は含まれない。
　「犯罪」は，自己が被害を受けた犯罪や第三者として知った犯罪であると自己が犯した犯罪であるとを問わない。それは，犯罪構成要件を充足する行為であれば足り，違法性，有責性の有無を問わない。例えば，正当防衛としての行為や精神障害者，小児の行為であってもよい。しかし，自殺行為のように，犯罪構成要件を充足しない行為は，いうまでもなく，これに当たらない。虚偽の遺失届を出すような行為も，物を遺失することが犯罪にならないのであるから，同様に本号に当たらない。
　「災害」とは，天災地変，火事，爆発事故はもちろん，家屋の倒壊，飛行機の墜落等による事故のように，社会通念上災害といわれるものであればよい。言い換えれば，申告により，公務員が通常直ちに活動を開始するような

ものであればよく，災害対策基本法（昭和36年法律第223号）第2条第1号において定義しているように狭く解する必要はない。

「事実」というのであるから，犯罪又は災害の発生については，事実といえるだけの具体性を持った内容の申告がなされることを要する。すなわち，犯罪又は災害の概要のほか，概略の日時，場所等が明示により，あるいは暗黙のうちに分かるものでなければならない。

110番に電話して，「いまここで人殺しがあった」と申告するようなものは，110番電話の機構からいって，日時，場所の概略が暗黙のうちに分かる一例である(注2)。「犯罪又は災害の事実」は，公務員の権限の発動を促すようなものでなければならないから，1年前の洪水，50年前の殺人といったようなものは，これに当たらないであろう。

4　禁止される行為

禁止される行為は，申し出ることである。

「申し出る」とは，自発的に申告することである。申告の方法は，口頭や電話，電子メールによると，被害届等の書面によるとを問わず，また，自己名義ですると，他人名義ですると，あるいは，匿名ですると問わない。

自発的に申告することを要するから，公務員の質問に対して虚偽の答弁をする場合を含まない。もっとも，ある犯罪に関して取調べを受けているうちに，全く別個の犯罪事実を進んで申告するような場合は，「申し出る」ことに当たる。

「申し出る」ことを要するから，誤って犯罪又は災害の事実を申告した後，その事実が存在しないことを知ったのに，これを申し出ないのは，本号に当たらない。

（注2）　旭川簡判昭50.7.2刑裁月報7巻7＝8号795頁
　　　　地下歩道に設置され，警察官派出所に通じている非常ベルのボタンをいたずらで押した行為は，第1条第31号（業務妨害の罪）には当たるが「確かにその日時，その場所における，非常の事態の申出とは認め得るが，しかし，それのみでは，未だ同法1条16号所定の事実としての具体性に乏しいものであるから」，本号には当たらないとしている。

5 他罪との関係
(1) 刑法犯との関係

　他人の犯した犯罪の事実を申し出る場合，単に申告するにとどまらず，告訴，告発をするなど，その処罰を求める意思を表示すれば，虚偽告訴罪（刑法第172条）が成立するが，その場合，本号の罪は，同罪に吸収され，本号適用の余地はない。

　本号の罪と信用毀損罪及び業務妨害罪（刑法第233条）との関係については，罪質や保護法益が異なることから，両罪が成立するとする裁判例がある（大阪高判平14.6.13高刑集55巻2号3頁）。

(2) 特別法違反との関係

　本号の行為が，消防法（昭和23年法律第186号）第44条第10号に規定する正当な理由がなく消防署等に火災発生の虚偽の通報又は救急を要する傷病者に係る虚偽の通報をする罪に当たることとなる場合は，同罪のみが成立するものと解する。なぜなら，消防法の前記規定は，本号に対して特別規定の関係にあるものと考えられるからである。

　電波法（昭和25年法律第131号）第106条第2項（船舶遭難又は航空機遭難の事実がないのに，無線設備によって遭難信号を発する罪）に当たる行為が，本号にも当たることとなる場合には，両罪が成立し，観念的競合の関係に立つものと解する。

氏名等不実申告の罪（第17号）

> 質入又は古物の売買若しくは交換に関する帳簿に，法令により記載すべき氏名，住居，職業その他の事項につき虚偽の申立をして不実の記載をさせた者

1 本号の趣旨

　質入れ又は古物の売買若しくは交換に関する帳簿に，法令により記載すべき氏名，住居，職業その他の事項につき虚偽の申立てをして不実の記載をさせた者が処罰の対象である。

　本号の立法趣旨は，質屋営業法（昭和25年法律第158号）及び古物営業法（昭和24年法律第108号）の規定とあいまって，質屋・古物商等の帳簿の記載の正確性を保持し，窃盗犯，盗品等犯等の捜査の利便を確保し，ひいては，それらの事犯の多発を防止しようとするのであり，警察犯処罰令には，これに相当する規定はなかった[注1]。

2 行為の客体

　行為の客体は，質入れ又は古物の売買若しくは交換に関する帳簿である。

　「質入に関する帳簿」とは，現行法令上，質屋営業法第14条所定の帳簿（「質物台帳」及び「質取引人名簿」――質屋営業法施行規則〔昭和25年総理府令第25号〕第17条，様式第3号，第4号）がこれに当たる。

（注1）　新設の理由を，立案者は，次のように述べている（第2回国会参議院司法委員会会議録第6号4頁）。
　　「古物商又は質屋自身が帳簿に虚偽の記入をする行為につきましては，それぞれ質屋取締法，古物商取締法によりまして，罰則が定めてありますが，売主とか又は質入主等につきましては，罰則は従来は大体府県令に規定されておったのであります。ところが本年の1月以降これらの府県令が失効いたしましたので，これに代るものといたしまして，ここに規定した次第であります。……最近盗犯の増加が驚くべきものでありますので，その点に鑑みまして，この規定の新設をする必要があろうと考えて設けた次第でございます。」

「古物の売買若しくは交換に関する帳簿」とは、現行法令上、古物営業法第16条及び第17条所定の帳簿等又は電磁的記録（古物営業法施行規則〔平成7年国家公安委員会規則第10号〕第17条、様式第15号、第16号）がこれに当たる。

3 禁止される行為

禁止される行為は、法令により記載すべき氏名、住居、職業その他の事項につき虚偽の申立てをして不実の記載をさせることである。

(1) 「法令により記載すべき氏名、住居、職業その他の事項」

「法令により記載すべき氏名、住居、職業その他の事項」とは、前記の質屋営業法第14条、古物営業法第16条、第17条に規定されている事項である。本号は、質屋・古物商等に対して虚偽の申立てをした者を処罰しようとする規定であるから、事柄の性質上、質屋・古物商等が自らの体験、判断で記載すべき事項、例えば、質屋営業法第14条各号に掲げる事項中、「質契約の年月日」（第1号）、「質物の特徴」（第3号）、「質置主の特徴」（第4号）、及び「前条の規定により行つた確認の方法」（第5号）等や、古物営業法第16条各号に掲げる事項中、「取引の年月日」（第1号）、「古物の特徴」（第3号）、及び「前条第1項の規定によりとつた措置の区分」（第5号）は、本号の「その他の事項」からは除外されるものというべきである(注2)。したがって、「その他の事項」とは、品目、数量、質置主又は古物取引の相手方の年齢等のみを指す。

なお、本号では「住居」とされているが、質屋営業法及び古物営業法では、「住所」の記載を必要としている。

(2) 「虚偽の申立」

「虚偽」とは、第1条第16号（虚構申告の罪）の「虚構」とは異なり、全く架空のつくりごとにまで達する必要はなく、多少とも事実を曲げていえば、「虚偽」である。「虚偽」は、全ての事項にわたる必要はなく、氏名、住所等

（注2）　乗本ほか82頁は、質屋営業法第14条又は古物営業法第17条（現第16条）所定の事項一切を指すものとしているが、適当ではない。

は真実であって、職業だけを偽るような場合も、「虚偽の申立」に当たる。

また、居所を住所として申し立てることも、形式的には、本号に当たることになるが、元来、住所と居所との区別は、当事者がそこを生活の本拠とする意思があるかどうかという主観的事情によっても左右される事柄であるばかりでなく、帳簿の記載としては、現実の居所が把握できる以上、その目的をおおむね達しているともいえるから、実質的には、本号をもって問擬するまでの必要がなく、可罰性を欠くこととなる場合が多いと思われる。

「氏名」について、戸籍上のそれを申し立てず、雅号、芸名、通称等を申し立てるような場合は、それが相当程度社会的に通用しており、これによってその人を特定し得るものと認められる限り、「虚偽の申立」には当たらない。

また、申立人自体について虚偽のある場合、例えば、真の所有者から質入れを依頼された事実がないのに、これがあるように装って自己名義で質入れしても、自己の住所、氏名等について虚偽がなければ、「虚偽の申立」をしたことには当たらないものというべきである。なぜなら、本号の保護法益は、質契約や古物の売買等をする場合に、実際に取引をする相手方について虚偽の事項がなければ、何ら侵害されないものとみるべきであり、もともと質屋や古物商等に記帳義務を設けた趣旨も、かような取引の現象面を如実に表わしておかせようとしているものと考えられ、それだけで盗品等の発見の端緒として十分と思われるからである。もっとも、代理名義を冒用するような行為は、氏名に関して「虚偽の申立」をしたことに当たるであろう。

「申立」とは、第16号の「申し出る」とは異なり、自発的な申告であることを要せず、質屋・古物商等の質問に応答する場合をも含む。申立ての方法は、口頭又は書面のいずれでもよく、例えば、紙片にメモして渡したり、名刺を渡したりする方法によることも、「申立」である。インターネットを利用しての電子メール等によることも、これに含まれると考えられよう。

(3) **「不実の記載をさせた」**

本号の罪が成立するためには、虚偽の申立てがなされただけでは足りず、その結果、帳簿に「不実の記載」をさせた場合に初めて成立する。この意味で、本号の罪は、結果犯である。「不実」とは、「虚偽」と同義である。「虚偽」、

「不実」と異なった表現を用いたのは，刑法第157条（公正証書原本不実記載罪）の用語例にならったためにすぎないと考えられる。

質屋・古物商等が相手方の口頭の申立てを一応紙片にメモしておいただけではまだ本号の罪は成立しない。「不実の記載」をする者は，通常，質屋・古物商等自身又はそれらの使用人であるが，仮に，申立人が質屋等に依頼されてこれらの者に代わって帳簿への記載を行ったような場合も，「記載をさせた」ということができる。

本号の罪は，質屋・古物商等に申立てが虚偽であることの認識があったとしても，成立する。

4 行政犯的側面

なお，盗犯者が盗品を質入れしたり，売却したりしようとする場合にも，本号の適用がある。総説の**第1**において述べたように，軽犯罪法の諸規定は，おおむね自然犯的なものであるが，なかには，行政犯的な色彩をも兼ね備えているものがないとはいえないからである。本号のような罪の場合は，これに違反することが，今日の社会生活における卑近な道徳律に違背することとなる反面，本号が質屋営業法及び古物営業法の補充規定の性格を持つこともまた否定できない。この後者の一面に着目するとき，これらの法律によって規定された記帳義務の正確な履行という行政目的を円滑に達成するため，取引の相手方に対しても，本号程度の義務を負わせ，罰則をもってその履行を担保することは，いわゆる黙秘権を認めた憲法第38条第1項の精神に反するものではないと解されるのである。

5 他罪との関係

前述したように，質屋・古物商等が虚偽の申立てであることを知って不実の記帳をした場合でも，その相手方について本号の罪が成立するが，この場合，質屋・古物商等については，質屋営業法第32条（第14条違反）の罪又は古物営業法第33条（第16条又は第17条違反）の罪が成立することはいうまでもない。

質屋が質置主と，古物商等が相手方と共謀して，帳簿に不実の記載をした場合は，これら共謀者間に本号にいう「申立」に当たる行為があったとは到底認められないから，本号の罪は成立せず，質屋営業法違反又は古物営業法違反の共同正犯のみが成立する。この場合，質置主や相手方は，いわゆる身分なき共犯者（刑法第65条）である。
　なお，本号の行為と似た行為を処罰するものとして，旅館の宿泊人が宿泊人名簿の記載に関し虚偽の事項を告げる行為を処罰の対象とする旅館業法（昭和23年法律第138号）第12条，第6条第2項の規定がある[注3]。

　（注3）　もっとも，現実に不実の記載をさせたことは，要件とされていない。

要扶助者・死体等不申告の罪（第18号）

> 自己の占有する場所内に，老幼，不具若しくは傷病のため扶助を必要とする者又は人の死体若しくは死胎のあることを知りながら，速やかにこれを公務員に申し出なかつた者

1 本号の趣旨

　自己の占有する場所内に，老幼，不具若しくは傷病のため扶助を必要とする者又は人の死体若しくは死胎のあることを知りながら，速やかに公務員に申し出なかった者が処罰の対象である。

　本号の立法趣旨は，扶助を要する者に対する公務員による救護の措置及び人の死体や死胎に対する公務員の処分ないしこれらの存在を端緒とする捜査が速やかに行われ得るものとするため，それらのものが発見された場所の占有者による公務員への申出を促そうとするものである。

　本号は，警察犯処罰令第2条第10号第1項（「自己占有ノ場所内ニ老幼，不具又ハ疾病ノ為扶助ヲ要スル者若ハ人ノ死屍，死胎アルコトヲ知リテ速ニ警察官吏ニ申告セサル者」）を受け継いでいる。

2 行為の主体

　行為の主体は，自己の占有する場所内に，老幼，不具若しくは傷病のため扶助を必要とする者又は人の死体若しくは死胎のあることを知った者である。すなわち，これらのものが存在する場所の占有者に限られる。

(1) 「占有する場所」

　「占有する場所」とは，現実に支配している場所をいう。民法上の「占有」の概念とは異なる。一時無人の邸宅の留守番をしているような者も，その邸宅を占有しているものといえる。現実に支配していることを要するから，自己の所有地であっても，他人に賃貸してある等の理由により現実の支配下にないときは，「占有する場所」といえない。また，公道のようなものは，私人の支配する限りでないから，「占有する場所」に当たらない。

(2) 「老幼，不具若しくは傷病のため扶助を必要とする者又は人の死体若しくは死胎のあることを知りながら」

　「扶助を必要とする者」は，刑法第217条（遺棄罪）の「扶助を必要とする者」と同義であり，自ら日常の生活をするのに必要な動作をする能力のない者をいう（大判大4.5.21刑録21輯670頁）。経済力の有無とは関係ない。すなわち，資産があっても，「扶助を必要とする者」に当たる場合があるし，貧困でも，心身に欠陥のない者は，これに当たらない。

　扶助を必要とする原因は，老，幼，不具，傷，病に限られる。つまり，「老幼，不具若しくは傷病」は，制限的列挙である。「不具」は，身体器官の不完全なことをいうが，視覚障害，聴覚障害のほか，知的障害を含み，「病」には，精神病や薬物中毒を含む。また，にわかに産気づいた女性や泥酔して動けないため凍死のおそれのある者なども「病のため扶助を必要とする者」に当たるものと解することができる(注)。

　「死体」とは，死者の身体で，その一部をも含む。変死者の死体であると，病死者の死体であるとを問わない。本号は，変死者についての届出義務を規定したものではない。「死胎」とは，胎児の死体である。

　本号の立法趣旨からいって，「老幼，不具若しくは傷病のため扶助を必要とする者又は人の死体若しくは死胎」には，公務員をして処置させるまでもなく，その存在する場所の占有者自ら処置すべきものを含まないものと解する。また，保護責任者又は処置すべき者が判明しており，これらの者による処置が当然予想されるものについても同様である。したがって，要扶助者が家族である場合，あるいは，自宅療養中又は病院入院中の者が死亡した場合に，これを公務員に申し出ない行為などは，本号に当たらない。

　「知りながら」とは，自ら発見した場合と，自己以外の者からの知らせで知った場合とを含むこと，いうまでもない。

　（注）　乗本ほか84頁は，これらは「病」者とはいえないとしつつ，これらの者も，本号の対象となるべきであるから，「老幼，不具若しくは傷病」は，例示的列挙であるとしているが，文理上，これらを例示的列挙と解することは困難であろう。

3　行為の相手方

　行為の相手方は，公務員である。

　「公務員」とは，「当該公務員」の意味であり，要扶助者又は死体等について処置する権限を有する公務員，場合により，犯罪捜査の権限を有する公務員である。警察官，市町村職員，都道府県や市の福祉関係職員，民生委員等が考えられる（警察官職務執行法〔昭和23年法律第136号〕第3条，行旅病人及行旅死亡人取扱法〔明治23年法律第93号〕，生活保護法〔昭和25年法律第144号〕，児童福祉法〔昭和22年法律第164号〕，老人福祉法〔昭和38年法律第133号〕等参照）。

4　禁止される行為

　禁止される行為は，速やかにこれを申し出ないことである。すなわち，本号の罪は，不作為犯である。

　「速やかに」とは，要扶助者，死体等のあることを知った時点から遅滞なくとの意味であるが，どの程度の時間内に申し出れば，「速やかに」申し出たものといえるかは，要扶助者の状態，発見時刻等や，応急処置を施すのに時間を要したものであるかどうかといったこと，その他具体的状況に照らして，社会通念に従って決するほかはない。

　「申し出る」とは，第1条第16号（虚構申告の罪）における「申し出る」と同様，自発的に申告することをいい，その方法は，口頭によると，電子メールによると，書面によるとを問わない。

5　他罪との関係

　2で述べたように，当該場所の占有者が要扶助者の保護責任者である場合には，本号適用の余地はないから，本号と保護責任者遺棄罪（刑法第218条）とが競合する場合は考えられない（稲田＝木谷96頁）。

　本号の行為をした者が，更に進んで，要扶助者又は死体等をそれがあった場所から移動させた場合には，遺棄罪（同法第217条）又は死体遺棄罪（同法第190条）が成立することになるが，これらの罪と本号の罪とは競合せず，併合罪となる。

変死現場等変更の罪（第19号）

> 正当な理由がなくて変死体又は死胎の現場を変えた者

1　本号の趣旨

　正当な理由がなくて，変死体又は死胎の現場を変えた者が処罰の対象である。

　本号の趣旨は，変死体又は死胎の存在には，その背後に犯罪が予測されることが少なくないが，そのような犯罪の捜査上の証拠が失われることを防止しようとするのである[注1]。

　本号は，警察犯処罰令第2条第10号第2項（「前項ノ死屍，死胎ニ対シ警察官吏ノ指揮ナキニ其ノ現場ヲ変更シタル者」）を受け継いだものである。

2　「変死体又は死胎の現場」

　行為の客体は，変死体又は死胎の現場である。

　「変死体」とは，刑法第192条（変死者密葬罪）にいう「変死者」と同義であり，犯罪に起因しない死であることが明らかでない死体をいう。その意味で，それは，刑事訴訟法第229条にいう「変死者」及び「変死の疑のある死体」の双方を含む概念である[注2]。

　「死胎」は，第1条第18号（要扶助者・死体等不申告の罪）にいうそれと同じである。「変」死胎とされていないので，理論的には自然死をした胎児を含むが，第三者の目に触れるような不自然な形で死胎が存在すること自体からその死因の不自然さなどが推定されるので，単に「死胎」とされているものと考えられる。

（注1）　もっとも，立案者は，このような刑事司法の必要のほかに，公衆衛生の面からの必要にも対応する趣旨の規定である旨説明している（第2回国会参議院司法委員会会議録第6号4頁）。

「現場」とは、変死体又は死胎が発見された時点におけるそれらの存在状況をいう。それには、死体又は死胎自体の状況のほか、その死体等に関係のある四囲の状況をも含む。すなわち、死体の近くに落ちていた凶器、所持品や、周囲の血痕、荒らされた室内の状況なども、「現場」に含まれる。しかし、当該死体等に関係がある状況であっても、死体等から相当離れた場所の状況は、「現場」とはいえない。どの程度離れれば「現場」といえなくなるかの限界は、社会通念によって決するほかはない。

3 禁止される行為

禁止される行為は、正当な理由がなくて、現場を変えることである。

「変え(る)」とは、積極的、人為的変更を加えることである。犯罪捜査を妨害するなどの特定の意図をもって行うことは必要でない。死体の位置、姿勢を変える行為、着衣の状況を変える行為、死体の付着物をぬぐい、あるいは、これに何かを付着させる行為、死体の周辺にある凶器を拾い上げる行為、周辺の血痕をぬぐいとる行為、室内の場合において、開いていた窓を閉める行為等は、全てこれに当たる。

「正当な理由がなくて」の意義については、第1号の解説3参照。警察官その他の捜査機関が職務上行う場合や、その指示により私人が行う場合は、もちろん正当な理由がある場合である。また、例えば、爆発の危険があるものを取り除く行為や放出されているガスの元栓を閉める行為なども、本号の保護法益以上の法益を保護するための行為として、正当な理由があるもので

（注2）　大判大9.12.24刑録26輯1437頁
　「通俗ニ変死者ト云フトキハ不自然ノ死者ヲ汎称スルモノト解スヘキモ元来刑法第192条カ変死者ヲ埋葬スルノ前提トシテ検視ヲ受クルコトヲ必要トシタルハ畢竟死因ニ犯罪ノ嫌疑アル死者ニ就キ死因ヲ検案シテ犯罪捜査ノ端緒ヲ喪ハサラシムルカ為メニ外ナラサルカ故ニ同条ニ所謂変死者トハ不自然ナル死亡ヲ遂ケ其死因ノ不明ナル者ノミヲ指称スルモノト解スヘク従テ本件公訴事実ノ如ク樹上ヨリ墜落シテ創傷ヲ負ヒタル者カ医師ノ治療ヲ受ケ終ニ死亡シタル場合即チ死因カ明瞭ナルトキハ其者ヲ以テ右法条ニ所謂変死者ニアラスト断定セサルヘカラス」
　なお、乗本ほか86頁は、刑事訴訟法第229条にいう「変死の疑のある死体」は含まないとしているが、賛成できない。

ある。すなわち，本号の「正当な理由」の存否を判定するに当たっては，社会通念に基づくとともに，具体的事実関係に即して，本号の保護法益と現場を変えることによって保護される法益とを比較衡量しつつ慎重に判断する必要があろう。

4 他罪との関係

　変死者密葬罪（刑法第192条）に当たる行為は，同時に，本号の構成要件をも充足することになるが，この場合，本号の罪は変死者密葬罪に吸収され，本号適用の余地はない。もっとも，変死体を密葬のために移動させる行為以外に，変死体の現場を変える行為があったときは，両罪が成立することは，いうまでもない。

　本号の行為が，同時に，死体損壊罪・死体遺棄罪（同法第190条）にも当たることとなる場合には，死体に対する冒瀆行為を処罰しようとするこれらの罪と本号の罪とは，罪質を異にするから，両罪が成立し，観念的競合の関係に立つ(注3)。

（注3）　最判昭29.4.15刑集 8 巻 4 号471頁
　　「軽犯罪法 1 条19号は，正当の理由がなくて変死体又は死胎の現場を変える行為を取締ろうとする法意に出でたものであつて，故意に死体を放棄する行為を処罰の対象とする死体遺棄罪とはその罪質を異にしている。」

身体露出の罪（第20号）

> 公衆の目に触れるような場所で公衆にけん悪の情を催させるような仕方でしり，ももその他身体の一部をみだりに露出した者

1 本号の趣旨

公衆の目に触れるような場所で，公衆に嫌悪の情を催させるような仕方で，しり，ももその他身体の一部をみだりに露出した者が処罰の対象である。

本号の立法趣旨は，一般国民の健全な風俗感情を保護し，あわせて一般の風俗の向上を図ろうとするのであり，警察犯処罰令第3条第2号（「公衆ノ目ニ触ルヘキ場所ニ於テ袒裼，裸裎シ又ハ臀部，股部ヲ露ハシ其ノ他醜態ヲ為シタル者」）を受け継いでいる。

2 行為の場所

行為の場所は，公衆の目に触れるような場所である。

「公衆」とは，第1条第6号（消灯の罪）及び第13号（行列割込み等の罪）にいう「公衆」と同じく，不特定又は多数人をいう[注1]。

したがって，「公衆の目に触れるような場所」とは，不特定又は多数人に見られる可能性のある場所を意味する。屋内・屋外を問わないし，また，「ような場所」とされていることからも明らかなように，現に公衆の目があることを要しない。要は，不特定又は多数人が，特別の注意を払ったり，のぞき見たりするような特別の動作をしなくても，通常の状態で自然に当該行為を目にし得る場所であればよい。道路上，公園内，電車・バスの中，公開時間中の劇場内，海水浴場等が，そのような場所の適例であろうが，私人の居宅内であっても，容易に通行人の目に触れるような場所は，これに当たるものといえる[注2]。

（注1） 大塚116頁，植松122頁，野木ほか71頁，乗本ほか88頁。本書三訂版170頁では，「不特定かつ多数の人又は特定かつ多数の人」としていた。

3 行為の客体

行為の客体は、しり、ももその他身体の一部である。

「その他身体の一部」とは、しりや太ももなどのように、通常、人が衣服等で隠している部分をいう。乳房、へそ、わき腹などがこれに当たろう。陰部を露出することは、通常、公然わいせつに当たるが、男性が路傍で陰部を出して放尿するような場合は、人の性的羞恥心を害するとまではいえないことが多いと考えられ、したがって、おおむね本号の対象となるであろう。

4 禁止される行為

禁止される行為は、公衆に嫌悪の情を催させるような仕方で、みだりに露出することである。

(1) 「公衆にけん悪の情を催させるような」

「公衆」については、2参照。

「公衆にけん悪の情を催させるような」とは、一般の通常人の風俗感情上不快の念を与えるものであることをいう。すなわち、現にその場にいる人々に感情上不快の念を与えることをいうのではなく、健全な風俗感情を持つ通常人なら不快の念を覚えるようなものであることを意味する。

(2) 「仕方」

「仕方」とは、単に方法、態度に限らず、諸般の具体的状況からみた事態を意味し、公衆に嫌悪の情を催させるようなものであるかどうかは、諸般の状況を総合して判断されるべきものであることを示している。それらの状況としては、次のようなものが考えられる。

ア 行為の主体の性別、年齢等

すなわち、土木作業員等が夏季に上半身裸になる行為などは、本号に当

（注2） 大判大2.12.3刑録19輯1369頁（自宅茶の間で裸になっていた行為が問題とされた事案）

「警察犯処罰令第3条第2号ハ公衆ヲシテ不快ノ念ヲ抱カシムヘキ風俗即チ醜体ヲ暴露スルヲ禁止スルニ在レハ苟モ容易ニ公衆ノ目ニ触ルル場所ナル以上ハ家屋ノ内外ヲ問ハス醜体ヲ露ハスヲ許ササル法意ナルコト論ヲ竣タス」

たらない場合が多いことが考えられるが、女性が乳房をあらわにしていることなどは、本号に当たる場合が多かろう。また、同じ女性であっても、幼年者が夏季上半身裸になって遊んでいても、「公衆にけん悪の情を催させるような仕方」に当たらないことが多いと考えられる。

　イ　露出される部分がいかなる部分であるか

　すなわち、女性の乳房と背中とでは、不快感を相当異にするであろうし、ももにしても、その上部まであらわにするのと、そうでないのとでは、不快感が異なるであろう。

　ウ　行為者の態度、姿態等

　授乳のために乳房をあらわす行為とそうでない行為、清潔な皮膚をあらわす行為とあかだらけの皮膚をあらわす行為、人目に立たないようにしている場合とことさら人目をひくような姿態をする場合とでは、それぞれ不快感を与える程度が異なるであろう。

　エ　行為の場所及びその周辺の状況

　社会通念上、肌を露出していることが不自然である場所もあれば、そうでない場所もある。成人のみが観覧するいわゆるストリップ劇場の舞台でストリッパーが乳房をあらわすことは、本号に当たらなくても、海水浴場で乳房を露出したいわゆるトップレス水着を着用することは、本号に当たる。さらに、海水浴場で着用することが許されるビキニスタイルの水着も、これを着用して、市街地の道路を歩いたりすれば、本号に当たることもあろう。同様に、海水浴場とこれに接着する旅館街等とを水着で往復することは許されるであろうが、水着のまま電車・バスなどに乗車して海岸と往復するような行為は、本号に当たることもあろう。さらに、土木工事の現場で労働者が上半身裸でつるはしを振るうような行為は、本号に当たらないとしても、厳粛なるべき葬儀の席上、同様の格好でいる行為などは、おおむね「公衆にけん悪の情を催させるような仕方」に当たることとなるであろう。

(3)　「みだりに」

　「みだりに」の意義については、第7号の解説2(1)参照。しかし、本号に

おいては,「公衆にけん悪の情を催させるような仕方で」の語によって行為の違法性は十分表現されており,「みだりに」は,これと重複している。特に意味のない字句であるというべきである(同旨　植松126頁)。

(4)　「露出する」

「露出する」とは,肌そのものを人の目に触れ得る状態におくことである。ことさら注意を払わなければ,人の目に触れないような状態では,まだ「露出した」とはいえない。また,薄物をまとっているため,肢体の輪郭が明瞭に分かるような場合も,肌そのものが見えない以上,「露出する」ことには当たらない。しかし,薄物や網目をとおして肌そのものが見えるのであれば,「露出」しているといえる。ストッキングやパンティストッキングのうちには,これを着けているかどうかが分からない程度に薄いものがある。このようなものについては,これを着けていても,なお「露出」しているというべきであろう。下半身にそのようなパンティストッキングだけを着けて公衆の面前を歩くような行為は,おおむね本号に当たるといえる。

5　他罪との関係

本号に当たる行為が,通常人の性的羞恥心を害する程度に至れば,公然わいせつ罪(刑法第174条)が成立する^(注3)。この場合,本号の罪は,同罪に吸収され,本号適用の余地はない。

街路等における男性の放尿行為は,塀などに向かって,通行人からはわざわざ前に廻ってのぞき込まなければ見えないような状態で局所を出してするような場合には,本号に当たらず,第1条第26号の罪(排せつ等の罪)のみが成立するが,公衆の目に容易にとまるような状態でする場合には,両罪が成立し,観念的競合の関係に立つ。

(注3)　最判昭26.5.10刑集5巻6号1026頁は,刑法第175条にいう「猥褻」の概念に関し,いたずらに性欲を興奮又は刺戟せしめ,かつ,普通人の正常な性的羞恥心を害し,善良な性的道義観念に反するものをいうとしている。

こじきの罪（第22号）

> こじきをし，又はこじきをさせた者

1 本号の趣旨

こじきをし，又はこじきをさせた者が処罰の対象である。

働き得る全ての人が勤労によって生活を維持すべきことは，社会道徳の要求であり，その道徳律に反する行為を禁止しようとするのが，本号の本来の趣旨である。しかしながら，本号は，行為の主体を働く能力を有する者に限定していない。これは，働く能力を有しない者は，憲法第25条の要請に基づき，国又は公共団体によって整備されるべき各種福祉措置によって保護されるであろうことを予定しているものといわなければならない。本号の具体的運用の面からいっても，それらの措置の完全な整備が期待されるゆえんである。

本号は，警察犯処罰令第2条第2号（「乞丐ヲ為シ又ハ為サシメタル者」）を受け継いでいる。

2 禁止される行為

禁止される行為は，①こじきをすること，又は②こじきをさせることである。

(1) 「こじきをする」

「こじきをする」とは，不特定の人に哀れみを乞い，自己又は自己の扶助する者のために生活に必要な金品を受けようとすることである。金品を受けるについては，無償であるか，又はほとんど無償に近い対価を提供するにすぎないことを要する。外国においてときとしてみられるという，ホテルの前などで停止する車のドアを開けては金銭を乞うような行為は，無償に近い対価を提供する例である。乞う態様としては,路傍で通行人に金品を乞う,戸々に訪問して金品を乞う，列車内で金品を乞うなどが考えられるが，それだけ

には限らないことはいうまでもない。また，口頭，掲示，身振り等，乞う方法のいかんを問わない。

不特定の人に対して乞うことを要するから，親族，友人等を頼って金品を乞うて歩くような行為は，「こじきをする」ことには当たらない。また，自己又は自己の扶助する者のため生活に必要な金品を得ようとすることが必要であるから，第三者のために寄付を仰ぐような行為は，「こじきをする」ことに当たらない。

本号の罪の成立のためには，必ずしも現実に金品を得たことを要しない。不特定の人に対して哀れみを乞う意思で行えば，ただ一人に対して乞うたにすぎないとしても，本号の罪は成立する。また，順次数人に対して乞うたとしても，それらが犯意を継続して行われれば，包括して一罪を構成するにすぎないものと解する(注)。

(2) 「こじきをさせる」

「こじきをさせる」とは，主として，責任無能力者をしてこじきをさせたり，故意のない者を錯誤に陥れてこじきをさせたりするように，「こじきをする」行為の間接正犯に当たる行為をいう。そのような行為は，「こじきをする」行為そのものとして評価することもできようが，社会におけるこじきの実態に徴し，特にこのような構成要件を設けたものと思われる。なお，まれな例ではあろうが，「こじきをする」行為の間接正犯に当たるような場合のほか，例えば，自己の14歳以上の子供がこじきをしようとするのを，あえて制止しないでおくというように，自己の監督下にある者であって，制止しようと思えば容易に制止できるのに，あえてこれをしないとの不作為による「こじきをさせる」行為が考えられる。

(注)　宇都宮簡判昭38.10.23下刑集5巻9＝10号906頁が，「軽犯罪法にいわゆる『こじき』とは単に個々の物乞い行為（人の同情心に訴えて金品の無償交付を求める行為）自体を指すのではなく，その概念には不特定多数人に対しある程度反覆継続的に物乞いをするという云わば業的な観念が内在していると解すべきでありかかる犯罪の本質から又本件犯罪がこじきをするとの1個の包括的犯意の下に近接した日時，場所においてなされたという犯罪の態様から被告人の所為はむしろ包括的に一罪と解すべきである。」と述べているのは，結論として妥当な見解といえよう。

「こじきをする」者が，責任無能力者を伴って，ともどもこじき行為をする場合は，「こじきをする」罪と「こじきをさせる」罪との二罪として評価すべきではなく，「こじきをする」罪一罪として評価すべきであろう。

　責任能力を有する者をしてこじきをさせる行為は，「こじきをさせる」ことには当たらず（これに反対する見解として，稲田＝木谷107頁），「こじきをする」罪の教唆犯となる（第3条参照）。もっとも，強制にわたれば，強要罪（刑法第223条）のみが成立することとなることは，いうまでもない。

3　他罪との関係

　18歳に満たない者にこじきをさせ，又は，そのような者を利用してこじきをする行為は，児童福祉法（昭和22年法律第164号）第34条第1項第2号の規定に違反し，同法第60条第2項の罪を構成することになるが，同規定は，本号に対して特別規定の関係にあるものと解されるから，この場合は，児童福祉法の規定のみが適用され，本号適用の余地はない。

　本号と第1条第4号（浮浪の罪）との関係については，第4号の解説**4**参照。

窃視の罪（第23号）

> 正当な理由がなくて人の住居，浴場，更衣場，便所その他人が通常衣服をつけないでいるような場所をひそかにのぞき見た者

1 本号の趣旨

　正当な理由がなくて，人の住居，浴場，更衣場，便所その他人が通常衣服を着けないでいるような場所をひそかにのぞき見た者が処罰の対象である。

　本号は，人の個人的秘密を侵害する抽象的危険性のある行為を禁止し，ひいては，国民の性的風紀を維持しようとするものである。

　本号に相当する規定は，警察犯処罰令にはなかった(注1)。

2 行為の客体

　行為の客体は，人の住居，浴場，更衣場，便所その他人が通常衣服を着けないでいるような場所である。

(1) 「人の」

　「人の」とは，他人の，の意味であり，当該他人の所有に属するものでなくても，また，自己の所有に属するものであっても，要するに，自己以外の者が正当に使用し得るものであれば足りる。公共用のものであると，私人専用のものであるとを問わない。

(2) 「住居」

　「住居」は，「人が通常衣服をつけないでいるような場所」と「その他」で結び付けられていることから分かるように，後者の厳格な例示ではないから

（注1）　立案者は，本号の立案趣旨について，次のように説明している（第2回国会参議院司法委員会議録第6号5頁）。
　「人の私生活の秘密，特に肉体を人に見られないという権利は，これは厚く保護されなければならないのでありますから，妄りに他人の隠すべき肉体の部分を覗き見るということは，この権利を侵しますし，私生活の平穏を害するものである。そこでこのような規定を設けることにいたしました。この罪は性的犯罪の一種だと見ることができようかと思います。」

（第2号の解説（注5）参照），「住居」の一部は，例えば，玄関のように，それが通常衣服を着けないでいることの予想されないような部分であっても，なお，ここにいう「住居」である。また，下宿屋の一室，他人に間貸ししてある部屋なども，それ自体，1個の「住居」である。

劇場，デパート等の便所においては，その中の個別に扉で仕切られた部分及び男性が小用を足すための一画が，本号にいう「便所」に当たるであろう。

(3) 「その他人が通常衣服をつけないでいるような場所」

「その他人が通常衣服をつけないでいるような場所」としては，病院・医院の診察室・処置室等，旅館の一室，キャンプ場におけるテント，列車の寝台，船舶の船室などを挙げることができる。「衣服をつけないでいる」とは，必ずしも全裸あるいは半裸でいる必要はなく，人が通常隠している肉体の部分を露出していることをいう。「ような場所」とは，衣服を着けないでいる可能性があれば足りることを示している。そのような場所であれば，現に人が衣服を着けていないかどうかは問わず，さらに，現に人がいるかどうかも問わない。「場所」とは，正確には，「場所の内部」の意味である。しかし，やはり場所に関することを要するから，高所にいる女性のスカートの内部をのぞき，あるいは，低所にいる女性の胸元をのぞくなどの行為は，本号に当たらない。

3　禁止される行為

禁止される行為は，正当な理由がなくて，ひそかにのぞき見ることである。

(1) 「正当な理由がなくて」

「正当な理由がなくて」の意義については，第1号の解説3参照。本号の行為の主たる部分は，ひそかにのぞき見るという，それ自体違法性のあることが明らかな事柄であるので，本号の行為が正当な理由に基づく事例は，犯罪捜査の必要上ひそかにのぞき見るような場合以外には，ほとんど考えられない。

(2) 「ひそかに」

「ひそかに」とは，見られないことの利益を有する者に知られないように

することをいう。見られる者以外の者に知られると否とを問わない。不特定多数の人の面前で行っても，見られる者に知られないようにすれば，「ひそかに」のぞき見たことになる。見られる者の承諾があれば，「ひそかに」には当たらないことはいうまでもない。

(3) 「のぞき見る」

「のぞき見る」とは，物陰や隙間などからこっそり見ることをいう。何の作為もしないのに，自然に見えてしまったような場合は，「のぞき見る」には当たらない。望遠鏡で見ることはもちろん，カメラやデジタルカメラ，ビデオカメラ，それらの機能を備えた携帯電話機によってひそかに写真や動画を撮ることも「のぞき見る」に当たるものと解する(注2)。この場合，のぞき窓や機器に映し出された画面を通してのぞいた時点で「のぞき見た」といえるであろうから，その時点で既遂に達するものと解することができよう。

カメラやビデオカメラをトイレ内に隠して設置し，行為者が直接視認しないまま隠し撮りや遠隔操作の方法で撮影し，その後，記録媒体を回収してから再生するような場合には，「のぞき見た」といえるかが問題となる。

この点については，直接視認することによりのぞき見られた場合でもカメラ等で撮影された場合でも，被害者のプライバシーが侵害されたことには変わりがなく，むしろ，カメラ等で撮影された場合の方が，繰り返し何度も見られたり，第三者にデータが渡ったりする危険性があり，プライバシー侵害の程度が高いのであるから，人の個人的秘密を侵害するような行為を禁止するという本号の趣旨からは，カメラ等による撮影自体が「見た」に当たり，撮影の時点で既遂となると解すべきであろう。

この点に関し，福岡高判平27.4.15公刊物未登載は，勤務先の脱衣所内に動画撮影機能を起動させたスマートフォンを紙箱に仕込んで設置し，同僚の着替えを撮影録画した事案につき，本号の趣旨を全うするためには本号所定の場所を視認し得る場所に撮影機能のある機器をひそかに置いて当該場所の

(注2) なお，女性が一般の入浴客のように公衆浴場に入り，持参のカメラをタオルで隠して，他の入浴中の女性らの裸体を撮影する行為については，本号が本来予想した類型の行為ではないが，「浴場をひそかにのぞき見た」ものに当たるといえよう。

視覚的な情報を得る行為を規制する必要性が高いと指摘した上で,「本条号所定の場所を視認し得る場所に撮影機能のある機器をひそかに置いて当該場所を撮影録画する行為は,そのような態様の『のぞき見行為』の中核的部分を既に実現しているものということができる。そして,上記のような撮影録画行為が『のぞき見行為』の中核的部分を実現していることからすると,そのような行為を行ったこと自体が『のぞき見た』に当たると解しても,成文の言葉の可能な意味の範囲内にあるということが出来るし,一般人の客観的な予測可能性を奪うものでもない。」と判示し,「のぞき見た」に該当するためには直接的に視認することが必要であるとした弁護人の主張を排斥し,本号の罪の成立を認めている(注3,4)。

なお,のぞき「見る」ことを要するから,隠しマイク等によって話し声,物音等をひそかに聞き,あるいは録音する行為は,本号に当たらない。

(注3) 写真撮影による「のぞき見」につき参考となるものとして,東京地判昭40.3.8判時405号12頁は,「人はその承諾がないのに,自己の写真を撮影されたり,世間に公表されない権利即ち肖像権を持つ。それは私人が私生活に他から干渉されず,私的なできごとについて,その承諾なしに公表されることから保護される権利であるプライバシーの権利の一種と見ることができよう。それは憲法第13条は個人の生命自由及び幸福追求に対する国民の権利が最大限に尊重されるべきを規定し,その他憲法の人権保障の各規定からも実定法上の権利として十分認め得る。刑法第133条,軽犯罪法第1条第23号などはこれを認める趣旨の規定と解され,私事をみだりに公開されないとする保障は,今日のようなマスコミの発達した社会においては,益々必要性が痛感されるものと解する。」としている。その控訴審判決(棄却)として,東京高判昭43.1.26高刑集21巻1号23頁。

(注4) その他ビデオカメラによる撮影の事案として,気仙沼簡判平3.11.5判タ773号271頁は,8ミリ・ビデオカメラを用いて便所内の女性の姿態などを撮影するいわゆる「盗み撮り」行為について,「被告人は,ビデオカメラで録画した内容を再生して見る前にスーパーマーケット従業員に犯行を発見され,取り押さえられたため,その録画内容を見ないままであるが,隣の便所内の様子の録画行為それ自体によって被害者のプライバシー侵害が発生している以上,被告人の本件犯行は,既遂に達している」とし,本号の該当性を認めた(他に,女性が居住するアパート室内をビデオカメラで撮影録画した行為につき本号を適用しているものとして,岡山地判平15.1.8裁判所ウェブサイトがある。)。

4　他罪との関係

　人の住居をのぞき見るため，その囲繞地，つまり，庭先などに立ち入ったときは，本号のほかに住居侵入罪（刑法第130条）も成立する。この場合の両罪の関係につき，最判昭57.3.16刑集36巻3号260頁は，牽連犯となるとする(注5)。

　なお，いわゆる迷惑防止条例で盗撮行為を規制するものもあり，本号との関係が問題となり得るが，本号は，「場所」をのぞき見ることを規制しているのに対し，迷惑防止条例においては，人の「下着又は身体（姿態）」を撮影することを規制しており，のぞき見る（撮影する）対象が異なっていることからすれば，1個の行為が両者の罪名に触れるような場合には，観念的競合の関係に立つと解する(注6)。

（注5）「ところで，軽犯罪法1条23号の罪は，住居，浴場等同号所定の場所の内部をのぞき見る行為を処罰の対象とするものであるところ，囲繞地に囲まれあるいは建物等の内部にある右のような場所をのぞき見るためには，その手段として囲繞地あるいは建物等への侵入行為を伴うのが通常であるから，住居侵入罪と軽犯罪法1条23号の罪とは罪質上通例手段結果の関係にあるものと解するのが相当である。原判決の認定するところによれば，被告人は，正当な理由がなく，原判示X方住居内をひそかにのぞき見る目的で，同人方裏庭に侵入し，これを手段として，右住居内をひそかにのぞき見たものであるというのであり，右住居侵入罪と軽犯罪法1条23号の罪とは，刑法54条1項後段の牽連犯の関係にあるものというべきである」

　なお，横井裁判官の併合罪を是とする少数意見がある。のぞき見る行為の態様には，さまざまなものが考えられることからすると，住居侵入罪と本号の罪とが「罪質上通例手段結果の関係」にあるものとすることには疑問を感ずる（したがって，併合罪とみるのが妥当ではないかと感ずる）ものではあるが，最高裁の判断であってみれば，実務は，これによって処理せざるを得まい。

（注6）　軽犯罪法と迷惑防止条例との関係については，第5号の解説5(4)も参照。

儀式妨害の罪（第24号）

公私の儀式に対して悪戯などでこれを妨害した者

1 本号の趣旨

公私の儀式に対し，いたずらなどでこれを妨害した者が処罰の対象である。

本号の立法趣旨は，社会生活上の一般感情によって尊重されている各種の儀式の平穏，円滑を妨げることを防止しようというのであり，警察犯処罰令第2条第9号（「祭事，祝儀又ハ其ノ行列ニ対シ悪戯又ハ妨害ヲ為シタル者」）を受け継いでいる。

2 行為の客体

行為の客体は，公私の儀式である。

「儀式」とは，ある程度の数の人が集まり，それらの人が一定の目的のために形式的な行事を行うもので，厳粛性が要請されるものということができようが，要は，社会通念上儀式と認められるものであれば，その種類は問わないのである。もっとも，ある程度の規模をもつことは必要であろうから，個人の自宅で家族のみで行う誕生祝の行事のようなものは，「儀式」とはいえまい。

本号は，刑法第188条第2項（礼拝妨害罪）に対する補充規定の性格をもつが，それのみではない。すなわち，本号にいう「儀式」は，宗教的なものであることを必要としない。宗教的な儀式のほか，国家的な式典はもとより，観閲式，観艦式，起工式，上棟式，開通式，進水式，入学式，卒業式，各種表彰式や婚礼（結婚式に引き続いて行われる披露宴も，今日の社会実態からすれば，参加者の間に厳粛の感情が支配しているものとして，おおむね「儀式」とみてよいであろう。）等も，「儀式」である。天皇誕生日の皇居における一般参賀や，即位の礼等の際に行われる祝賀パレードなども，時間的・場所的に見て，少なくとも即位の礼等と密接な関係にあることは明らかであって，施行

につき厳粛性・形式性が要求され，天皇の即位等を祝賀するという目的の下，相当規模の場所で多数かつ多様な人物が参集して行われるものであることには疑いの余地がなく，「儀式」といえよう（101問158頁）。

メーデーの大会等も，デモ行進の部分は，「儀式」とはいえないが，行進に移る前の形式的行事が行われる部分は，やはり「儀式」といえる。これに対し，厳粛性の要求されることのない単なる催し物，例えば，大学祭や芸能祭といったものは，その名称のいかんを問わず，「儀式」には当たらない。

警察犯処罰令において特に規定されていた行列は，これを妨害することが儀式自体を妨害することとなるような場合，例えば，行列が儀式の一部をなしているような場合には，本号によって保護されるが，単に儀式に関連して行われるというだけでは，本号の対象とならない(注)。

3 禁止される行為

禁止される行為は，いたずらなどで妨害することである。

「悪戯」とは，一時的なたわむれで，それほど悪意のないものをいう。本号の立法趣旨に徴し，いたずらによって妨害した場合に限ってこれを罰し，妨害の方法がいたずらの域を超えた場合には罰しないものとしたものとは，到底考えられないこと，及び，本号が刑法第188条第2項の規定を主として行為の客体において補充する意味を有すると考えられることからすれば，同項において「妨害」の方法となり得る行為は，そのまま，「悪戯など」に含

（注）　参考　大判昭4.3.6刑集8巻2號100頁
　「按スルニ警察犯処罰令第2条第9号ニ所謂祭事トハ儀ヲ整ヘ具ヲ供シテ神仏其ノ他ノ霊位ニ奉仕シ敬虔ノ誠ヲ致スノ式事ヲ汎称シ而シテ本号ノ規定ハ専ラ敬神崇仏等信教ニ関スル良俗ヲ保護シ之カ妨害ヲ排除スルノ趣旨ニ出テタルコト寛ニ明確ナルカ故ニ其ノ祭事ノ起原出所カ法令ニ依ルト旧慣ニ基クトヲ分タサルハ勿論其ノ挙行ノ場所ノ如キモ必シモ神祠仏堂等ノ境域内ニ限ラサルモノト解スルヲ相当トス従テ郷社ノ例祭ニ当リ其ノ祭儀ニ伴ヒ社域外氏子居住区内ニ地点ヲ掲張スル恒例ノ注連飾若ハ古来我邦都鄙一般ニ行ハルル稲荷神社ノ初午祭ニ際シ古例ニ遵ヒ路傍ニ樹立スル旗幟ノ如キモ亦当該祭事ノ一部ヲ成スモノト謂フヘク其ノ結果トシテ故ナクシテ之等ノ施設ヲ撤去スルカ如キハ則チ本号ニ所謂祭事ニ対シテ妨害ヲ為スニ外ナラスト断定セサルヘカラス」。

まれるものと解する。

　言い換えれば，偽計又は威力を用いて礼拝等を妨害することも，刑法第188条第2項に当たると解される以上，「悪戯など」には，偽計又は威力を用いることも含まれるものといわなければならない。

　もっとも，後にも述べるように，「悪戯など」に当たる行為あるいは「悪戯などで妨害する」行為が刑法に規定する他の罪にも当たることとなる場合は，本号の罪は，それらの罪に吸収されてしまう。例えば，「悪戯など」が暴行，脅迫の程度に至れば，専ら暴行罪（同法第208条）又は脅迫罪（同法第222条）のみが成立し，本号の行為が業務妨害罪（同法第233条，第234条）に当たることとなる場合にも同様の結果となる。

　「妨害する」とは，刑法第188条第2項にいう「妨害」と同様，儀式の円滑な進行に支障を来させることをいい，儀式の厳粛性が害されれば足り，儀式が一時的にもせよ，中止されるに至ることは必要でない。

　本号が成立するためには，このような意味における妨害の結果が生じたことを要するのであり，「悪戯など」をする者に，そのことの認識があることを要する。この意味で，本号の罪は，いわゆる結果犯ではない。

　妨害すべき「悪戯など」は，必ずしも儀式中に行われる必要はなく，例えば，参集すべき者に対して儀式が取りやめになった旨電話したり，あらかじめ式場に蛇等を放っておいたりするというように，それが儀式前に行われてもよく，その結果が儀式中に生ずるか，あるいは，儀式の開催そのものが妨げられることとなれば，本号の罪は成立する。

4　他罪との関係

(1)　刑法犯との関係

　本号の行為が，同時に，礼拝所不敬罪（刑法第188条第1項）にも当たることとなる場合は，両罪が成立し，観念的競合の関係に立つ。

　本号が礼拝妨害罪（同条第2項）に対して補充関係に立つことは，前述した。

　例えば，議会の開会式，進水式，開通式，入学式，卒業式等のように，儀式そのものが業務にも当たる場合（「業務」の意義については，第31号の解説2

参照）には，本号の行為が同時に業務妨害罪（同法第233条，第234条）にも当たることがあり得るが，この場合に，本号の適用がないことも，前述した。しかし，ホテル等における結婚式のように，これを妨害することが本号に当たるとともに，ホテル業務等に対する妨害にもなるような場合は，具体的保護法益を異にするから，本号の罪と業務妨害罪とがともに成立し，観念的競合の関係に立つものと解する。

(2) 迷惑防止条例違反との関係

例えば，東京都の「公衆に著しく迷惑をかける暴力的不良行為等の防止に関する条例」（昭和37年条例第103号）第5条第3項は，「何人も，祭礼または興行その他の娯楽的催物に際し，多数の人が集まっている公共の場所において，ゆえなく，人を押しのけ，物を投げ，物を破裂させる等により，その場所における混乱を誘発し，または助長するような行為をしてはならない。」としている。

しかし，同項の対象は，「祭礼」のみならず「興業その他の娯楽的催物」も対象としている上，「場所における混乱を誘発し，または助長するような行為」に関する規定である点で，本号と保護法益を異にしている。また，行為態様の点においても「人を押しのけ，物を投げ，物を破裂させる等」といった，本号で直接想定していない行為を規定しているのであり，法の先占を侵してはいないといえるから，一つの行為が本号と同条例の規定の双方に触れる場合には，両罪がともに成立し，観念的競合の関係に立つものと解される。

(3) 他の本法違反との関係

本号と第1条第31号（業務妨害の罪）との関係については，第31号の解説4(2)参照。

水路流通妨害の罪（第25号）

> 川，みぞその他の水路の流通を妨げるような行為をした者

1 本号の趣旨

　川，溝その他の水路の流通を妨げるような行為をした者が処罰の対象である。

　本号の立法趣旨は，川，溝その他水路の流通が妨げられることによって水があふれ出て，水利や飲料水の供給等の日常生活に影響が出たり，あるいは，下水道等を停滞させて公衆衛生上の害を生じるおそれがあることから，このような害をもたらす抽象的危険性のある行為を防止しようというのである。

　本号は，警察犯処罰令第2条第23号（「河川，溝渠又ハ下水路ノ疏通ヲ妨クヘキ行為ヲ為シタル者」）のほか，同条第22号（「人ノ飲用ニ供スル浄水ヲ汚穢シ又ハ其ノ使用ヲ妨ケ若ハ其ノ水路ニ障碍ヲ為シタル者」）を受け継いだものである。

2 禁止される行為

　禁止される行為は，川，溝その他の水路の流通を妨げるような行為をすることである。

(1) 「川，みぞその他の水路」

　「川」は，河及び川を含み，その大小を問わない。自然の河川だけでなく，運河，放水路のような人工のものをも含む。

　「みぞ」とは，川より狭く，かつ，おおむね人工的な水路である。舗装道路の両端にある排水溝等も，「みぞ」といえる。

　「水路」とは，第1条第7号（水路交通妨害の罪）や刑法第124条（往来妨害罪）にいう「水路」と異なり，水上交通の用に供せられるものである必要はない。農業用水路，水力発電用の導水管や，上水道，下水道等は，全てこれに当たる。それは，公共用のものであるか私人専用のものであるかを問わな

い。

　アパートやマンション等の共同住宅の下水管や排水管も、「水路」といって差し支えあるまい。しかし、「川、みぞ」と「その他の」で結ばれ、それらが厳格な例示とされているところから分かるように、川、溝と規模や機能を異にするもの、例えば、民家の雨どい等は、「水路」には当たらない。また、「水」路であるから、送油管やガス管等も「水路」には当たらない。

(2) 「流通を妨げるような行為」

　「流通を妨げるような行為」は、「流通を妨げる行為」とは異なり、社会通念からみて、通常、流通を妨げることになるおそれがあると認められる性質の行為であれば足りる。

　例えば、川に大きな物を投げ込む行為や、溝、下水道等が損壊するおそれのある行為などは、これに当たる。もとより、現実に流通が妨害されるに至ったことは必要でなく、また、行為者に流通を妨害するに至るであろうことの認識は必要でなく、客観的にみて「流通を妨げるような行為」と認められる具体的行為を行うことについての認識があれば足りる。

3　他罪との関係

(1) 刑法犯との関係

　本号の行為の結果、出水させて建造物その他を浸害するに至ったときは、認識の有無及び認識の内容によって、現住建造物等浸害罪（刑法第119条）、非現住建造物等浸害罪（同法第120条）、過失建造物等浸害罪（同法第122条）等が成立する。

　また、本号の行為が堤防を決壊し、あるいは水門を破壊する等の方法によってなされれば、水利妨害等罪（同法第123条）が成立するが、本号は、これらの規定に対し補充関係にあるものと解されるから、この場合には、本号の適用はない。

　水道損壊等罪（同法第147条）が成立する場合も、同様である。

　本号の行為が、同時に、水道汚染罪（同法第143条）又は水道毒物等混入罪（同法第146条）に当たることとなる場合には、それらの罪と本号の罪とは保

護法益を異にするから，両罪が成立し，観念的競合の関係に立つ。
(2) 他の本法違反との関係
　本号の罪が第7号の罪（水路交通妨害の罪）と観念的競合の関係に立ち得ることは，第7号の解説**3(1)**で説明したが，本号の行為が，同時に，第27号（汚廃物放棄の罪）にも当たることとなる場合にも，両罪が成立し，観念的競合の関係に立つ。
(3) 特別法違反との関係
　なお，水道法（昭和32年法律第177号）第51条第1項（水道施設を損壊し，その他水道施設の機能に障害を与えて水の供給を妨害する罪：5年以下の懲役又は100万円以下の罰金），第2項（みだりに水道施設を操作して水の供給を妨害する罪：2年以下の懲役又は50万円以下の罰金）及び下水道法（昭和33年法律第79号）第45条第1項（下水道施設を損壊し，その他下水道施設の機能に障害を与えて下水の排除を妨害する罪：5年以下の懲役又は100万円以下の罰金），第2項（みだりに下水道施設を操作して下水の排除を妨害する罪：2年以下の懲役又は50万円以下の罰金）は，本号の特別規定と解されるから，それらの罪が成立するときは，本号適用の余地はない。

> 排せつ等の罪（第26号）
>
> 街路又は公園その他公衆の集合する場所で，たんつばを吐き，又は大小便をし，若しくはこれをさせた者

1 本号の趣旨

街路又は公園その他公衆の集合する場所で，たんつばを吐き，又は大小便をし，若しくはこれをさせた者が処罰の対象である。

本号は，風俗及び公衆衛生上の観点から，街路又は公衆の集合する場所での排せつ行為等を禁止しようとするものであり，警察犯処罰令第3条第3号（「街路ニ於テ屎尿ヲ為シ又ハ為サシメタル者」）を受け継いだものである。

2 行為の場所

行為の場所は，①街路又は②公園その他公衆の集合する場所である。

(1) 「街路」

「街路」の意義については，第6号の解説2(3)ア参照。すなわち，例えば，人家等が周囲にないような場所に位置する山道やあぜ道等は，「街路」とはいえない。

「街路」は，必ずしも表通りに限らない。また，橋，トンネル，道端の下水溝等の道路の付属物を含む。

(2) 「公衆の集合する場所」

「公衆の集合する場所」の意義については，第6号の解説2(3)ウ参照。

「場所で」とは，行為と結果とのいずれかがそれらの場所にあれば足り，排せつ行為をする際に身体の全部又は一部がそれらの場所にあることは，必ずしも必要でない。例えば，街路等から私有地やがけ下等に排せつする場合はもとより，街路，公園等の外にある屋内やがけ上等からそれらの場所に排せつする場合もまた「場所で」行ったものに当たる。

3 禁止される行為

禁止される行為は，①たんつばを吐くこと，②大小便をすること，又は③大小便をさせることである。

(1) 「たんつば」

「たんつば」とは，「たん」又は「つば」の意味に解すべきであり，「たん」及び「つば」の意味ではない。たん，つば以外のもの，例えば，鼻水を排せつする行為は，本号に当たらない。そもそも，街路や公園等で手ばなをかむような行為などは，わざわざ刑罰によって禁止するまでもなく，何人も慎むところであるとの社会の実情を考慮した上で，このように限定した規定とされたものと考えるべきであろう。

「吐く」とは，たん，つばが体内から直接地上，床上等に排せつされることを意味する。したがって，たん，つばを紙などに取ってから地上などに捨てる行為は，第1条第27号（汚廃物放棄の罪）に当たることとなり，本号には当たらない。

(2) 「大小便」

「大小便」とは，「大便」又は「小便」の意味であり，いずれか一方の排せつがあれば足りる。

(3) 「これ（大小便）をさせる」

「大小便をさせる」とは，第1条第22号（こじきの罪）にいう「させ」と同様，大小便をする行為の教唆とは異なる。

すなわち，責任能力のある者をして大小便をさせる行為は，その者について，大小便をする罪が成立し，させた者は，その教唆の責任（第3条参照）を問われるにすぎない（反対　稲田=木谷120頁）。

したがって，「大小便をさせる」とは，専ら，幼児等の責任無能力者に大小便をさせる場合のことを指す。なお，自己の監督下にある者が大小便をしようとするのを，容易に制止し得るのにあえて制止しないで大小便をさせる行為もまた，「大小便をさせる」に当たることは，第22号の解説2(2)で説明したところと同様である(注)。

4 他罪との関係

本号と第1条第20号(身体露出の罪)との関係については,第20号の解説5参照。

（注） とはいえ,幼児がにわかに大小便を催し,付近に便所がなく,街路又は公園において大小便をさせるほかなかった場合には,違法性を欠くと認められることもあり得よう(101問167頁)。

汚廃物放棄の罪（第27号）

> 公共の利益に反してみだりにごみ，鳥獣の死体その他の汚物又は廃物を棄てた者

1 本号の趣旨

公共の利益に反して，みだりにごみ，鳥獣の死体その他の汚物又は廃物を棄てた者が処罰の対象である。

本号の立法趣旨は，公衆衛生の保持の見地から，汚物等をみだりに捨てることを禁止しようとするのであり，警察犯処罰令第3条第10号（「濫ニ禽獣ノ死屍又ハ汚穢物ヲ棄擲シ又ハ之レカ取除ノ義務ヲ怠リタル者」）を受け継いだものであるが，後にも触れるように「取除ノ義務」の部分は，取り入れられていない。

2 行為の客体

行為の客体は，ごみ，鳥獣の死体その他の汚物又は廃物である。

それは，廃棄物の処理及び清掃に関する法律（昭和45年法律第137号，以下「廃棄物処理法」という。）にいう「廃棄物」，すなわち「ごみ，粗大ごみ，燃え殻，汚泥，ふん尿，廃油，廃酸，廃アルカリ，動物の死体その他の汚物又は不要物」と同じ概念である。もっとも，同法では，これらの物のうち，放射性物質及びこれに汚染された物並びに固形状又は液状でないものを「廃棄物」の概念から除いているが（同法第2条第1項），本号では，これらを除いて解する必要はない（もっとも，放射性物質及びこれに汚染された物を業として廃棄することについては，放射性同位元素等による放射線障害の防止に関する法律〔昭和32年法律第167号〕による規制〔罰則を含む。〕がある。）。

「鳥獣」とは，広く鳥類及び獣類を指し，家畜や家禽に限らない。魚類や虫類は含まない。もっとも，魚類の死体などは，「その他の汚物」に当たることとなろう。

「汚物」とは，例示されている鳥獣の死体や廃棄物処理法第2条に例示さ

れている汚泥，糞尿等のほか，衛生的に不潔なもの及び公衆の感情上不潔感を覚えるもの一般を意味する。ごみ，燃え殻，廃油，廃酸，廃アルカリ等も「汚物」に当たる場合が多いであろう。

また，「汚物」は，これらの物や，汚水，残飯類といった常識的に汚いという感じを与える物はもとより，外見上そのような感じを与えなくても，細菌等に汚染されている物をも含む概念である。もとより，たん，つば，鼻水，おう吐物，人糞等も，「汚物」である。

「廃物」とは，ガラスや陶器の破片，古くぎ，空き缶，板切れ，ぼろぎれ，家屋取り壊しの廃材等，本来有用であったが今は不用となった物で「汚物」に当たらないもの一切を指す(注1)。ビル建築工事等の残土などもまた「廃物」といえよう。この場合，有用，不用の区別は，使用者の主観によって決せられることであり，たとえまだ使用していない物でも，使用者が不用であるとして捨てる以上，それは，「廃物」である。

この「廃物」をも本号の行為の客体としている点で，本号の保護法益の中に美観の保持という要素も多少加わっていることは，否定できない。

なお，生きている鳥獣が「廃物」に当たる場合があるとする説がある（乗本ほか99頁）が，賛成しがたい。もっとも，ゴキブリやミミズなどの一般的に公衆が衛生的に不潔感ないし嫌悪感を覚えるような害虫等の類いを公衆の利用する場所に撒き散らしたような場合には，その態様にもよるが，前述の「汚物」に当たり得よう（枚方簡判平21.2.10公刊物未登載〔ミールワームと呼ばれる虫を電車内で多数匹撒き散らした行為について，これが「汚物」に当たるとしたもの。〕）。

3 禁止される行為

禁止される行為は，公共の利益に反して，みだりに捨てることである。

「公共の利益に反して」とは，不特定かつ多数の人にとって迷惑になるよ

（注1） 稲田＝木谷123頁は，本来有用であったか否かを問わず，汚物以外の不要物一般をいうとする立場に立っており，かような見解も有力である。

うな状態であることを意味する。一般に，公衆によって利用される道路，公園，広場等や公共の乗物内に汚物や廃物を捨てるような行為や，工場の有毒な廃水を河川に流し捨てる行為などは，直ちに公共の利益に反することとなる場合が多かろう(注2)。

　他方，例えば，公衆が利用するキャンプ場の一角に穴を掘って汚物，廃物を捨てる行為は，従前，公共の利益に反しないとの立場もあった（本書三訂版192頁）。しかし，昨今の，環境や公衆衛生に関する問題への国民の意識も高まっていることなどに照らせば，一律にこのように解することはできないものと思われる。最近は，このような公衆が利用するキャンプ場においても，利用者に対して汚廃物の持ち帰りを要請していたり，指定場所以外への汚廃物の放置を禁止していることが多く，このような場所において，汚廃物を捨てる行為は，公共の利益に反しようし，また，このように明示的に禁止されていない場合であっても，他の利用者等が不潔感や迷惑を覚える方法で，汚廃物を放置することは，公共の利益に反するというほかないであろう。

　また，自己の所有地内に汚物等を捨てても，ハエがたかるとか，臭気を発するとかの状況があれば，公共の利益に反するものといえよう。

　このように，公共の利益に反するかどうかは，当該行為の場所，態様，方法等一切の事情を総合して，社会通念に照らして判断すべきものである。

　そのほか，ガムの紙くずを映画館の座席上に捨てる行為，友人が機械事故で切断してしまった手などを波のため容易に露出する浜辺に穴を掘って埋める行為なども本号に当たるものと解されよう（調査統計官37頁）。

　なお，「公共」の利益に反することを要するから，例えば，隣家との境界

（注2）　東京高判昭56. 6 .23刑裁月報13巻 6 = 7 号436頁（国電車両内の網棚に新聞紙にのせた人糞を置いた行為が問題とされた事案）
　　　「所論は……右規定は汚物等をみだりに川や海などに投棄する行為を取締るものであり，本件におけるように他人の衣服などを汚すことを目的として，汚物を電車の網棚に放置するような行為は，右規定の予想していないところである，というのである。しかし，軽犯罪法１条27号を所論のごとく狭く解釈すべき理由は毫もないのであつて，被告人の判示所為が同規定の『みだりに（中略）汚物（中略）を棄てた』ことに該当することは明白」

の垣根の下にごみを捨てるように，単に特定人に迷惑がかかるにすぎない場合は，本号に当たらない。

「みだりに」の意義については，第7号の解説2(1)参照。要するに，常識からいって捨ててはいけないところにむやみに捨てるような行為を指すものと考えてよかろう。

「棄てる」とは，管理権を放棄することである。必ずしも汚物や廃物を場所的に移動させることは必要でなく，落としたことを知りながら，落とした物のそばから管理者が移動することも，不作為による「棄てる」行為に当たる。

不作為による「棄てる」行為に関して，飼い犬を連れて散歩の途中，飼い犬が路上に糞をしたのをそのまま放置して立ち去る行為については，このような行為も不作為による「棄てる」に当たるとして，本号の適用を認める立場（積極説　乗本ほか99頁，俵谷158頁，101問171頁等）とこれを否定する立場（消極説　本書三訂版193頁）がある。

消極説は，買い主が連れて歩いている飼い犬は，飼い主の支配下にあることはいうまでもないが，飼い犬が路上にした糞についてまで飼い主が管理権を有し，これをそのまま放置して立ち去ることが，糞に対する管理権を放棄することに当たると解することは常識的でないと解するものであり，このような行為は，まさに警察犯処罰令第3条第10号後段の取除義務違反[注3]に当たる行為であり，そのような規定が本号に取り入れられなかった以上，本号によって処罰することができないものと解するのが相当であるとする。

しかし，飼い主が知らない間に飼い犬が道路に糞をしているのを後刻発見したが，これを取り除かなかった場合には，本号に該当するとはいえないであろうが，散歩途中に飼い犬が糞をしたことを認識しながらこれを放置して立ち去る行為と汚物又は廃物を落としたことを知りながらそのまま放置して立ち去る行為との間に，前者につき本号の罪の成立を否定し，後者につき本

（注3）　警察犯処罰令第3条第10号
　　　「濫ニ禽獣ノ死屍又ハ汚穢物ヲ棄擲シ又ハ之レカ取除ノ義務ヲ怠リタル者」

号の罪の成立を認めるほどの差異は見いだし難い。支配下にある飼い犬が糞をするのを黙認し、その糞をそのままにして立ち去る行為を、社会通念上「棄てる」という文理に含めることは十分可能であり（警察犯処罰令第3条第10号が規定する作為的態様である「棄擲」と不作為的態様である「取除ノ義務ヲ怠リタル」を両方を含め、本号は「棄てる」という文言で表現したものと解釈することになろう。）、そのように解するほうが、本号の立法趣旨にも合致することから、現在は、積極説の方が有力であり、公衆衛生やペットの管理責任に対する国民の意識の高まりにも沿うものと解される(注4)。

なお、管理権を放棄することである以上、一時ちょっとその場に置いておくような行為、例えば、まとめて処分するつもりで、自宅前の路上に一時ごみなどを置いている行為は、まだ管理権を放棄したものとは認められず、「棄てる」ことには当たらない。

4　他罪との関係

(1)　環境関係法令との関係

近時における各種の環境関係法令の整備ともあいまって、本号については、これと競合するいくつかの刑罰規定がみられる。その主なものを掲げると、次のとおりである。

○　廃棄物処理法
　　みだりに廃棄物を捨てた者を5年以下の懲役若しくは1000万円以下の罰金に処し、又はこれを併科するものとしている（第25条第1項第14号、第16条）。

○　平成二十三年三月十一日に発生した東北地方太平洋沖地震に伴う原子力発電所の事故により放出された放射性物質による環境の汚染への対処に関する特別措置法（平成23年法律第110号）

（注4）　多くの都道府県、市町村において制定されている動物の愛護及び管理に関する条例の中には、このような行為に対する行政処分に関する規定を設けているものが多く、一部には過料や罰則規定を設けているものもある。

みだりに特定廃棄物又は除去土壌を捨てた者を5年以下の懲役若しくは1000万円以下の罰金に処し，又はこれを併科するものとしている（第60条第1項第1号，第46条）。
○　大気汚染防止法（昭和43年法律第97号）
基準に適合しないばい煙を排出した者を6月以下の懲役又は50万円以下の罰金に処するものとしている（第33条の2第1項第1号，第13条第1項）。
○　水質汚濁防止法（昭和45年法律第138号）
基準に適合しない排出水を排出した者を6月以下の懲役又は50万円以下の罰金に処するものとしている（第31条第1項第1号，第12条第1項）。
○　河川法施行令（昭和40年政令第14号）
河川区域内の土地に，みだりに土石又はごみ，ふん尿，鳥獣の死体その他の汚物若しくは廃物を捨てた者を3月以下の懲役又は20万円以下の罰金に処するものとしている（第59条第2号，第16条の4第1項）。
○　海洋汚染等及び海上災害の防止に関する法律（昭和45年法律第136号）
①海域において船舶から油を排出した者（第55条第1項第1号，第4条1項），②海域において船舶から有害液体物質を排出した者（第55条第1項第3号，第9条の2第1項），③海域において船舶から廃棄物を排出した者（第55条第1項第4号，第10条第1項），④海域において海洋施設又は航空機から油，有害液体物質又は廃棄物を排出した者（第55条第1項第6号，第18条第1項），⑤油，有害液体物質等又は廃棄物を海底下廃棄した者（第55条第1項第7号，第18条の7），⑥船舶，海洋施設又は航空機を海洋に捨てた者（第55条第1項第15号，第43条第1項）を1000万円以下の罰金に処するものとしている。
○　港則法（昭和23年法律第174号）
港内又は港の境界外1万メートル以内の水面において，みだりにバラスト，廃油，石炭から，ごみその他これに類する廃物を捨てた者を3月以下の懲役又は30万円以下の罰金に処するものとしている（第50条第4号，第24条第1項）[注5]。

○　自然公園法（昭和32年法律第161号）

　国立公園又は国定公園の利用者に著しく不快の念を起こさせるような方法で，ごみその他の汚物又は廃物を捨て，又は放置した者を30万円以下の罰金に処するものとしている（第86条第1項第9号，第37条第1項第1号）。

○　エコツーリズム推進法（平成19年法律第105号）

　特定自然観光区域内で，市町村職員の指示に従わないで，観光旅行者その他の者に著しく不快の念を起こさせるような方法で，ごみその他の汚物又は廃物を捨て，又は放置した者を30万円以下の罰金に処するものとしている（第19条第1号，第9条第1項第2号）。

○　毒物及び劇物取締法（昭和25年法律第303号）

　毒物，劇物等を基準に従わないで廃棄した者を3年以下の懲役若しくは200万円以下の罰金に処し，又はこれを併科するものとしている（第24条第5号，第15条の2）。

○　家畜伝染病予防法（明治26年法律第166号）

　指定された伝染病の患畜の死体を当該公務員の指示を受けないで埋却等した者を30万円以下の罰金に処するものとしている（第66条第1号，第21条第2項）。

　これらの規定は，いずれも本号の特別規定とみるべきであるから，これらの罪に該当することとなる場合には，これらの罪のみが成立し，本号適用の余地はない(注6)。

　なお，本号の行為が，同時に，道路交通法（昭和35年法律第105号）第76条第3項（道路上の物件放置の禁止）に違反することとなる場合は，それぞれ保護法益を異にするので，両罪が成立し，観念的競合の関係に立つ。

（注5）　港則法第24条1項の「ごみその他これに類する廃物」の解釈を示した判例としては，最決昭44.3.11刑集23巻3号121頁がある。

（注6）　ただし，（注5）に掲げた最決昭44.3.11に関する船田三雄・判例解説（刑）昭和44年度38頁は，前記港則法違反の罪と本号の罪とを観念的競合の関係に立つものとする。

(2) **いわゆる残土条例違反との関係**

　最後に、いわゆる残土条例との関係について触れておく必要がある。各地のこの種条例の規定はおおむね大同小異であるが、ここでは、一応、東京都のものを例として紹介することとする。

　東京都の「東京における自然の保護と回復に関する条例」(平成12年条例第216号)第47条第1項第9号は、土砂等(埋立て又は盛土の用に供する物で、廃棄物処理法第2条第1項に規定する廃棄物以外のものをいう。)による埋立て及び盛土をする行為により、土地の形質を変更する行為を行おうとする者は、あらかじめ知事の許可を受けなければならないとされており、これに違反した場合の罰則を設けている(罰則は、同条例第66条：30万円以下の罰金)。

　しかし、このような各都道府県の条例違反の罪は、専ら環境保護や災害発生の防止等の観点から、土地の形質変更行為を取り締まることを目的としているものがほとんどであり、本号違反の罪とはその保護法益を異にするものであり、法による先占はなく、残土の投棄行為がそれぞれに触れる場合には、両罪がともに成立し、観念的競合の関係に立つものと考えられる。

> 追随等の罪（第28号）

> 他人の進路に立ちふさがつて，若しくはその身辺に群がつて立ち退こうとせず，又は不安若しくは迷惑を覚えさせるような仕方で他人につきまとつた者

1 本号の趣旨

　他人の進路に立ち塞がって，若しくはその身辺に群がって立ち退こうとせず，又は，不安若しくは迷惑を覚えさせるような仕方で他人につきまとった者が処罰の対象である。

　本号の立法趣旨は，人の行動の自由を妨げることとなるおそれのある行為を禁止しようというのであり，警察犯処罰令第2条第31号（「濫ニ他人ノ身辺ニ立塞リ又ハ追随シタル者」）を受け継いだものである。

　本号は，かつて，本法の中で実際に最も多く適用をみたものの一つであり，いわゆるダフ屋，ショバ屋，景品買い，風俗営業等の客引き行為等といった，小暴力に直結しやすい行為から善良な市民を保護する上で重要な役割を演じてきたが，多くの地方公共団体において，いわゆる迷惑防止条例（公衆に著しく迷惑をかける暴力的不良行為等の防止に関する条例）が制定されるに伴って前記のような役割の一部をこれらの条例の規定に譲りつつある。

2 禁止される行為

　禁止される行為は，①他人の進路に立ち塞がって立ち退こうとしないこと，②他人の身辺に群がって立ち退こうとしないこと，又は③不安若しくは迷惑を覚えさせるような仕方で他人につきまとうことである。

(1) 「他人の進路に立ちふさがつて……立ち退こうとせず」

　「他人の進路に立ちふさがる」とは，自己の身体で他人の行く手を塞ぎ，その行動の自由を阻害することをいう。それは，要するに，進もうとすればその進路に立ち，退こうとすればその退路に立つというような状態を指し，行為者と他人との間には，ある程度の接近性が必要である。

「進路」とあるが、退こうとする者の退路を断つ行為も、「他人の進路に立ちふさがる」行為の一態様である。そのような行為は、行為者の身体によって進路を塞ぐことにより行われる場合が多いであろうが、自動車や自転車等の乗物に乗って行うことも可能であるし、また、これらの乗物に乗った者に対して行われる場合も考えることができる。このような行為は、必ずしも単独で行われるとは限らないが、多数の者によって行われた場合は、むしろ「その身辺に群がって」に当たることとなる場合が多かろう。

「立ち退こうとしない」とは、他人が進んだり退いたりすることの妨害となるおそれがあることを知りながら、あえてその他人の身辺から離れないことを意味し、ある程度の時間的継続を必要とする。その意味で、本号前段の両行為は、一種の継続犯であるということができる。

このように、「立ち退こうとしない」といい得るためには、他人の進路の妨害となるおそれがあることについての認識が必要であるが、相手方による明示又は黙示の立ち退きの要求があったことは必要でない。相手方の要求があれば立ち退く意思であったとしても、本号の罪は、成立する。

(2) 「その身辺に群がつて立ち退こうとせず」

「その身辺に群がる」とは、多数の者が他人の身辺を取り囲んで、行動の自由を阻害することをいう(「多数人」が取り囲むことを要することにつき、東京高判昭34.12.21東時10巻12号459頁)。

すなわち、「その身辺に群がつて立ち退こうとしない」罪は、群衆犯罪であることに特色があり、一種の集合犯である。また、この行為は、本来、「他人の進路に立ちふさがつて立ち退こうとしない行為」の一態様であるものと解されるが、前述のように集合犯としての特色をもつ行為類型であるため、特に抜き出して規定することとされたものと思われる。したがって、行為者に、立ち退かないことにより他人の行動の妨害となるおそれがあることの認識が必要であることは、(1)の場合と同様である。

「群がる」という状態が必要とされているから、相当多数の者によって同時に行われることを要するが、それらの多数人が相互に意思を通じあっていることは必要でなく、それぞれの行為者に、自己をも含めた多数の者が他人

の身辺に群がることによって他人の行動の自由が阻害されるおそれがあることの認識があれば足りる。

したがって、他人の身辺に多数の者が群がっている状態があったとしても、その中の前記のような認識のないものについては、本号の罪が成立せず、認識を有するものについてのみ、本号の罪が成立することがあり得る。なお、この罪が成立するためには、多数人が群がっていることの認識を要することはいうまでもないから、たまたま、目が見えない、耳が聞こえない等の事情で多数人が群がっていることの認識を欠く場合には、この罪は成立しない。

なお、ファンが芸能人を取り囲むような行為について、本号の構成要件を充足しない、すなわち、「その身辺に群がる」に当たらないとする説がある（乗本ほか101頁）が、賛成しがたい。ファンが芸能人にサインを求めたりして芸能人を取り囲むような行為であっても、芸能人の行動の自由を妨げるおそれのあることについての認識があれば、「その身辺に群がる」ものといわなければならない。そのような行為に多くの場合可罰性がないといえるのは、むしろ違法性阻却の問題として理解すべきであろう。すなわち、本号の罪は、個人の法益に対する罪と解されるところ、前記のようにそのサインを求めるために集合するような行為に対しては、多くの場合、当該芸能人の黙示の承諾があるものと推定されるであろう。そのような場合には、被害者の同意により違法性が阻却されるものと理解するのが相当であると考える。

(3) 「不安若しくは迷惑を覚えさせるような仕方で他人につきまとつた」

「不安」とは、生命、身体、財産、名誉等に対して何らかの危害が加えられるのではないかという心配のことである。それは、「畏怖」のように強度のものである必要はない。

「迷惑」の意義については、第5号の解説**4(2)**参照。

「ような仕方で」というのであるから、現に他人に不安や迷惑を覚えさせたことは必要でない。それは、当該具体的状況に照らし、社会通念上、通常人が不安又は迷惑を覚えると認められるような方法、態様であれば足りる。しかし、通常人の感情を標準として決すべきであるから、たまたま何らかの事情で、当該他人に限って不安又は迷惑を覚えるものであるような場合は、

本号に当たらない。なお、「仕方」の意義につき、第20号の解説4(2)参照。

「つきまとう」とは、しつこく人の行動に追随することであるが、立ち塞がるほど相手方に接近する必要はない。尾行がその典型的な例である。通行人が不要だと言って断っているのに、しつこく追随して、わいせつ写真等を売りつけようとしたり、客引きをしたりする行為は、「不安若しくは迷惑を覚えさせるような仕方で他人につきまとう」の適例であろう（判例集に掲載されたものとしては、道路上で、通行中の人に対し「実演と映画を見ませんか」と言いながら追随したケースを本号に当たるとしたものがある——東京高判昭36.8.3高刑集14巻6号387頁。）。

歩行者や自転車に乗って行く者を自転車に乗って、あるいは、それらの者や自動車に乗って走行する者を自動車に乗って「つきまとう」ことも可能である。警察官や興信所の者が、職務上の必要から人を尾行するような行為も、本号の構成要件を充足する。

しかし、警察官が相当の理由があって犯罪を犯した疑いのある者等を尾行するような場合は、その方法が著しく「不安若しくは迷惑を覚えさせるような」ものでない限り、正当業務行為として、違法性を阻却するものとみるべき場合が多いであろう（同旨 乗本ほか101頁。ただし、同書が、警察官が職務上行う尾行は全て正当業務行為に当たるものとしているのだとすると、必ずしも妥当とはいえない。）。もっとも、通常人なら不安や迷惑を感じないような方法で尾行したのに、たまたま、その者が犯罪を犯したものであるために不安を感じたというような場合には、そもそも構成要件を充足しないことはいうまでもない。

通行中の女性に対して、いわゆるナンパ目的でつきまとったり、また、無言で後をつけたりする行為について本号の罪が成立するかが問題となる。

女性の背後から追随し、女性が立ち止まれば立ち止まり、女性が歩けば同様の距離をおいてこれに付き従うような場合、社会通念上、相手方の女性としては不安を覚えるのが通常であると思われ、「不安を覚えるような仕方でつきまとった」といえるであろうから、本号の罪が成立する場合が多いと思われるが、個々の事案ごとに、追随した時刻、場所、追随した時間・距離、行為者の言動・態度・服装・体格等、相手方の言動・態度・年齢等の具体的

な追随の態様や状況に鑑み，社会通念によって判断することになろう。

　実務上も，午後7時頃から午後7時30分頃までの間，通行中の18歳の女性に対し，同女が薬局内に退避するまで約99メートルにわたりつきまとった事案（東京簡略式命令平24.1.30公刊物未登載），午前7時頃の早朝の時間帯に約3分間にわたり，通行中の17歳の女性に対し，約56.6メートルにわたり自転車に乗車して追随してつきまとった事案（東京簡略式命令平23.9.13公刊物未登載），午前8時30分ころの通勤時間帯に，通行中の40歳の女性に対し，駅改札前から近くの路上に至る約35.3メートルにわたり，その後方からデジタルカメラで同女を撮影するなどしながら追随した事案（東京簡略式命令平21.2.10公刊物未登載），早朝，原動機付自転車で新聞配達中の20歳の女性に対し，約200メートルにわたり，原動機付自転車を運転して同女の後方からつけまわして追随した事案（東京簡略式命令平18.12.27公刊物未登載）などについて，本号の罪の成立が認められている。

　これに対して，深夜たまたま帰宅方向が一緒であったため，先を歩く女性の背後を一定の距離をおいて歩くこととなり，結果的に当該女性に不安を覚えさせる結果になったとしても，それは，そもそも「つきまとつた」とはいえないであろうから，ここでいう「不安を覚えさせるような仕方」にも当たらないであろう（101問175頁）。

3　他罪との関係

(1)　刑法犯との関係

　本号の行為が人の行動の自由を阻害する程度を増し，一定の場所から人が脱出することができない状態におくに至れば，監禁罪ないし逮捕罪（刑法第220条）が成立することとなるが，この場合，本号の罪は，それらの罪に吸収され，本号適用の余地はないものと解する。

　また，本号の行為が，暴行ないし脅迫の程度に達すれば，暴行罪（同法第208条），脅迫罪（同法第222条）又は暴力行為等処罰に関する法律（大正15年法律第60号）第1条の罪が成立することになるが，この場合にも，同様に，本号の罪は，これらの罪に吸収されるものと解する。

また，本号の行為が，例えば，飲食店の出前持ち，郵便の集配員，電気・ガス等の集金人等に対してなされたような場合には，威力業務妨害罪（刑法第234条）が成立するが，この場合も前記と同様に解される。

　なお，本号の行為が，人の住居や建造物の内で行われた場合には，事案により，本号の罪と不退去罪（同法第130条後段）とが観念的競合の関係に立つことがあり得る。

(2) 特別法違反との関係

ア　風俗営業等の規制及び業務の適正化等に関する法律違反等との関係

　風俗営業等の規制及び業務の適正化等に関する法律第22条第1項（風俗営業を営む者），第28条第12項（店舗型性風俗特殊営業を営む者），第31条の13第2項（店舗型電話異性紹介営業を営む者）等では，風俗営業等を営む者が，当該営業に関し客引きをすること（各第1号），当該営業に関し客引きをするため，道路その他公共の場所で，人の身辺に立ち塞がり，又はつきまとうこと（各第2号）を禁止しており，これに違反する罪（罰則は，同法第52条第1号：6月以下の懲役若しくは100万円以下の罰金，又は併科）や売春防止法（昭和31年法律第118号）第5条第2号の罪（売春をする目的で，売春の相手方となるように勧誘するため，道路その他公共の場所で，人の身辺に立ち塞がり，又はつきまとう罪）又は第6条第2項第2号の罪（売春の周旋をする目的で，同様の行為をする罪）と本号の罪との関係については，それらの罪が成立する場合には，本号の適用は排除されるとの説がある（乘本ほか102頁）。しかし，これらの罪と本号の罪とは，それぞれ独自の保護法益をもち，構成要件的にも異なるものがあるから，両罪がともに成立し，観念的競合の関係に立つものと解すべきであると考える。

イ　道路交通法違反との関係

　本号の行為が道路で行われた場合には，同時に，道路交通法（昭和35年法律第105号）第76条第4項第2号の規定（道路において，交通の妨害となるような方法で寝そべり，座り，しゃがみ，又は立ち止まっていることの禁止）に違反することとなる場合があるが（罰則は，同法第120条第1項第9号：5万円以下の罰金），この場合には，本号の罪と同法違反の罪とは，観念的

競合の関係に立つ。なお,「他人の進路に立ちふさがつて立ち退こうと」しない行為が自動車を用いても行い得ることは前述したが,そのような場合には,同時に,同法第70条の規定(安全運転の義務)に違反することとなることが多いと考えられ(罰則は,同法第119条第1項第9号:3月以下の懲役又は5万円以下の罰金),この場合にも,本号の罪と同法違反の罪とは,観念的競合の関係に立つ。

ウ　ストーカー行為等の規制等に関する法律

ストーカー行為等の規制等に関する法律(平成12年法律第81号,以下「ストーカー規制法」という。)第18条は,ストーカー行為(同一の者に対し,つ

(注)　ストーカー規制法第2条第1項
「この法律において『つきまとい等』とは,特定の者に対する恋愛感情その他の好意の感情又はそれが満たされなかったことに対する怨恨の感情を充足する目的で,当該特定の者又はその配偶者,直系若しくは同居の親族その他当該特定の者と社会生活において密接な関係を有する者に対し,次の各号のいずれかに掲げる行為をすることをいう。
一　つきまとい,待ち伏せし,進路に立ちふさがり,住居,勤務先,学校その他その現に所在する場所若しくは通常所在する場所(以下「住居等」という。)の付近において見張りをし,住居等に押し掛け,又は住居等の付近をみだりにうろつくこと。
二　その行動を監視していると思わせるような事項を告げ,又はその知り得る状態に置くこと。
三　面会,交際その他の義務のないことを行うことを要求すること。
四　著しく粗野又は乱暴な言動をすること。
五　電話をかけて何も告げず,又は拒まれたにもかかわらず,連続して,電話をかけ,文書を送付し,ファクシミリ装置を用いて送信し,若しくは電子メールの送信等をすること。
六　汚物,動物の死体その他の著しく不快又は嫌悪の情を催させるような物を送付し,又はその知り得る状態に置くこと。
七　その名誉を害する事項を告げ,又はその知り得る状態に置くこと。
八　その性的羞恥心を害する事項を告げ若しくはその知り得る状態に置き,その性的羞恥心を害する文書,図画,電磁的記録(電子的方式,磁気的方式その他人の知覚によっては認識することができない方式で作られる記録であって,電子計算機による情報処理の用に供されるものをいう。以下この号において同じ。)に係る記録媒体その他の物を送付し若しくはその知り得る状態に置き,又はその性的羞恥心を害する電磁的記録その他の記録を送信し若しくはその知り得る状態に置くこと。」
なお,第1号から第4号まで及び第5号(電子メールの送信等に係る部分に限る。)に掲げる行為がストーカー行為における「つきまとい等」といえるためには,身体の安全,住居等の平穏若しくは名誉が害され,又は行動の自由が著しく害される不安を覚えさせるような方法により行われる場合に限ることとされている(同条第4項)。

きまとい等（注）又は位置情報無承諾取得等を反復してすること〔同法第2条第4項〕）をした者についての罰則規定を置いているところ（1年以下の懲役又は100万円以下の罰金），本号や第5号の罪（粗野・乱暴の罪）と重なる部分もあるが，同法は，軽犯罪法で処罰の対象となっている行為よりも悪性の強い行為を処罰するものであり（檜垣・ストーカー規制法87頁参照），ストーカー規制法第18条の罪が成立する場合には，本号や第5号の罪は，成立しないものと解される。

(3) 迷惑防止条例違反との関係

最後に，迷惑防止条例との関係について触れておく必要がある。各地のこの種条例の規定はおおむね大同小異であるが，ここでは，一応，東京都のものを例として紹介することとする。

東京都の「公衆に著しく迷惑をかける暴力的不良行為等の防止に関する条例」（昭和37年条例第103号）第5条の2（つきまとい行為等の禁止）において，以下のような規定が設けられている。

> 第5条の2（つきまとい行為等の禁止）
> ① 何人も，正当な理由なく，専ら，特定の者に対するねたみ，恨みその他の悪意の感情を充足する目的で，当該特定の者又はその配偶者，直系若しくは同居の親族その他当該特定の者と社会生活において密接な関係を有する者に対し，不安を覚えさせるような行為であつて，次の各号のいずれかに掲げるもの（ストーカー行為等の規制等に関する法律（平成12年法律第81号）第2条第1項に規定するつきまとい等及び同条第4項に規定するストーカー行為を除く。）を反復して行つてはならない。この場合において，第1号から第3号まで及び第4号（電子メールの送信等（ストーカー行為等の規制等に関する法律第2条第2項に規定する電子メールの送信等をいう。以下同じ。）に係る部分に限る。）に掲げる行為については，身体の安全，住居，勤務先，学校その他その通常所在する場所（以下この項において「住居等」という。）の平穏若しくは名誉が害され，又は行動の自由が著しく害される不安を覚えさせるような方法により行われる場合に限るものとする。
> 一 つきまとい，待ち伏せし，進路に立ちふさがり，住居等の付近において見張りをし，住居等に押し掛け，又は住居等の付近をみだりにうろつくこと。
> 二 その行動を監視していると思わせるような事項を告げ，又はその知り得る状態に置くこと。
> 三 著しく粗野又は乱暴な言動をすること。

四　連続して電話をかけて何も告げず、又は拒まれたにもかかわらず、連続して、電話をかけ、ファクシミリ装置を用いて送信し、若しくは電子メールの送信等をすること。
　五　汚物、動物の死体その他の著しく不快又は嫌悪の情を催させるような物を送付し、又はその知り得る状態に置くこと。
　六　その名誉を害する事項を告げ、又はその知り得る状態に置くこと。
　七　その性的羞恥心を害する事項を告げ若しくはその知り得る状態に置き、その性的羞恥心を害する文書、図画、電磁的記録（電子的方式、磁気的方式その他人の知覚によつては認識することができない方式で作られる記録であつて、電子計算機による情報処理の用に供されるものをいう。以下この号において同じ。）に係る記録媒体その他の物を送付し若しくはその知り得る状態に置き、又はその性的羞恥心を害する電磁的記録その他の記録を送信し若しくはその知り得る状態に置くこと。
②、③　〈略〉

　同規定では、本号の罪とは異なり、特定の者に対するねたみ、恨みその他の悪意の感情を充足する目的の行為を処罰対象としており、本号と保護法益をやや異にしている。また、処罰の対象とする行為もつきまといや進路に立ち塞がる行為だけでなく、「住居等の付近において見張りをし、住居等に押し掛け、又は住居等の付近をみだりにうろつくこと」といった、本号で処罰の対象とされていない行為を規定しているのであるから、両罪がともに成立し、観念的競合の関係に立つものと解すべきである。また、同条例は、第7条（不当な客引行為等の禁止）に、以下のような規定を置いている。

第7条（不当な客引行為等の禁止）
① 何人も、公共の場所において、不特定の者に対し、次に掲げる行為をしてはならない。
　一　わいせつな見せ物、物品若しくは行為又はこれらを仮装したものの観覧、販売又は提供について、客引きをし、又は人に呼び掛け、若しくはビラその他の文書図画を配布し、若しくは提示して客を誘引すること。
　二　売春類似行為をするため、公衆の目に触れるような方法で、客引きをし、又は客待ちをすること。
　三　異性による接待（風適法第2条第3項に規定する接待をいう。以下同じ。）をして酒類を伴う飲食をさせる行為又はこれを仮装したものの提供について、客引きをし、又は人に呼び掛け、若しくはビラその他の文書図画を配布し、若しくは提示して客を誘引すること

（客の誘引にあつては，当該誘引に係る異性による接待が性的好奇心をそそるために人の通常衣服で隠されている下着又は身体に接触し，又は接触させる卑わいな接待である場合に限る。）。
　　四　前３号に掲げるもののほか，人の身体又は衣服をとらえ，所持品を取りあげ，進路に立ちふさがり，身辺につきまとう等執ように客引きをすること。
　　五　次のいずれかに該当する役務に従事するように勧誘すること。
　　　イ　人の性的好奇心に応じて人に接する役務（性的好奇心をそそるために人の通常衣服で隠されている下着又は身体に接触し，又は接触させる卑わいな役務を含む。以下同じ。）
　　　ロ　専ら異性に対する接待をして酒類を伴う飲食をさせる役務（イに該当するものを除く。）
　　六　性交若しくは性交類似行為又は自己若しくは他人の性器等（性器，肛門又は乳首をいう。以下同じ。）を触り，若しくは他人に自己の性器等を触らせる行為に係る人の姿態であつて性欲を興奮させ，又は刺激するものをビデオカメラその他の機器を用いて撮影するための被写体となるように勧誘すること。
　　七　前２号に掲げるもののほか，人の身体又は衣服をとらえ，所持品を取りあげ，進路に立ちふさがり，身辺につきまとう等執ように役務に従事するように勧誘すること。
　②～⑤　〈略〉

　まず，一見して気付くことは，同条例第７条第１項の規定で禁止しているのは，本号と異なり，一貫して「客引き」，「勧誘」に関した行為であることであり，特に，同条例第７条第１項第１号から第４号の規定は，客引きに関する規定，第５号から第７号の規定は勧誘に関する規定である点で，本号と保護法益を異にしていることである。

　なお，第４号においては「執ように」が要件とされている点で，本号とやや共通する面があるようであるが，これも，第１号から第３号の規定と同様に，客引き行為の方法，態様として規定されているにとどまり，しかも，その例示として，「人の身体又は衣服をとらえ」とか，「所持品を取りあげ」とかいった，本号では直接予想していない行為を規定しているのであるから，本号と第４号の規定とは，その保護法益及び構成要件において，かなり性質を異にしているというべきである（第７号についても同様のことがいえる）。

　したがって，同条例第７条の規定は，法の先占を侵してはいないものであり，一つの行為が，本号とこれらの規定に，同時に触れることとなる場合に

は，両罪がともに成立し，観念的競合の関係に立つものと解すべきである。
　このことは，次に掲げるような，ダフ屋行為，ショバ屋行為，景品買い行為，粗暴行為等の禁止規定と本号との関係についても同様である。

> **第2条（乗車券等の不当な売買行為（ダフヤ行為）の禁止）**
> ①　何人も，乗車券，急行券，指定券，寝台券その他運送機関を利用し得る権利を証する物又は入場券，観覧券その他公共の娯楽施設を利用し得る権利を証する物（以下「乗車券等」という。）を不特定の者に転売し，又は不特定の者に転売する目的を有する者に交付するため，乗車券等を，道路，公園，広場，駅，空港，ふ頭，興行場その他の公共の場所（乗車券等を公衆に発売する場所を含む。以下「公共の場所」という。）又は汽車，電車，乗合自動車，船舶，航空機その他の公共の乗物（以下「公共の乗物」という。）において，買い，又はうろつき，人につきまとい，人に呼び掛け，ビラその他の文書図画を配り，若しくは公衆の列に加わつて買おうとしてはならない。
> ②　何人も，転売する目的で得た乗車券等を，公共の場所又は公共の乗物において，不特定の者に，売り，又はうろつき，人につきまとい，人に呼び掛け，ビラその他の文書図画を配り，若しくは乗車券等を展示して売ろうとしてはならない。
>
> **第3条（座席等の不当な供与行為（シヨバヤ行為）の禁止）**
> 　何人も，公共の場所又は公共の乗物において，不特定の者に対し，座席，座席を占めるための行列の順位又は駐車の場所（以下「座席等」という。）を占める便益を対価を得て供与し，又は座席等を占め，若しくは人につきまとつて，座席等を占める便益を対価を得て供与しようとしてはならない。
>
> **第4条（景品買行為の禁止）**
> 　何人も，遊技場（風俗営業等の規制及び業務の適正化等に関する法律（昭和23年法律第122号。以下「風適法」という。）第2条第1項第4号に規定する遊技場をいう。以下同じ。）の営業所又はその付近において，遊技場の営業者が遊技客に賞品として交付した物品を転売し，又は転売する目的を有する者に交付するため，うろつき，又は遊技客につきまとつて，これらの物品を買い集め，又は買い集めようとしてはならない。
>
> **第5条（粗暴行為（ぐれん隊行為等）の禁止）**
> ①　〈略〉
> ②　何人も，公共の場所又は公共の乗物において，多数でうろつき，又はたむろして，通行人，入場者，乗客等の公衆に対し，いいがかりをつけ，すごみ，暴力団（暴力団員による不当な行為の防止等に関する法律（平成3年法律第77号）第2条第2号の暴力団をいう。）の威力を示す等不安を覚えさせるような言動をしてはならない。
> ③，④　〈略〉

暴行等共謀の罪（第29号）

> 他人の身体に対して害を加えることを共謀した者の誰かがその共謀に係る行為の予備行為をした場合における共謀者

1　本号の趣旨

　本罪は，他人の身体に対して害を加えることを共謀した者の誰かが，その共謀に係る行為の予備行為をした場合におけるそれらの共謀者が処罰の対象である。

　本号は，人の身体に危害を及ぼす蓋然性が大きいと思われる行為のうち，数人又はそれ以上の者が他人の身体に対して害を加えることを共謀する行為を取り上げるとともに，処罰の範囲が不当に広がることを防ぐため，そのような共謀に基づいて，現実に少なくとも予備行為が行われるに至った場合のみについて，当該共謀の共謀者を処罰しようとするものである。

　本号に相当する規定は，警察犯処罰令にはなかった[注1]。

2　行為の主体

　本号の罪の主体は，他人の身体に対して害を加えることを共謀した者である。

　「他人の身体に対して害を加える」とは，他人の身体のみならず，生命に

（注1）　立案者は，本号の立案趣旨について，次のように説明している。
　　○　第2回国会参議院司法委員会会議録第6号5頁
　　　「かような規定を設けました根本の趣旨は，最近の世代に徴しまして，集団犯が特に危険な行動に出る，又は集団犯が非常な社会不安を醸成しておりますので，それに対しまする取締を非常に早い段階においてしたがよろしいのではないかというふうに考えまして，かような規定を設けた次第でございます。」
　　○　同衆議院司法委員会会議録第5号5頁
　　　「大勢協議してやる場合においては，謀議したこと自体が非常に社会上危険性があるのではないかという点を考えまして，本号の規定を設けたわけであります。しかしそれは単なる話合いだけではまだ刑罰をもつて臨むのは酷ではないか。何かそこにひとつ具体的な行動がそのうちの一人において始まつたという，その程度まできたら刑罰をもつて臨もう，こういう考え方でできた条文であります。」

対して害を加える場合をも含むものと解する。なぜなら、それは、身体に対する加害の極端な場合であるからである（同旨　大塚120頁、稲田＝木谷135頁。反対　植松157頁、野木ほか88頁）。

　もっとも、刑法第201条は、殺人予備を処罰するものとしているから、共謀共同正犯を認める判例の立場からすれば、他人の生命に対して害を加えることを共謀した者の誰かが殺人の予備行為をした場合には、現実に予備行為をしなかった共謀者も、殺人予備の刑責を問われることになる。

　本号の「身体」には「生命」をも含むとする説では、そのような行為は、一応本号の構成要件をも充足するが、殺人予備罪に吸収されてしまうものと解することになる。他方、「身体」には「生命」を含まないとする説では、単純に殺人予備罪のみの成立を認めることになる。

　このように、いずれの説をとるにしても、共謀共同正犯についての判例の立場に立つ限り、結論はあまり異ならない。

　また、「他人の身体に対して害を加える」とは、傷害、暴行、遺棄のような加害行為そのものを行う場合のほか、暴行等を手段とする強盗、強制性交等、強制わいせつ、略取、公務執行妨害、威力業務妨害等を行う場合をも含む。

　ただし、強盗については、刑法第237条に予備を罰する規定があるから、共謀共同正犯を認める判例の立場に立てば、本号適用の余地はない。身の代金目的略取についても同様であろう（同法第228条の3参照）。

　なお、単に害を加えるべきことを告知するにすぎない脅迫、恐喝等の行為が「他人の身体に対して害を加える」ことに当たらないことはいうまでもない。

　「共謀」とは、特定の犯罪の実現について相互に意思を連絡することである。
　本号は、身体加害に係る犯罪がまだ実行段階に至らない前の段階を捉えて処罰の対象とするものであるから、本号の「共謀」には、もしも当該犯罪が実行されたとすれば、共謀共同正犯が成立することとなるような意思連絡のほか、当該犯罪が実行された場合に教唆又は精神的な幇助と評価されるにとどまるようなものをも含むと解すべきである。本号の罪の成立には、「共謀」の事実の存在が必要である。その意味において、本号の罪は、必要的共犯で

あり，集合犯である。

3　禁止される行為

　禁止される行為は，当該共謀に係る行為の予備行為をすることである。ただし，予備行為は，共謀者中の「誰かが」行えば足りる。

　思うに，集団による身体加害行為を防圧するためには，そのような行為の共謀自体を処罰するものとすることも可能ではあるが，現在の我が国の刑罰体系において，予備にも至らない行為，すなわち，陰謀ないし共謀の段階で処罰するものとしているのは，内乱罪（刑法第78条）のような重大犯罪や違法争議行為の遂行の共謀等を処罰するものとしている国家公務員法（昭和22年法律第120号）第110条第1項第17号のような極めて特殊な領域に属する違法行為に限られている(注2)。

　そこで，本号は，共謀の結果が予備行為として外部に顕れた段階に至って初めて，処罰の対象とすることとしたものと考えられる。しかし，本号は，予備行為が行われることを条件として，共謀自体を処罰しようとしたものと理解すべきではなく，あくまで共謀による予備行為を処罰するために設けられた特別の構成要件とみるべきである。

　すなわち，共謀による殺人予備罪が成立するためには，殺人の共謀と共謀者の誰かによる殺人予備行為が必要であり，いわば，刑法第60条（共同正犯）と同法第201条との結合犯の様相を呈するのであるが，本号は，これと同様に身体加害の共謀の事実と共謀者の誰かによる身体加害予備行為とを結合した特別構成要件であるということができる。

（注2）　平成12年11月，国連総会で，「国際的な組織犯罪の防止に関する国際連合条約」が採択され，平成25年7月現在，176の国・地域が同条約を締結済みであり，我が国についても，同条約を締結して深刻化する国際的な組織犯罪に対する国際的な取組の強化に寄与することが求められている（我が国も同条約については，署名済みであり，平成15年5月に同条約の締結について国会の承認を得ている。）。同条約においては，国際組織犯罪対策上，共謀罪などの犯罪化を締結国に要求しているところ，我が国の現行法上の罰則には組織的な犯罪集団が関与する重大な犯罪の共謀行為を処罰する罪がないため，これを処罰する罪を新設する必要がある。

「予備行為」とは，刑法等にいう「予備」と同義であり，犯罪実行のためにする準備行為で実行の着手に至らないものをいう。それは，単なる内心の事実ではなく，外部に顕されたものでなければならない。例えば，暴行を共謀して，こん棒を持ち出す行為や木陰で待ち伏せする行為等はその適例である。そのほか，強制性交等を共謀して，女性を暗がりに連れ込む行為や，暴行の手段に訴えても従業員の就労を阻止することを共謀してピケットを張る行為等も，本号に該当することとなる場合があろう。

なお，共謀者中の誰かが予備の段階を超えて実行に着手し，未遂の段階に及んだ場合にも本号の適用があるものと解する。なぜなら，予備行為さえ罰せられるのであるから，それより進んだ段階にある未遂は，当然罰し得るものと解さなければならないからである。

したがって，未遂処罰の規定がない暴行等の罪について共謀があり，共謀者の誰かが予備行為に及んだ場合はもとより，その実行に着手し，かつ既遂に達しなかった場合にも本号の適用がある。

4 他罪との関係

本号と殺人予備罪，強盗予備罪や身の代金目的略取等予備罪との関係は，前述したように吸収関係にある。

第1条第2号の罪（凶器携帯の罪）と本号の罪とが観念的競合の関係に立ち得ることについては第2号の解説4参照。

なお，同様のことは，本号の罪と銃砲刀剣類所持等取締法（昭和33年法律第6号），火薬類取締法（昭和25年法律第149号），爆発物取締罰則（明治17年太政官布告第32号）等に定める危険な物の所持，携帯等に関する罪との関係についても言い得る。

本号の行為が凶器準備集合罪（刑法第208条の2第1項）又は凶器準備結集罪（同条第2項）にも当たることとなる場合には，本号の罪は，これらの罪に吸収され，本号適用の余地はないものと解する。

動物使そう・驚奔の罪（第30号）

> 人畜に対して犬その他の動物をけしかけ，又は馬若しくは牛を驚かせて逃げ走らせた者

1 本号の趣旨

本罪は，人畜に対して犬その他の動物をけしかけ，又は馬若しくは牛を驚かせて逃げ走らせた者が処罰の対象である。

本号の立法趣旨は，人畜の安全に対して危険を生じさせるおそれのある前記行為を禁止しようというのであり，警察犯処罰令第3条第12号（「濫ニ犬其ノ他ノ獣類ヲ嗾シ又ハ驚逸セシメタル者」）を受け継いでいる。

本号の罪は，前段と後段とに分けられる。

2 前段の罪（人畜に対して犬その他の動物をけしかける罪）

(1) 行為の対象

行為の対象は，人畜である。

「人畜」とは，人及び家畜をいう。詳細については，第12号の解説2(1)参照。熊，ライオン，ワニなど，通常，人に飼育されない動物は，たまたまペットとして飼われていても家畜には当たらないと解される（101問182頁）。

(2) 行為の客体

行為の客体は，犬その他の動物である。

「犬その他の動物」は，家畜あるいは獣類に限らない。犬が例示されているのは，けしかけやすい動物として，犬が最も普通のものであるからである。

犬以外の動物としては，軍鶏，猿，鷹等のほか，熊，ライオン等といった猛獣類が考えられる。

本号は，「動物」について何ら限定するところがないが，本号の行為が「けしかける」ことであることから，けしかけることによって人畜に危害を及ぼすおそれのあるような動物に限られることになる。

なお，「動物」は，自己所有のものに限らず，他人所有のものや無主物を

も含む。

(3) 禁止される行為

禁止される行為は，けしかけることである。

「けしかける」とは，あおり立てて相手を攻撃するように仕向けることをいい，現実に攻撃がなされたかどうかは問わない。

なお，夜間侵入した盗犯等に犬をけしかけるような行為が正当防衛に当たるものと認められる場合があることはいうまでもない。

3　後段の罪（馬若しくは牛を驚かせて逃げ走らせる罪）

(1) 行為の客体

行為の客体は，馬又は牛である。

「馬若しくは牛」は，文理上，馬と牛に限られる。これらのものは，人間の生活に密接な関係があり，また，驚いて逃げ走りやすい点において，人畜に対する危険性が大きい代表的な動物であるので，特に，この後段の規定が設けられているものと考えられる。

馬及び牛以外の動物であっても，人畜に害を加える性癖のあることが明らかなものについては，第1条第12号（危険動物解放の罪）によって，これを解放すること，又は逃がすこと自体が禁止されている。

馬又は牛は自己の所有するものであるかどうかを問わない。

(2) 禁止される行為

禁止される行為は，驚かせて逃げ走らせることである。

「驚かせる」とは，その方法を問わない。例えば，棒などで叩いたり，突いたり，物を投げつけたりすることはもとより，急に光を当てたり，興奮する色彩を見せたり，大きな音や奇声を発したりすることや，興奮作用を及ぼす薬物を与えたりすることも，「驚かせる」方法となり得る。

「逃げ走らせる」とは，人の支配を離れ，あるいは，人による制御が困難な状態で，走らせることをいう。馬や牛が単独で走り回る場合のほか，人が乗って手綱を手にしているような場合でも，その制御が困難な状態であれば，本号に該当する。

本号は，行為として「驚かせる」ことだけを予定して「逃げ走る」という結果が生ずることを犯罪の成立の要件としたというものではなく，「驚かせて逃げ走らせる」という行為を予定している。したがって，本号の罪が成立するためには，行為者に驚かせることの認識とその結果逃げ走るに至るべきことの認識との双方が存在することを要するものと解する。

4　他罪との関係

　本号前段の行為が暴行罪（刑法第208条）の構成要件をも充足する場合には本号の罪は暴行罪に吸収され，本号適用の余地はない。

　また，本号の行為により，他人に対する殺傷の結果が生じた場合には，殺人（同法第199条），傷害（同法第204条），傷害致死（同法第205条），過失致死傷（同法第209条から第211条まで）等の罪が成立し，また，物件を損壊したり，家畜等を死傷させたりすれば，器物損壊罪（同法第261条）が成立することとなる。この場合の本号の罪との関係については，観念的競合の関係に立つとする説もある（植松163頁）が，本号の罪とこれらの罪とが，保護法益を究極において同じくする点に着目すれば，むしろ，本号の罪は，これらの罪に吸収され，本号の適用はなくなるものと解すべきであろう（同旨　大塚120頁，乗本ほか106頁，稲田＝木谷141頁等）。

業務妨害の罪（第31号）

> 他人の業務に対して悪戯などでこれを妨害した者

1 本号の趣旨

本罪は，他人の業務に対していたずらなどでこれを妨害した者が処罰の対象である。

本号は，刑法における業務妨害罪（第233条，第234条）及び公務執行妨害罪（第95条）を補充し，広く他人の業務を妨害する行為を禁止しようとする趣旨の規定である（単に業務妨害罪の補充規定ではないことは後述。）。

本号は，警察犯処罰令第2条第5号（「他人ノ業務ニ対シ悪戯又ハ妨害ヲ為シタル者」）を受け継いだものである。

2 行為の客体

行為の客体は，他人の業務である。

(1) 「他人の業務」

「他人」とは，自己以外の者をいう。自然人はもとより，法人や法人格なき社団をも含む。国又は地方公共団体もまた「他人」たり得る。

「業務」とは，人がその社会生活上の地位に基づいて継続して行う仕事である。それは，精神的なものであると，経済的なものであるとを問わず，法律上保護に値するものであれば足りる。業務の基礎となっている契約が無効であったり，免許・許可を受けるべきであるのにこれを受けていなかったりしても，そのことだけで直ちに法律上の保護に値しないとすることはできない（いずれも刑法の業務妨害罪に関するものであるが，東京高判昭24.10.15高刑集2巻2号171頁は，土地の所有者が，権限なくしてその土地を耕作し，田植えをするのを妨害した事案について，東京高判昭27.7.3高刑集5巻7号1134頁は，家屋の所有者が，その承諾を得ないで転借し，かつ，行政上の許可を得ないで営む湯屋営業を妨害した事案について，各業務性を認めている。）。

(2) 刑法の業務妨害罪にいう「業務」との違い

　刑法の業務妨害罪にいう「業務」は，全て本号の「業務」に含まれるが，それだけにとどまらない。

　すなわち，刑法の業務妨害罪にいう「業務」に公務員の職務を含むかについて争いがあり，この点に関する判例も，従前は，一般に公務が「業務」に当たらないとの立場であったが(注1)，現在の最高裁判例の考え方は，公務のうち，強制力を行使する権力的公務は，刑法の業務妨害罪における「業務」に当たらず，公務執行妨害罪における「公務」として同罪による保護を受け，前記公務以外の強制力を行使しない権力的公務及び非権力的公務は，刑法の業務妨害罪の「業務」に当たるとともに，公務執行妨害罪における「公務」にも当たり，両罪による保護を受けるというものであると解されている(注2)。

(注1) 　最大判昭26.7.18刑集5巻8号1491頁
　「業務妨害罪にいわゆる業務の中には，公務員の職務は含まれないものと解するを相当とするから，公務員の公務の執行に対し，かりに，暴行又は脅迫に達しない程度の威力を用いたからといつて，業務妨害罪が成立すると解することはできない。」
(注2) 　○　最決昭62.3.12刑集41巻2号140頁（X県の職員団体の関係者ら約200名が県議会の委員会室に乱入し，条例案の採決を妨害した行為について，刑法234条の威力業務妨害罪の成否が問題とされた事案）
　「本件において妨害の対象となった職務は，X県議会総務文教委員会の条例案採決等の事務であり，なんら被告人らに対して強制力を行使する権力的公務ではないのであるから，右職務が威力業務妨害罪にいう『業務』に当たるとした原判断は，正当である。」
　○　最決平12.2.17刑集54巻2号38頁（町長選挙と衆議院議員総選挙に際し，それぞれの選挙長の行う立候補受理業務の業務性が問題とされた事案）
　「本件において妨害の対象となった職務は，公職選挙法上の選挙長の立候補届出受理事務であり，右事務は，強制力を行使する権力的公務ではないから，右事務が刑法（平成7年法律第91号による改正前のもの）233条，234条にいう『業務』に当たるとした原判断は，正当である。」
　○　最決平14.9.30刑集56巻7号395頁（地方自治体による動く歩道の設置に伴う環境整備工事の業務性が問題とされた事案）
　「本件において妨害の対象となった職務は，動く歩道を設置するため，本件通路上に起居する路上生活者に対して自主的に退去するよう説得し，これらの者が自主的に退去した後，本件通路上に残された段ボール小屋等を撤去することなどを内容とする環境整備工事であって，強制力を行使する権力的公務ではないから，刑法234条にいう『業務』に当たると解するのが相当であり（最決昭62.3.12刑集41巻2号140頁，最決平12.2.17刑集54巻2号38頁参照），このことは，前記〔略〕のように，段ボール小

（永井敏雄・判例解説（刑）昭和62年度76頁）。

　このような現在の判例の立場に立てば，刑法の業務妨害罪にいう「業務」には，強制力を行使する権力的公務は含まれないことになる。

　しかし，刑法の業務妨害罪にいう「業務」の解釈上，このように強制力を行使する権力的公務が除かれるのは，専ら，公務に対する妨害に対しては，別に公務執行妨害罪が存在するという事実によるのであって(注3)，本法のよ

○　東京高判平21.3.12高刑集62巻1号21頁（犯罪予告の虚偽通報がなければ遂行されたはずの警察の公務が刑法233条の業務妨害罪にいう「業務」に当たるかが問題とされた事案）

　「最近の最高裁判例において，『強制力を行使する権力的公務』が本罪にいう業務に当たらないとされているのは，暴行・脅迫に至らない程度の威力や偽計による妨害行為は強制力によって排除し得るからなのである。本件のように，警察に対して犯罪予告の虚偽通報がなされた場合（インターネット掲示板を通じての間接的通報も直接的110番通報と同視できる。），警察においては，直ちにその虚偽であることを看破できない限りは，これに対応する徒労の出動・警戒を余儀なくさせられるのであり，その結果として，虚偽通報さえなければ遂行されたはずの本来の警察の公務（業務）が妨害される（遂行が困難ならしめられる）のである。妨害された本来の警察の公務の中に，仮に逮捕状による逮捕等の強制力を付与された権力的公務が含まれていたとしても，その強制力は，本件のような虚偽通報による妨害行為に対して行使し得る段階にはなく，このような妨害行為を排除する働きを有しないのである。したがって，本件において，妨害された警察の公務（業務）は，強制力を付与された権力的なものを含めて，その全体が，本罪による保護の対象になると解するのが相当である（最決昭62.3.12刑集41巻2号140頁も，妨害の対象となった職務が，『なんら被告人らに対して強制力を行使する権力的公務ではないのであるから，』威力業務妨害罪にいう『業務』に当たる旨判示しており，上記のような解釈が当然の前提にされているものと思われる。）。」

○　そのほか，最決平4.11.27刑集46巻8号623頁は，町の消防本部の消防長の机の引出し内に赤く染めた猫の死骸を入れておき，これを同消防長に発見させた行為につき，刑法234条の威力業務妨害罪の成立が問題とされた事案において，明示こそしていないものの，消防本部の消防長が行う事務処理が非権力的公務であって『業務』に当たることを当然の前提としている。

（注3）　大判大4.5.21刑録21輯663頁

　「刑法第233条ニ所謂業務トハ法文上其種類ヲ限局セサルヲ以テ旧刑法第8章ニ於テ規定セル商業及農工ノ業ハ勿論其他各人ノ反覆執行スル諸般ノ事務ヲ汎称スルモノナリト解スヘキカ如シト雖公務ノ執行ヲ妨害スル罪ハ別ニ刑法第95条及第96条ニ規定シアリテ本条ノ罪ヲ構成セサルヲ以テ公務員ノ職務ハ本条ノ業務中ニ包含セスト論スルヲ相当トス」

うに，公務執行妨害罪に対する一般的補充規定を設けていない場合について，直ちに刑法の業務妨害罪における解釈を当てはめるわけにはいかない。

本号における「業務」の場合は，むしろ，公務員の職務，特に強制力を行使する権力的公務をも含むものと解すべきであると考える。

（注3）で引用した大判大4.5.21は，引用部分に続いて，「原判示事実カ所論ノ如ク偽計ヲ用キ小学校長ノ業務ヲ妨害シタルモノニ該当スト為スモ判示村立小学校長カ勅語謄本等貴重物件ヲ保管スル職務ハ公務員タル小学校長ノ公務ニ属スルヲ以テ刑法第233条ノ所謂業務ニ該当セス従テ偽計ヲ用キ小学校長ノ職務ヲ妨害スル行為ハ同条ノ罪ヲ構成セサルモノトス然レトモ警察犯処罰令第2条第5号ニ所謂業務ハ刑法第233条ノ業務ト同一ニ解釈スヘキ特殊ノ理由存セサルヲ以テ原判示ノ如ク汎ク公私ノ業務ヲ包含スト解スヘキモノトス然ラハ原判決ニ於テ被告カ判示小学校長ノ勅語謄本等ヲ保管スル業務ニ対シテ判示ノ如キ悪戯ヲ為シタル事実ヲ認定シ之ヲ前掲警察犯処罰令ニ問擬シタルハ相当」であると判示している。この大審院判例は，警察犯処罰令第2条第5号に関するものではあるが，前記法理は，そのまま本号の解釈に置き換えることができよう。

また，最決昭29.6.17刑集8巻6号881頁は，村役場で村民税徴収薄を閲覧した際，これを同役場外に持ち出し，同役場税務係吏員から返還方を要求されたのに，5日間返還しないで，同吏員の業務を妨害したとの事案につき有罪の言渡しをした第1審判決に対する控訴を棄却した原審判決を支持し，上告を棄却している。本件では，このような公務の執行を妨害することが本号にいう「業務」を妨害したことに当たるかどうかは，特に争われてはいないが，一応，最高裁も，前記大審院当時の考え方を踏襲しているものと考えてよいのではなかろうか。

なお，他にも，公務に対する本号の成立を認めた下級審裁判例としては
○　衆議院本会議場において，内閣総理大臣が施政方針演説のため登壇しようとした際，「憲法改正を断行せよ」と題するビラ約350枚を一般傍聴席から議場に散布して，内閣総理大臣の演説及び議場にある議員の業務を妨害した行為（豊島簡略式命令昭33.6.16公刊物未登載）

○ 東京都議会本会議場において，「東京都政の赤化を妨げ」と題するビラ約600枚を2階傍聴席から1階議員席に散布して，同議会の議事運営を妨害した行為（台東簡略式命令昭34.3.3公刊物未登載）
○ 福島県議会本会議場において，2階傍聴席に日の丸の旗を掲げ，「大日本国万歳」と大書したのぼりを1階議員席に懸垂し，「祖国日本の危機中ソのヒモつき容共暴力革命の国賊X党を議会より追出せ」と題するビラ約150枚を1階議員席に散布し，「ここは昼寝するところではない，X党やY党が一番悪いんだ」などと発言して，議事の運営を妨害した行為（福島簡略式命令昭38.4.10公刊物未登載）

等がある。

3 禁止される行為

禁止される行為は，いたずらなどで妨害することである。

「悪戯」とは，第1条第24号（儀式妨害の罪）におけるそれと同様に，一時的なたわむれで，それほど悪意のないものをいう。例えば，「舞台に出ようとするところの役者の背中に貼紙などをするとか，或いは講演者の前に『こしょう』を振掛けまして，くしゃみをさせるような，その程度の」行為（第2回国会参議院司法委員会会議録第6号6頁）などが「悪戯」に当たる。

「など」とは，他人の業務の妨害となり得る行為で，刑法の公務執行妨害罪又は業務妨害罪に当たることとならない一切のものを含むものと解する[注4]。

すなわち，妨害の対象が強制力を行使する権力的公務以外の公務である場合には，妨害の方法が偽計又は威力を用いる程度に達すれば，刑法の業務妨害罪の対象となるので，本号の「など」には，専ら，いたずらに類するささいな方法で違法性を有するものが含まれる。

（注4） 例えば，町村合併問題の紛争に関連して，一派の者らが他派に属する商店について，「あの店からは物を買わないようにしましょう。不買同盟」などと記載したビラ数枚を町村内目抜き通りの電柱に掲示した行為について，それがいまだ「威力」ないし「偽計」に当たらないことを前提に，本号の成立を認める旨の見解があるが（調査統計官50頁），このような行為も，本号の「など」に当たるであろう。

しかし，妨害の対象が強制力を行使する権力的公務である場合には，妨害の方法が暴行又は脅迫に至らない限り，偽計又は威力を用いたような場合も含まれるものと解する。なぜなら，いたずらによって妨害した場合に限って罰せられ，妨害の方法がいたずらの域を超えた場合には罰せられないものとすることは，条理からいって妥当でないからである。

つまり，本号は，刑法の公務執行妨害罪及び業務妨害罪に対する補充規定と理解すべきである。このように，刑法の諸規定との関連において動き得る概念である点は，第1条第24号（儀式妨害の罪）における「など」と同様である。

このように考えてくると，公務に対し本号が成立する事例としては，前述した議会議場内における傍聴者等による議事妨害で威力業務妨害罪に当たらない程度のものや，例えば，110番電話で，警察に対し，「おれは○○事件の犯人を知っている。いるところを教えるからメモしてくれ。」あるいは，「いま，どこそこに不審な者がいます。」などと嘘の電話をかけたり，いたずらで，消防署内に置いてある消防自動車のサイレンを鳴らしてみたりする行為等が考えられる(注5,6)。

────────

（注5） そのほか，警察官が街頭で自動車の速度違反の取締りを行っていることを知りながら，当該取締区間の手前の地点において，スピーカー等で「この先で速度違反の取締りをしています。」などと触れ回る行為や，時限爆弾に模した物件を公道上に据え置いた行為についても，本号の罪の成否が問題となり得ようが，この点，前者については，取締業務自体が妨害されているとはいえないから（検挙件数が減ること自体を「業務」に対する「妨害」と捉えることは無理があろう。），このような行為についてまで，本号の罪の成立を認めるのは困難であると考える。他方，後者については，その態様にもよろうが，犯人がこれらの行為を行うにつき警察官等の職務を妨害する意思があり，かつ，これらの行為により，本来業務をいったん中止させてその対処に当たらせた結果，業務遂行がいくらかでも困難になったという実害があるような場合に限り，本号の成立を肯定し得よう。

（注6） 旭川簡判昭50.7.2刑裁月報7巻7=8号795頁は，非常事態が発生していないのに，地下歩道に非常の際これを警察官に通報するため設けられていた非常ベルのボタンを押し，これに接続する警察官派出所内の非常ベルを鳴らし，警察官3名を同地下歩道にかけつけさせた行為に本号の成立を認めている。

他方，同様に警察官を誤出動させる内容の業務妨害について（注2）に引用した東京高判平21.3.12は，インターネット掲示板において1週間以内に特定の駅で無差別殺人を実行する旨の虚構の殺人事件の実行を予告し，これを不特定多数の者に閲覧さ

その他一般業務の妨害に当たる事例としては，いろいろなものが考えられるが，いくつかの裁判例を紹介すると，次のようなものがある。
○　大判大15.3.22刑集5巻3號113頁（警察犯処罰令第2条第5号に関するもの）
「小作人タリシ者カ地主ニ雇ハレ又ハ請負ニ因リテ地主ノ為耕作ニ従事スル者ニ対シ或ハ詰責シ或ハ嫌味ヲ述ヘ因テ将来ノ煩累ヲ憂ヘシメ又ハ其ノ感情ヲ害スルヲ慮ラシメタル結果耕作ノ業務ヲ止メシメ又ハ止メシメントシタル行為」
○　広島高判昭28.5.27高刑集6巻9号1105頁
「甲は，乙が製材業務を営むため甲方附近の山林に製材機を搬入しようとしていたのに対し，乙が約束に従いそれまでに同山林で製材した鋸屑を片付けていないため甲方の飲料用水に流出する虞があるとしてこれを詰責

せ，その結果，同掲示板を閲覧した者を介して警察官を出動させた行為について，「軽犯罪法1条31号は刑法233条，234条及び95条（本罪及び公務執行妨害罪）の補充規定であり，軽犯罪法1条31号違反の罪が成立し得るのは，本罪等が成立しないような違法性の程度の低い場合に限られると解される。これを本件についてみると，被告人は，不特定多数の者が閲覧するインターネット上の掲示板に無差別殺人という重大な犯罪を実行する趣旨と解される書き込みをしたものであること，このように重大な犯罪の予告である以上，それが警察に通報され，警察が相応の対応を余儀なくされることが予見できることなどに照らして，被告人の本件行為は，その違法性が高く，『悪戯など』ではなく『偽計』による本罪に該当するものと解される。」（注：下線筆者）としている。
このような虚偽の110番通報や119番通報により警察や消防を出動させた場合には，本号の「悪戯」及び刑法の業務妨害罪における「偽計」のいずれにも該当し得るところ，警察や消防は通報があれば出動するのが本来的業務の一つであり，出動すべき義務があるという意味においては，通常の業務対応として出動しているのであるから，業務妨害の実質は，このような虚偽の通報により本来不要な出動をすることにより，その間の正規の出動業務が妨げられたり，その可能性があるということになるものと思われる。前記のとおり，本号の罪が刑法の公務執行妨害罪や業務妨害罪の補充規定であるという性質に照らせば，結局は，主観的側面として行為者の動機・意図等や客観的側面として犯行態様等の客観的犯行状況，妨害の対象となる具体的業務について妨害された又は予想される妨害の程度等の諸般の状況を総合的に判断するほかなく，主観的にも客観的にも極めて軽微であって違法性も低く，これらの刑法上の罪を問うというには大げさであるという場合に，本号違反の罪の限度で処罰すればよいということになろう（原田國男・裁コメ刑法第3巻106頁，井上弘通・判例解説（刑）平成4年度169頁参照）。

すべく『製材機はここからは入れさせぬ，入るなら他から入れ，入つても仕事はさせぬ』などと乙を困惑させるような不当のことを申向け，乙をして右製材機の搬入を中止させたが，客観的に見ていまだ甲が乙の自由意思を制圧するに足る威力を用いたとは認め難い場合」
○　大阪高判昭29.11.12高刑集 7 巻11号1670頁
　「列車の制動機を故なく緊締する場合，他人がその事実を知らないこと或は緊締していないものの如く錯誤に陥つたことを利用して業務を妨害せんとするの意図に出た」ものでないとき
○　長崎簡略式命令昭33.12.3第 1 審刑集 1 巻12号2266頁
　「X協会Y県支部の主催に係る甲国の切手，切り紙，錦織展示即売会会場に於て右甲国展が同支部主催の所謂甲国の物産展示なることを標示するため，同会場天井の螢光灯より針金を以て吊り下げ掲示されていた同支部の甲国国旗様の旗 1 枚を両手にて引き降して右標示物を取り除」いた行為
○　台東簡判昭49.10.25刑裁月報 6 巻10号1104頁
　「A博物館 1 階特 5 室モナ・リザ画展示場において，一般入場者の中から『身障者を差別するモナ・リザ展に反対する』旨絶叫しながら，前記A博物館等が主催して展示中のモナ・リザ画に向けて所携の赤色スプレー塗料を噴出させ」た行為

なお，前掲大阪高判昭29.11.12は，「法にいわゆる偽計を用いたとなすべきであるかどうかの点は……意図の有無如何によつて決せられるものと解すべく行為自体重大な結果を招来する虞あるときでもそれだけで常に刑法第233条の罪を構成するとはかぎらない」としている。

また，本号については，「悪戯などで」という漠然とした規定をしており，犯罪類型を法文自体において明確にしていないのではないかとの点が裁判上争われたことがあるが，前掲最決昭29.6.17は，「同条号は，それ自体において犯罪の構成要件を明らかにしていると認められる」とした。

「妨害する」の意義については，第24号の解説 **3** 参照。

4 他罪との関係
(1) 刑法犯との関係
　本号の行為が，強制力を行使しない権力的公務若しくは非権力的公務又は私人の業務を偽計又は威力を用いて妨害するに至れば，刑法の業務妨害罪が(注7,8)，人の業務に使用する電子計算機若しくはその用に供する電磁的記録を損壊し，若しくは電子計算機に虚偽の情報若しくは不正な指令を与え，又はその他の方法により使用目的に沿う動作をさせず，又は使用目的に反する動作をさせて強制力を行使しない権力的公務若しくは非権力的公務又は私人の業務を妨害するに至れば，電子計算機損壊等業務妨害罪が成立する。また，暴行又は脅迫を用いて強制力を行使する権力的公務を妨害するに至れば，公務執行妨害罪が成立し，その場合，これらの規定に対して補充関係にある本号の適用がないことは，前に述べた。
(2) 他の本法違反との関係
　本号の罪と第1条第24号の罪（儀式妨害の罪）との関係は，儀式が「業務」として行われたものでなければ，単に第24号の罪のみが成立し，本号には当たらないことはいうまでもないが，儀式が「業務」として行われたものであれば，両罪が成立し，観念的競合の関係に立つものと解する。もっとも，ある儀式が「業務」に当たるかどうかは，微妙な事実認定によって左右される場合が少なくなく，判例も，例えば，X国青年団支部の結成式を妨害した事案について，「ある団体の結成式というような行事は，その性質上，一回的一時的なものであつて，何ら継続的な要素を含まないものであるから，これをもつてその団体の業務であるとすることはできない」として業務性を否定する一方（東京高判昭30.8.30高刑集8巻6号860頁），Y党の結党大会を妨害した事案について，結党大会は，結党大会準備委員会の業務であるとして業務性を認めている（東京高判昭37.10.23高刑集15巻8号621頁）。
　なお，本号の行為が公務に対して行われる場合，同時に，第1条第8号（変事非協力の罪），第16号（虚構申告の罪），第18号（要扶助者・死体等不申告の罪），第19号（変死現場等変更の罪）等に当たる場合が考えられるが，これらの規定は，本号に対して特別規定の関係にあるものと解されるから，このような

（注7）　本号違反ではなく，刑法の業務妨害罪が成立するとした裁判例としては，以下のようなものがある。
　○　広島高岡山支判昭30.12.22高刑裁特2巻追録1342頁
　「キャバレーの開店披露の日客席においてコンロにて牛の内臓やにんにくを焼いて悪臭を放ちかつ狼藉を極め満員の遊客をして退散せしめて営業を妨害した」行為を刑法第234条（威力業務妨害罪）に当たるものとした。
　○　大阪高判昭39.10.5下刑集6巻9＝10号988頁
　「他人名義で虚構の注文をして，徒労の物品配達を行わせた行為」につき，刑法第233条（偽計業務妨害罪）の成立を認めた。
　○　大阪地判昭40.2.25下刑集7巻2号230頁
　「外国貿易展覧会会場に掲示してあつた同国指導者の写真に鶏卵を投げつけ汚損し」，「短時間とは云へ説明員の説明を中断させ観客を驚きのあまり立ちすくませ，且つ主催者側の展示業務の継続につき一層不安の念を強からしめた」行為は威力業務妨害罪に当たるとした。
　○　東京高判昭48.8.7高刑集26巻3号322頁
　被害者の「営業（中華そば店）を妨害する意図のもとに原判示のように約970回にわたり同人方に電話し，相手方が電話口に出てもその都度無言で終始し，相手方が送受話器を復旧しても自らの送受話器は約5分間ないし約30分間復旧しないで放置することを繰り返し，その間相手方の電話の発着信を不能にさせ，同店に対する顧客からの電話による出前注文を妨げ，かつ相手方を心身ともに疲労させ」た行為は，本号違反ではなく偽計業務妨害罪に当たるとした。
　○　最決昭59.3.23刑集38巻5号2030頁
　「弁護士である被害者の勤務する弁護士事務所において，同人が携行する訟廷日誌，訴訟記録等在中の鞄を奪い取り，これを2か月余りの間自宅に隠匿し」た行為は，本号違反ではなく威力業務妨害罪に当たるとした。
　○　最決平4.11.27刑集46巻8号623頁
　「被害者が執務に際して目にすることが予想される場所に猫の死がいなどを入れておき，被害者にこれを発見させ，畏怖させるに足りる状態においた一連の行為は，被害者の行為を利用する形態でその意思を制圧するような勢力を用いたものということができるから，刑法234条にいう『威力ヲ用ヒ』た場合に当たると解するのが相当である」として，威力業務妨害罪に当たるとした。
（注8）　なお，同じ衆議院本会議場における議事妨害につき，東京高判昭50.3.25刑裁月報7巻3号162頁は威力業務妨害罪の成立を認め，前掲豊島簡略式命令昭33.6.16は本号に当たるものとしているが，東京高判昭50.3.25の第1審である東京地判昭48.9.6刑裁月報5巻9号1315頁は，その間の差異に関して，次のように述べている。
　「刑法234条にいわゆる『威力ヲ用ヒ』とは，客観的にみて人の意思を制圧するに足りる勢力を用いることをいうものと解すべきところ，被告人らは当時静粛裡に総理大臣甲の所信表明演説が行なわれていた衆議院本会議場の傍聴席において，……突如として相次いで爆竹を連続して鳴らし，大声で叫び，アジビラを撒布する所為におよんだものであり，現にその結果，右演説は一時中断され，議場の議員らも傍聴席を振り返つて立ち上がり，傍聴席の傍聴人も相当多数の者が立ち上がるなどしたという事実が認められるから，被告人らの右の所為が人の意思を制圧するに足りる勢力の行使にあたることは明らかというべく……」

場合には，それらの罪のみが成立し，本号適用の余地はないものと解する。また，各種行政取締法規に，当該官憲による立入調査等を拒み，又は妨げること等を処罰の対象とする趣旨の規定が数多くみられるが，これらの規定もまた本号に対する特別規定であり，それらの規定に違反する罪が成立する場合には，本号の適用は排除されるものと解する。

田畑等侵入の罪（第32号）

> 入ることを禁じた場所又は他人の田畑に正当な理由がなくて入つた者

1 本号の趣旨

本罪は，入ることを禁じた場所又は他人の田畑に正当な理由がなくて入った者が処罰の対象である。

本号の立法趣旨は，立入禁止の場所や耕地の管理権を保護するとともに，耕作物等に対する窃盗や損壊行為を防止しようとするのであり，警察犯処罰令第2条第25号（「出入ヲ禁止シタル場所ニ濫ニ出入シタル者」）及び第3条第17号（「通路ナキ他人ノ田圃ヲ通行シ又ハ此ニ牛馬諸車ヲ牽入レタル者」）を受け継いでいる。

2 行為の対象

行為の対象は，①入ることを禁じた場所又は②他人の田畑である。

(1) 「入ることを禁じた場所」

「入ることを禁じた場所」とは，占有者，管理者が他人の立入りを禁止する意思を表明した場所である。その場所は，公のものであると私のものであるとを問わず，管理者が公務所，公務員であると私人であるとを問わない。

立入禁止の方法は，立札，はり札等の書面によるものであっても柵，垣根，縄張りその他の明示方法によるものであっても，例えば，番人等を置き，立ち入ろうとする人がある都度呼びとめるというような口頭によるものであってもよい。

また，法令の規定により一般的に立入りが禁止されている場所も「入ることを禁じた場所」に当たるものと解する（栗田正・判例解説（刑）昭和33年度606頁，（注1）に掲げた最決昭33.9.10の解説参照）。

立入禁止は，長期にわたる継続的なものであると一時的なものであるとを問わず，また，特に特定人に対してのみ向けられたものであってもよ

い(注1, 2)。

（注1）　○　最決昭33.9.10刑集12巻13号3000頁（「厚生大臣の許可を受けていない物品販売業者，写真撮影者等は国民公園皇居外苑内に立入る事を禁ずる　厚生省国民公園部　警視庁X警察署」との標識が立てられた皇居外苑に，アイスクリーム販売の目的で立ち入った行為が問題とされた事案）

「国民公園皇居外苑は，元来国有財産であつて，国有財産法3条2項2号にいう公共用財産たる行政財産に該当し，その管理及び処分に関する事項は厚生大臣の所管に属し，厚生大臣官房国立公園部長は国民公園皇居外苑を維持管理することをその所掌事務の一つとし，随時その状況を視察し，特にその維持，保存及び使用の適否に注意すべき職責を有することは，国有財産法1条，5条，9条1項，厚生省設置法5条67号，6条2項，8条1項17号，3項，昭和26年12月18日厚生省訓令2号（厚生省所管国有財産取扱規程）2条，5条1号等の諸規定に徴し明らかである。昭和24年厚生省令19号（国民公園管理規則）は，厚生大臣がその所管に属する国民公園皇居外苑等の利用に関し制定した命令であるが，前叙の如く厚生大臣は国民公園皇居外苑に対し一般的管理権を有し，右管理規則はこの一般的管理権に基く管理規定の一端を規定したものに過ぎず，同規則の制定をまたずとも厚生大臣（事務分掌上は，大臣官房国立公園部長）は皇居外苑の維持，保存及び使用の適正を期するため，必要とあらば，厚生大臣の許可を受けていない物品販売業者，写真撮影業者等が皇居外苑に立ち入ることを一般的に禁止する権限を有し，所論指摘の立入禁止の標識は，厚生大臣の権限に属する適法な立入禁止処分を公示する手段に外ならず，厚生大臣において，物品販売業者等が同大臣の許可を受けないで物品販売等の目的をもって国民公園皇居外苑に立ち入ることを禁止する処分をなしたことは右標識の文言自体に徴し明白である。されば厚生大臣の許可を受けないで物品販売の目的をもって国民公園皇居外苑に立ち入ることは，軽犯罪法1条32号前段にいう『入ることを禁じた場所に正当な理由がなくて入つた』罪を構成すること明らかである。」（同旨　東京高判昭32.10.14高刑集10巻10号753頁，東京高判昭32.12.19高裁裁特4巻24号663頁。なお，後の二つの高裁裁判例では，立入禁止の標識の存在を前提としないかのような判示をしているが，「国民公園内において，物を販売若しくは頒布し，又は業として写真を撮影し，又は興行を行おうとする者は厚生大臣の許可を受けなければならない。」と規定した当時の国民公園管理規則第3条の規定から直ちに皇居外苑を「入ることを禁じた場所」と解することは無理だと考えられるので，これらの裁判例の事案も，具体的事実関係においては，前記規定を承けた立入禁止の標識がなされていたものと思われる。）

○　最決昭48.11.16判時721号19頁（「物品販売その他の営業行為を行なうため立ち入ることを禁止する」旨の営林署長名義の制札が立てられた国立公園内の景勝「X山」の噴気孔付近に生卵を蒸して観光客に販売する目的で立ち入った行為が問題とされた事案）

「営林署長は，農林大臣の所管事務を分掌し，国有林野に対し一般的管理権を有するから，右国有林野が国立公園に指定され，自然公園法に定める利用上の規制措置が本来厚生大臣（昭和46年法律第88号環境庁設置法施行後は環境庁長官）の所管に属する場合でも，自然公園法の趣旨目的に抵触しないかぎり，その有する一般的管理権に基づき，裁量により，営林署長の許可を受けない物品販売業者が一定地域内に立ち入ることを禁止することができるのであるから，このような禁止措置に違反して所定地

「場所」には，地域や建造物及びこれらの一部分のほか，建造物に準ずるようなものをも含むものと解する（大塚121頁は，本号の趣旨は，土地の占有を保護することにあるとしているが，狭きに失すると考える。）。

「建造物に準ずるもの」としては，土地の定着物であって，社会通念上建造物に準じて考え得るもののほか(注3)，土地の定着物ではないが，これに準じて考え得るもので，自動車のように，外界からある程度遮断されて独立性を有しており，人がその中に入ることができる広さないし大きさを有するもので，かつ，他人がその中に立ち入ることによって管理者等に管理権を侵されたとの感情を与え，また，そのことが窃盗や損壊行為と定型的に結び付きやすいもの（1に述べた本号の立法趣旨参照）がこれに当たるであろう。

したがって，ドアに鍵をかけて駐車中の自動車内に，これをこじ開けて立ち入るような行為は，全てのドアに鍵をかけてあることが「入ることを禁じた」趣旨とみることができるから，本号に当たるものと解される。なお，ドアに鍵をかけていない自動車も「入ることを禁じた場所」に当たるとする立場もある（稲田＝木谷152頁）。確かに，自動車という場所の性質に着目すれば，一般に，施錠の有無を問わず，他人が無断で立ち入ることを予定しているものではないであろう。その上で，この立場は，当該自動車の占有者又は管理者の他人の立入りを禁止する意思は，当該自動車の存在自体（又は当該自動車の管理者がドアを閉めているという事実）によって表明されていると考えるのであろうが，前述したとおり，本号にいう「入ることを禁じた場所」とは，

　　　域内に立ち入った被告人らの本件各所為が軽犯罪法1条32号前段に該当するとした原判断は，正当である。」
（注2）　なお，例えば，「示威又は喧騒にわたる行為をすることを禁じ，違反者は退去を命ずる」旨を明示したような場所は，示威又は喧騒にわたる行為をするために立ち入ろうとする者に対しては，「入ることを禁じた場所」に当たるといえよう。
（注3）　広島地判昭51.12.1刑裁月報8巻11＝12号517頁は「戦前広島県産業奨励館と称され，昭和20年8月6日広島市に原子爆弾が投下された際，そのほぼ直下において被災し」，「昭和42年広島市当局において，原爆被災の惨状を後世まで保存する目的でその現状を固定すべく前記のような補強工事を施すとともに，その周囲に鉄柵を設けて，一般人の立ち入りを禁止するなどの措置をとつて管理されるに至つた」「原爆ドーム」は，建造物には該当しないが，本号の「入ることを禁じた場所」に当たるとしている。

占有者，管理者が他人の立入りを禁止する意思を表明した場所であるから，自動車であるということだけで直ちに本号の「入ることを禁じた場所」に当たると解するのは困難であると思われる。もっとも，施錠されていなくても，駐車場所の状況（例えば，自宅のガレージ内や契約者以外の無断立入りを禁止している駐車場に駐車しているなど），駐車方法等の外形的・客観的状況により，占有者，管理者が他人の立入りを禁止する意思を明示的に表明していると認められる場合には，「入ることを禁じた場所」といい得るものと考えられる。

また，公衆電話ボックスに電話をかける以外の目的で入る行為も，当該ボックスにそのような行為を禁ずる趣旨の表示等が施されている限り，本号に当たると解されるし，コンビニエンスストアや商業施設等の駐車場にこれらの施設を利用する目的以外の目的で車両を乗り入れる行為も当該駐車場にそのような乗り入れを禁止する趣旨の表示等が施されている限り，同様に本号に当たるものと解される(注4)。

本号前段の罪が成立するためには，立ち入ろうとする場所が「入ることを禁じた場所」であることの認識を要する。すなわち，立札，貼紙等に気付かなかったため，その認識を欠く場合には，本号は成立しない。「入ることを禁じた場所」の認識に当たっては，単に客観的にそのような禁止を伴う場所の外形を認識するだけでは足りず，その場所が入ることを禁じられていることをも認識する必要があるものと解する。なお，上記の認識なしに立ち入った者が，立ち入ったのちに「入ることを禁じた場所」であることに気付いたが，あえて立ち去らない行為は，「入る」行為と行為類型を異にするから，本号の構成要件を充足しない。一方，本法には，刑法第130条後段（不退去罪）のような規定が存しないから，このような行為は，本法による処罰の対象とはならないものといわなければならない(注5)。

（注4） 東京高判昭42.5.9高刑集20巻3号284頁は，デートクラブのビラを置く目的で電話ボックス内に入ったときは，たとえ，通話の目的が併存していても，本号に当たるとしている。同旨　東京高判昭42.8.28高検速報（東京）1611号，仙台高判昭60.4.23高検速報（仙台）昭和60年1号。

(2) 「他人の田畑」

「他人の田畑」とは，他人の管理する田又は畑をいう。自己の所有する田畑でも，他人が適法に管理するものは，「他人の田畑」である。「田畑」であるかどうかは，実態によって決すべきであり，登記簿上の地目のいかんには関係がない。

山林等が「田畑」に含まれないことは，いうまでもないが，果樹園は，「畑」に含まれる。田畑である以上，たまたま一時耕作物が栽培されていなかったとしても「田畑」といえる。

3 禁止される行為

禁止される行為は，正当な理由がなくて入ることである。

「正当な理由がなくて」の意義については，第1号の解説3参照。天災，火事等の場合や，人命救助，犯人追跡のためにする場合等は，正当な理由が認められる適例である(注6)。

「入る」行為については，その場所に滞留する時間のいかんを問わない。その場所を単に通過するような行為も，「入る」ことに当たる。徒歩で入る場合のみならず，車両や馬等を乗り入れる行為も「入る」に当たることはいうまでもない。

「入る」行為が既遂に達したといい得るためには，身体の一部ではなくて，

(注5) 大倉馨「不退去的事案に対する軽犯罪法1条32号の適用」警学31巻6号14頁は，刑法第130条後段の構成要件に当たる不作為，すなわち，その場所の権限者から退去を要求されて不法に退去せず，その場所に滞留を続ける場合には，本号の成立を認めてよいとするが，余りに文理から離れた拡張解釈であって賛成できない。

(注6) 参考として警察犯処罰令第2条第25号における「濫ニ」の意義につき，大判昭6.10.26刑集10巻10號505頁は「警察犯処罰令第2条第25号ニ所謂濫ニトハ社会通念ニ照シ相当ノ理由アリト認ムルヲ得サル場合ヲ指称スルモノトス而シテ原判示ニ依レハ被告人等ハA党B支部所属員ニシテC炭坑構所内ハ同炭坑従業員以外ノ者ハ当該係員ノ許可アルニ非サレハ出入ヲ禁止セル場所ナルコトヲ知悉セルニ拘ラス『団結は武器だ』ト題セル宣伝文ヲ配付スル目的ヲ以テ無断同構所内ニ出入シタル者ニシテ叙上ノ如キ宣伝文ヲ配付スルコトハ出入ヲ禁止セル右構所内ニ立入ルニ付相当ノ理由アルモノト為スコトヲ得サルヲ以テ被告人等ノ行為ハ警察犯処罰令第2条第25号ニ出入ヲ禁止シタル場所ニ濫ニ出入シタル者トアルニ該当スルモノトス」としている。

その全部を入れたことを要するものと解する（住居侵入罪の既遂時期につき，団藤・各論409頁，福田・注釈刑法247頁等参照）。

4 他罪との関係

(1) 住居侵入罪（刑法第130条）との関係

本号は，刑法の住居侵入罪の規定に対し，補充関係にあるから，同罪が成立する場合には，本号の適用はない(注7, 8)。

（注7） 本号の罪には当たらず，住居侵入罪に当たるものとされた例としては，例えば以下のものが挙げられる。
○ 最判昭32.4.4刑集11巻4号1327頁
「原審の認定した事実関係〔「原判決が原判示第4事実認定に引用した証拠によれば甲所在A株式会社B社宅は当時同会社C工場嘱託Xが責任者として看守していたもので同所内社宅20数戸は石垣又は煉瓦塀を以て囲まれ一般民家と区画され同社宅に入るには北東側北西側及び南側に3個の門があり右3個の門はいずれも木製観音開の戸があり内側より閂によつて閉める様な仕組となつていて毎晩午後10時過頃Xが之等の門を閉めることになつており，本件当夜も亦右の門は閉められたのを被告人等のデモ隊がこれを破壊侵入した事実が明白である。」――福岡高判昭31.6.20刑集11巻4号1354頁〕の下においては，本件A株式会社B社宅を社宅20数個を含む一の邸宅と認めて，これに刑法130条を適用したことは正当」
○ 東京高判昭27.1.26高刑集5巻2号123頁
「原判決が被告人は正当の理由なく株式会社甲正門附近から同会社の塀を乗り越えて同会社構内に侵入したと認定し，これを軽犯罪法第1条32号に該当するものとして処断したことは所論のとおりである。しかし原審が取調べた証拠に現われた事実によれば，被告人が侵入した場所は右会社の敷地構内として門塀を囲らし，外部との交通を制限し，守衛警備員等を置いて外来者がみだりに出入することを禁止していた場所であることを認めるに十分である。而して刑法第130条に所謂建造物とは単に家屋だけでなく本件のような会社の敷地構内もこれに包含するものと認めるべきものである。しかるに原審がこれを前記のように単に入ることを禁じた場所にすぎないものと認めたのは人の看守の点につき事実を誤認したか或は建造物の解釈を誤つたかのいずれかであつて，この誤が判決に影響を及ぼしていることは明白であるから，論旨は理由があり，原判決は破棄すべきものである。」
○ 住居侵入罪の成立を否定し，警察犯処罰令第2条25号の罪の成立を認めたものとしては，大判昭7.4.21刑集11巻6號407頁が挙げられ，次のように判示している。
「刑法第130条ニ所謂邸宅トハ人ノ住居ノ用ニ供セラルル家屋ニ附属シ主トシテ住居者ノ利用ニ供セラルヘキ区画セル場所ヲ謂フモノニシテ看守者アル地域ト雖右ニ該当セサルモノハ以テ邸宅ト称スヘカラス而シテ原判決ニ於テ被告人等カ侵入シタリト認メタル所謂社宅納屋構内トハ炭坑内ノ1区域ニシテ該区域内ニハ1棟ニ付約10戸ヨリ成ル長屋27棟アリ外ニ合宿所購買会浴場其ノ他ノ建物存在スルモノナルコト証拠説明

入ることを禁じた邸宅，建物又は船舶は，すなわち，人の看守する邸宅，建造物又は船舶に当たることになるから，これらのものの内に潜むために立ち入る行為は，専ら刑法第130条に当たることとなる。また，人の看守していないこれらのものは，入ることを禁じた場所に当たることとはならない。

　　ニ参稽シテ明ナレハ右地域ハ畢竟多数人ノ住居セル一廓ニ外ナラスシテ邸宅ヲ以テ目スヘキモノニ非ス然レトモ同所ハ黒板塀ヲ以テ囲繞シテ外部トノ交通接触ヲ遮断シ正門及裏門ヲ設ケ正門ハ昼夜限リ開放スルモ見張人ヲ置キ裏門ニハ見張所ナキ為昼間ニ限リ開放シ夜間ハ閉塞スルモノナルコト証拠説明ニ依リ明ナレハ濫リニ出入スルコトヲ禁止シタル場所ナリト謂フヲ得ヘシ而シテ右ノ如キ廓内ニ外来者ノ出入ヲ許否スルハ固ヨリ其ノ管理者ノ自由ナルヲ以テ其ノ意ニ反シテ之ニ出入シタル者ハ警察犯処罰令第2条第25号ニ該当スルモノトス」

（注8）　そのほか，刑法130条の成否について問題とされた事例につき，最近の主な事例としては，例えば，以下のようなものがある。
　　○　最判昭59.12.18刑集38巻12号3026頁
　　　　「駅長の許可なく駅用地内にて物品の販売……等の行為を目的として立入ることを禁止致します」などという駅長名の掲示板が設置された駅入口階段につき「人の看守する建造物」に当たるとした。
　　○　福岡高那覇支判平7.10.26判タ901号266頁
　　　　球場外野スタンドのスコアボードについて「人の看守する建物」に当たるとした。
　　○　東京高判平5.7.7判時1484号140頁
　　　　小学校の校庭につき「人の看守する建造物」であることを認めた。
　　○　最決平19.7.2刑集61巻5号379頁
　　　　現金自動預払機利用客のキャッシュカードの暗証番号等を盗撮する目的で，営業中の銀行支店出張所に立ち入った行為が，銀行支店長の意思に反する立入りであるとして建造物侵入罪が成立するとした。
　　○　最判平20.4.11刑集62巻5号1217頁
　　　　政治上の主義・主張を記載したビラを配布する目的で集合住宅の共用部分に立ち入った行為について，同部分が「人の看守する邸宅」に当たるとした。
　　○　最決平21.7.13刑集63巻6号590頁
　　　　警察署の塀の上部によじ登った行為について，囲繞地の周囲の塀が「人の看守する建造物」に該当するとした（なお，囲繞地については，最判昭51.3.4刑集30巻2号79頁が，「その土地が，建物に接してその周辺に存在し，かつ，管理者が外部との境界に門塀等の囲障を設置することにより，建物の附属地として，建物利用のために供されるものであることが明示されれば足りる」とし，同判例は，建物管理者による一時的な囲繞地の設定についても，刑法130条の客体となり得ることを許容したものと解されている〔松本光雄・判例解説（刑）昭和51年度35頁〕。佐々木一夫・裁コメ刑法2巻134頁は，このような判例の基準は，囲繞地が刑法130条の客体となるのか，本号にいう「入ることを禁じた場所」に過ぎないのかを画する重要な要件といえるとする。)。

したがって、本号の罪と第1条第1号の罪（潜伏の罪）とが競合することはあり得ない。

(2) **窃盗罪（刑法第235条），器物損壊罪（刑法第261条）等との関係**

本号の行為をし，進んで窃盗や器物損壊等の行為に及んだときは，本号の罪とそれらの罪とは，牽連犯の関係に立つものと解する。

例えば，ドアに鍵をかけた自動車の窓ガラスを破って鍵を開け，その中に立ち入ったような場合には器物損壊罪と本号の罪とが成立するが，一般的にはこの両罪は併合罪となるであろう。

(3) **鉄道営業法違反等との関係**

本号の行為が，同時に，鉄道営業法（明治33年法律第65号）第37条（停車場その他鉄道地内にみだりに立ち入る罪）に当たることとなる場合には，両罪が成立し，観念的競合の関係に立つ (注9, 10)。

（注9） ○ 最決昭41.5.19刑集20巻5号335頁（鉄道駅構内に所定の許諾を得ることなく，白タク乗車の勧誘を目的として立ち入って，勧誘を行った事案）

「鉄道駅構内に，許諾を得ることなく立ち入る行為が，軽犯罪法1条32号違反の罪と鉄道営業法37条違反の罪との一所為数法の関係にある旨の原判断は，正当である」

○ 東京高判昭38.3.27高刑集16巻2号194頁

「原判決の挙示する証拠によれば，被告人が立ち入つたのは甲駅正面玄関を入つたところの出札窓口附近のホールでありその当時同駅の営業時間中であつたことが明らかである。そして当審証人Aの尋問調書によれば，右ホールは同駅舎屋の一部として同駅駅長が上級鉄道管理局長の事務の分掌として管理しているものであり，営業休止中出入口にシャッターを降して閉鎖しているような場合を除いては，原則として旅客，送迎人，駅内施設の利用者等鉄道営業及びその付帯施設の業務に関連する用務で出入する公衆のため開放しているのであるが，事実上は右のような用務の有無にかかわらず自由に人の出入を許してこれを制限していないのが実情であり，特に人の出入を監視したり或いはみだりに人の侵入するのを防止するための設備を設けたりしているわけではないことが認められるのであつて，このような状態にある限り，これを目して刑法第130条にいわゆる看守があるものとはなし難い。従つて右のような状態にある前記ホールへ立ち入る行為を以て，直ちに同条の住居侵入罪が成立するものと解することはできない。次に前記当審証人Aの尋問調書及び原判決が証拠として挙示する甲駅長の答申書によれば，同駅構内には『許可なくして鉄道用地内で物品の販売，演説，勧誘等その他営業行為はかたくおことわりいたします』『乗車券の販売，乗車口への割込，車内の座席売，物品の販売配布，演説，勧誘，寄附行為その他客引の目的で駅構内に立ち入ることはできません』等の掲示をして無用者の立入を禁止しているのであるから，乗車券の販売，車内の座席売等の目的をもつて同駅構内に立ち入ろうとする者に対しては，同駅構内は軽犯罪法第1条第32号に定める『入ることを禁じた場所』

なお，本号の罪と鉄道営業法第35条の罪（鉄道係員の許諾なくして，鉄道地内で旅客，公衆に対し，寄付を請い，物品の購買を求め，物品を配付し，その他演説，勧誘等の所為をする罪）とは，併合罪である(注11, 12)。

　本号の罪と新幹線鉄道における列車運行の安全を妨げる行為の処罰に関する特例法（昭和39年法律第111号）第3条第2号の罪（新幹線鉄道の線路内にみだりに立ち入る罪）とは，観念的競合の関係に立つ。なぜなら，新幹線鉄道

　　　にほかならない。従っていわゆる所場売り及び闇切符売りの目的をもってみだりに同駅構内の一部である前記ホールに立ち入った被告人の本件所為は，軽犯罪法の右規定に触れるものというべきである。もつとも鉄道営業法第37条は『停車場其ノ他鉄道地内ニ妄ニ立入リタル者ハ10円以下ノ科料ニ処ス』と定めており，被告人の本件所為は同法条の罪にも該当すると考えられるのであるが，右軽犯罪法第1条第32号と鉄道営業法第37条とは，所論のように一般法，特別法の関係にあるものと解すべきではなく，被告人の本件所為は1個の行為にして右両法条の罪名に触れるものとするのが相当であり，従って重い軽犯罪法第1条第32号の罪の刑をもって処断すべきものである。」（なお，罰金等臨時措置法〔昭和23年法律第251号〕第2条第3項により，刑法〔明治40年法律第45号〕，暴力行為等処罰に関する法律〔大正15年法律第60号〕及び経済関係罰則の整備に関する法律〔昭和19年法律第4号〕の罪以外の罪〔条例の罪を除く。〕につき定めた科料で特にその額の定めのあるものについては，その定めがないものとされている。）
　　○　そのほか，大阪高判昭40.8.10高刑集18巻5号626頁，大阪高判昭41.6.11高検速報（大阪）昭和41年28号，大阪簡判昭40.6.21下刑集7巻6号1263頁等も同様に観念的競合の関係に立つものとしている。
(注10)　(注9)に引用した判例は，全て当時の国鉄駅に対する立入り行為に関するものであるが，それ以外にも，例えば，遮断機により閉鎖中の鉄道踏切に立ち入る行為等の場合に，本号の罪と鉄道営業法第37条の罪とが観念的競合の関係で成立することが考えられる。
(注11)　最決昭41.10.26刑集20巻8号1014頁（勧誘，客引きを目的とする立入りが禁止されていた鉄道駅構内で，駅員の許諾を受けないで旅館宿泊の勧誘行為を行った事案）
　　　「本件につき，勧誘，客引を目的とする立ち入りを禁ぜられた国鉄X駅構内に右目的で立ち入った軽犯罪法1条32号違反の罪と，鉄道係員の許諾を受けないで同駅構内において旅館宿泊の勧誘をした鉄道営業法35条違反の罪とが，併合罪の関係にあるとして処断した原判断は相当である。」(同旨　前掲大阪高判昭40.8.10)
(注12)　なお，(注11)の最高裁決定以前は，大阪高判昭40.9.30高検速報（大阪）昭和40年7-8号は，「駅構内に立ちいる行為と，旅館の宿泊を勧誘する行為とはそれぞれ別個の行為であることは明らかであるから，1個の行為にして数法にふれるいわゆる観念的競合の関係にあるものとは解せられないし，また両者が互いに通常手段結果の関係にあるものとは認められないから，両者は併合罪とみるべきが相当である。」と判示して，併合罪説に立っていたのに対し，他方，前掲大阪高判昭41.6.11は，牽連犯の関係に立つとしていた。

の線路は，そのほとんどが柵等によって囲まれ，立入禁止の趣旨が表示されているものと見ることができるからである。

(4) **その他**

　また，本号の行為が，同時に，日本国とアメリカ合衆国との間の相互協力及び安全保障条約第六条に基づく施設及び区域並びに日本国における合衆国軍隊の地位に関する協定の実施に伴う刑事特別法（昭和27年法律第138号）第2条前段（合衆国軍隊が使用する施設又は区域であって入ることを禁じた場所に入る罪）にも当たる場合は，この規定は，本号に対する特別規定の関係にあるものと解されるから，専ら同条の罪のみが成立し，本号適用の余地はないものと解する。

はり札，標示物除去等の罪（第33号）

> みだりに他人の家屋その他の工作物にはり札をし，若しくは他人の看板，禁札その他の標示物を取り除き，又はこれらの工作物若しくは標示物を汚した者

1　本号の趣旨

　みだりに他人の家屋その他の工作物にはり札をし，若しくは他人の看板，禁札その他の標示物を取り除き，又はこれらの工作物若しくは標示物を汚した者が処罰の対象である。

　本号の立法趣旨は，主として，工作物及び標示物に関する財産権，管理権を保護しようとするものであるが，あわせて，それらの美観を保護しようとする趣旨も含まれているものと解する(注1)。

　本号は，警察犯処罰令第3条第15号（「濫ニ他人ノ家屋其ノ他ノ工作物ヲ汚瀆シ若ハ之ニ貼紙ヲ為シ又ハ他人ノ標札，招牌，売貸家札其ノ他榜標ノ類ヲ汚瀆シ若ハ撤去シタル者」）を受け継いでいる。

　本号の罪は，前段の罪，中段の罪及び後段の罪，すなわち，①みだりに他人の家屋その他の工作物にはり札をする罪，②みだりに他人の看板，禁札その他の標示物を取り除く罪，及び③みだりにこれらの工作物又は標示物を汚す罪の三つに分けることができる。なお，「みだりに」は，本号の全ての部分にかかっている。

（注1）　最大判昭45.6.17刑集24巻6号280頁
　　　「軽犯罪法1条33号前段は，主として他人の家屋その他の工作物に関する財産権，管理権を保護するために，みだりにこれらの物にはり札をする行為を規制の対象としているものと解すべきところ……」としている。同旨　高松高判昭43.4.30高刑集21巻2号207頁，大阪高判平元.5.24刑集46巻4号347頁等。なお，東京高判昭38.6.12東時14巻6号87頁は，「軽犯罪法第1条第33号は，工作物，標示物の安全とその美観等を保護しようとするものであつて……」としている。

2 本号の合憲性

　本号については，これまで，裁判上，前段のはり札をする罪を中心として，しばしば弁護人側から違憲の主張がなされているが，裁判所は，いずれもこれを退けている(注2,3)。

（注2）　○　前掲最大判昭45.6.17（憲法第21条関係について）
　　「たとい思想を外部に発表するための手段であつても，その手段が他人の財産権，管理権を不当に害するごときものは，もとより許されないところであるといわなければならない。したがつて，この程度の規制は，公共の福祉のため，表現の自由に対し許された必要かつ合理的な制限であつて，右法条を憲法21条1項に違反するものということはできず……」としている。同旨　最判昭46.7.23集刑181号351頁，最判昭50.6.12集刑196号589頁，最判昭61.3.6集刑242号249頁，最判昭63.6.16集刑249号627頁，最判平4.6.15集刑260号227頁，最判平8.6.21集刑268号75頁，東京高判昭44.6.16高刑集22巻2号270頁（この判決は，上告審でも，最判昭47.6.6集刑184号417頁によって支持されている。），名古屋高判昭39.8.19高刑集17巻5号534頁，東京高判昭48.5.28公刊物未登載，大阪高判昭49.12.16刑裁月報6巻12号1213頁，東京高判昭50.6.30判時804号105頁，東京高判昭51.3.9東時27巻3号38頁。
　　○　前掲最大判昭45.6.17（憲法第31条関係について）
　　「論旨は，軽犯罪法1条33号前段は憲法31条に違反すると主張するが，右法条にいう『みだりに』とは，他人の家屋その他の工作物にはり札をするにつき，社会通念上正当な理由があると認められない場合を指称するものと解するのが相当であつて，所論のように，その文言があいまいであるとか，犯罪の構成要件が明確でないとは認められない」としている。同旨　前掲最判昭63.6.16，前掲最判平4.6.15，前掲名古屋高判昭39.8.19。
　　○　札幌高判昭42.12.26下刑集9巻12号1530頁（憲法第19条関係について）
　　「具体的な本件ビラ貼り行為を軽犯罪法違反に問うことは，もとより本来内心の問題である思想内容に直接介入するものではないし，さらに間接的な制約と見るにもあまりに遠いのであつて，憲法19条違反の主張はおよそ当らない。」としている。
　　○　前掲大阪高判昭49.12.16（憲法第14条関係について）
　　「弁護人は，電柱に対するビラ貼りの禁止とその処罰は，持たざる市民から表現の自由を奪い，差別的扱いを容認するものであると主張する。しかしながら，軽犯罪法1条33号前段は，適用対象たる人につき差別をもうけるものではなく，みだりに他人の工作物に，はり札したものを処罰するのであつて，同条が憲法14条に違反するものでないことは明らかである。」としている。
（注3）　本号を合憲とした判例としては，（注2）のほか，前掲東京高判昭38.6.12，東京高判27.4.8高刑集5巻4号560頁，東京高判昭45.12.22高検速報（東京）1829号などがある。

3 前段の罪（みだりに他人の家屋その他の工作物にはり札をする罪）
(1) 「他人の家屋その他の工作物」

行為の対象は，他人の家屋その他の工作物である。

「他人の」とは，他人の占有するものであることを意味する。自己所有のものであっても，賃貸借等によって他人が適法に占有するものは，「他人の」に当たる。また，「他人」は，自然人に限らず，法人や法人格のない団体をも含む(注4)。国や地方公共団体に属する工作物も，「他人の」工作物である(注5)。

「工作物」とは，土地に定着する建設物をいい，それが地上にあると地下にあるとを問わない。本号で例示されている家屋のほか，橋梁，ガード，地下道，電柱，信号機，記念碑，塔，門，塀，墓標，公衆電話ボックス，郵便ポスト，掲示板，井戸，建築場の足場などが考えられよう(注6)。衆参両院議員の選挙や都道府県知事選挙において，公職選挙法（昭和25年法律第100号）第144条の2の規定により設置されるポスター掲示場の設備が工作物に含まれることは，いうまでもない。

（注4） 東京高判昭39.4.30判時382号50頁
「『他人の』とは，他人の占有するの意味で，他人は個人にかぎらず法人をも含み……」としている。なお，（注5）の東京高判昭24.7.29についての評釈（小野清一郎・刑判評釈405頁）参照。
（注5） ○ 東京高判昭24.7.29高刑集2巻1号53頁
「原判示倉庫がA市の所有物であり，その意味で公共の工作物であることは明白である。従つてそれは社会的な意味において市民全体のものであるとは謂えるであろうが，法律的な意味では，たとい被告人がA市の一市民であつても，被告人の所有物ではなく，公法人たるA市の所有物である。而してA市は被告人にとつては他人であるから判示倉庫は被告人にとつては他人の所有物である。而して右の倉庫がA市長Xの管理に係ることは原判決が証拠によつて認めるところであるから，それは軽犯罪法第1条第33号に所謂他人の工作物に属するものと謂うべきである。」としている。
○ 東京高判平16.9.3刑集60巻1号53頁
被告人が公園内に設置された東京都Y区所有の公衆便所の外壁にラッカースプレーで「反戦」，「戦争反対」などと大書した事案につき，「本件建物はY区の所有に属し，同区が本件建物の管理処分権を有することが認められ，被告人にとって本件建物は『他人の』建造物に当たることが明らかである。所論は，被告人が本件当時本件公園の近くに住んでいたY区民であったとか，本件建物の装飾などに被告人の意思を反映させられるべきであるなどとして本件建物の『他人』性を争っているが，このような事情は上記の結論を何ら左右するものではない。」としている。

なお,「工作物」というためには,土地に定着するものであることを要するから,自動車,電車などのような可動性のものは,これに含まれない。また,「工作物」は,建設物でなければならないから,街路樹は,工作物ではない。

(2) 「みだりにはり札をし」

禁止される行為は,みだりにはり札をすることである。

「みだりに」の意義については,第7号の解説2(1)参照。かつて,主として下級審で,本号にいう「みだりに」は,特別構成要件をなすものとされた例がある(注7)が,判例は,「みだりに」は,単に行為の違法性を表す用語であって,特別構成要件ではないとする考えに固まってきている。すなわち,例えば,前掲最大判昭45.6.17は,「『みだりに』とは,他人の家屋その他の工作物にはり札をするにつき,社会通念上正当な理由があると認められない場合を指称するものと解するのが相当」としているし,東京高判昭42.11.24高検速報(東京)1632号も,「『みだりに』とは単に行為の違法性を表わす用語たるに過ぎず,所論のようにこれを捉えて本罪の特別構成要件要素であり,美観の侵害の発生を必要とするものとは解されない。」としている(同旨東京高判昭40.12.22下刑集7巻12号2128頁〔もっとも,第2条を適用して,刑を免除している。〕,前掲札幌高判昭42.12.26,前掲東京高判昭44.6.16,東京高判昭44.7.31高刑集22巻4号504頁,前掲東京高判昭48.5.28,前掲大阪高判昭49.12.16,福岡高判昭58.8.24刑資246号1115頁(注8))。

工作物の占有者の許諾がある場合には,「みだりに」とはいえない。逆に,

(注6) 東京高判昭39.6.22高刑集17巻4号417頁
「所論は軽犯罪法1条33号にいう『その他の工作物』というのは,構成要件が不明確であるというが,右工作物の概念は,民法717条の規定にもこれを見るのであつて,それは,人工的作業によつて地上又は地下に設置した一切の建設物を指称する。」としている。また,前掲東京高判昭39.4.30は,「『工作物』とは,建物よりは広い概念で,門,塀,井戸,橋梁,電柱,記念碑,塔,墓標などの土地に定着する建設物を総称し……」としている。同旨 前掲東京高判昭38.6.12。

(注7) それらの多くは,上級審で破棄されているが,裁判例集から確定したものを拾うと,前掲高松高判昭43.4.30(無罪),福山簡判昭42.9.18下刑集9巻9号1178頁(無罪)がある。

占有者の許諾がない場合には,「みだりに」に当たることが多いであろう(前掲各判例の多くは,そのようなケースに関する。)。しかし,工作物の占有者の許諾がなくても,社会常識上是認されるような理由があれば,「みだりに」に当たらないこともあり得る(注9)。

「はり札」は,その材料が紙であると,木片であると,金属であると,あるいは,プラスチック類であるとを問わない(注10)。懸垂幕,旗などの布類も,工作物に固定させる場合,「はり札」になり得る(ただし,稲田＝木谷163頁は,

---

(注8)　なお,前掲東京高判昭50.6.30は,「最高裁判所昭和45年6月17日大法廷判決も判示するように『軽犯罪法1条33号前段は,主として他人の家屋その他の工作物に関する財産権,管理権を保護するためにみだりにこれらの物にはり札をする行為を規制の対象としているもの』であるから,『右法条にいう「みだりに」とは,他人の家屋その他の工作物にはり札するにつき,社会通念上正当な理由があると認められない場合を指称するもの』と解すべきものである。このような観点に立つて考え,さらには,軽犯罪法が日常生活における最低限度の道徳律に違反する行為を取締りの対象とするものであり,違法性の軽微なものをとりあげて,これに制裁を科し,社会の秩序を維持することを目的としていることにかんがみると,所論のいうようなビラ貼りの動機,目的が正当であるか否か,手段方法が相当であるか否か,またビラ貼りによって蒙る被害の程度が軽微であるか否かということによって,『みだりに』の解釈に関する結論を異にすることは,原則としてないものというべきである。」としている。

(注9)　○　高松高判昭24.5.14高刑判特1号339頁
　「軽犯罪法第1条第33号前段の法意は他人の家屋その他の工作物に,その他人の承諾なく且つ社会常識上是認されるような理由なく,はり札をした者という趣旨であると解するを相当とする。蓋し誰でも自分の所有し又は管理する家屋その他の工作物に承諾なしにはり札をされることは権利の侵害とまで考えなくても,少くとも迷惑に感ずるに違いない,然し又所有者や管理人が不在とか不明のため急速に諾否を質することができないとき,承諾を得ずにその建物にはり札をしてもその内容が一般に急告を要する事項で形状や位置も妥当であるという様な場合には法にいう『みだりに』はり札をしたものに該当しないと解すべきであるからである。」としている。
　○　前掲東京高判昭45.12.22
　「そもそも電柱にビラを貼るという如き所為は,そのビラの内容の如何を問わず,所有者又は管理者の許諾を得ない場合は,原則として軽犯罪法第1条第33号前段に違反する犯罪となるものというべきで,但し許諾を受け得ることが明確に予想されるような場合,許諾を受けられないことについて特段の宥恕すべき理由のある場合や,緊急,重大にして許諾を得るに暇のないというような特別な場合には許諾を得ないで貼付しても社会的相当性があると判断される場合があり得るので,このような例外の場合にはみだりにビラを貼付したものであるとは解されないというべきであるが,本件各ビラの貼付の如きはそのような例外の場合には当らないと認むべきである。」としている。

垂れ幕について疑問を呈する。）。しかし，空き缶を利用して，タバコの吸いがら入れを作り，これにペンキなどでスローガン等を記したようなものは，その形状からみて，「はり札」には当たらないであろう（もっとも，屋外広告物法〔昭和24年法律第189号〕又はこれに基づく条例などにいう広告物には当たる場合が考えられる。）。なお，「はり札」に表わされた思想ないし観念の内容いかんによって，「はり札」性が左右されないことはいうまでもない[注11]。

「はり札をする」とは，のりで貼る，セロテープ類でとめる，釘で打ちつける，紐で結びつける等，対象物を付着させる一切の行為をいう。対象物にぶら下げるのもまた，これに当たる。立看板を工作物に針金などで固定させる行為などは，「はり札をする」に当たる[注12]。しかし，工作物に直接ペンキなどでスローガン等を記す行為や，電柱，路上の変電塔の類の隙間にピンクチラシ等を単に差し込んでおく行為などは，これに当たらないものと解される。なお，工作物に既に貼られていた古いはり札の上に重ねてはり札をする行為も本号に当たることはいうまでもない（東京高判昭53.7.18刑裁月報10巻6＝8号1069頁参照）。

(3) 罪　数

本罪の罪数については，時間的場所的に接着して類似の方法で行われたビラ貼り等の行為は包括一罪となる場合が多いであろうが，繰り返しビラ貼り等の行為に及んだ場合であっても，犯意の継続がなく，1回の処罰で処遇す

(注10)　前掲東京高判昭39.6.22
　　「1条33号にいう『はり札』とは，所論の如くこれを木札又は金属製の札に限るべき合理的理由は存しないのであり，本件の如く一時的に貼るポスターの如きも又右『はり札』に該当するものと解すべき」としている。同旨　前掲東京高判昭39.4.30，前掲東京高判昭38.6.12など。
(注11)　前掲東京高判昭51.3.9
　　「はり紙の表示する思想や観念の内容がたとえ営利目的のためのポスター類であろうと，政治的言論の表示であろうと，みだりに電柱にはり紙をすることによって美観風致を害し，電柱の所有者や管理者になにほどかの迷惑を及ぼすことに変りはないばかりでなく，所論が強調する表示内容のいかんにより取り扱いを別異にするような解釈は，かえって思想による差別を生みかねない危険性をはらみ正当とはいえない。」としている。

ることが相当と認められなければ併合罪となる^(注13)。

　なお，併合罪となる場合，軽犯罪法の拘留の刑については，有期の懲役又は禁錮の併合罪加重の上限を定めた刑法第47条のような規定がなく，併合罪関係にあっても単純に併科されるため（同法第53条第2項），拘留の合計日数が行為数に応じて比例的に増えることとなる。判例の中には，この点を量刑において考慮すべきであると明示するものがある^(注14)。

（注12）　東京高判昭56.8.5高刑集34巻3号370頁は，立看板を紙ひもで電柱に結びつけた事案に関し，「立看板とはり札とは本来別個のものであり，立看板を立てかける行為自体は処罰されないのであるから，立看板を付着させる行為が『はり札をした』といえるためには，その付着の態様・程度を問題にせざるを得ないのである。そうして，立看板をひもや針金等でしばりつけて電柱等に固定し，脚部の機能を喪失させるに至つたようなばあいに，はじめて，『はり札をした』といえる」として，本号の成立を否定した。この判断は，脚のついた立看板を「電柱に立てかけ，立看板が風などで倒れないように，その上部付近を紙ひもで電柱に結びつけたに過ぎないこと，したがって，本件立看板は，脚を地面につけた状態で電柱に立てかけられており，紙ひもによる電柱への結び付けは，右立てかけ行為の効果を確保するに過ぎないものと見られるものであること，が認められる」との事実関係を前提とし，さらに，紙ひもの材質や，電柱への結びつけの強さなどが証拠上確定できない事案に関するものである。思うに，立看板を電柱等に付着させる行為が「はり札をし」に当たるかどうかを判断するためには，判旨前段がいうように，付着の態様・程度が問題となろう。すなわち，それが，仮に脚部がなくても，電柱等から容易に離脱しないように付着・固定されているかどうかによって「はり札をし」に当たるかどうかを判断すべきであろう。そのような状態に置かれた以上，脚部で立っているかどうかは問題でない。その意味で，判旨後段が「脚部の機能を喪失させるに至つたようなばあいに，はじめて」としているのは，言い過ぎと思われ，賛成できない。

（注13）　この点，東京高判平11.7.5高検速報（東京）3093号は，平成10年6月3日から平成11年1月18日までの間に東京都内のX駅周辺で敢行されたビラ貼り行為21件の事案について，「いずれの犯行も警察官に現認され，その都度，取調べを受けていたことが明らかであり，そのような取調べの後，再度犯行に及ぶときは，犯意の継続を認めるべきものではなく，本件が包括一罪を構成しないことは明らかであって，併合罪として処断した原判決に法令適用の誤りはない。」と判示し，本件各ビラ貼り行為を包括一罪として評価すべきであるとした弁護人の主張を排斥した。

（注14）　東京高判平11.1.18高検速報（東京）3085号
　　ビラ貼り行為43件の事案につき，拘留は，併合罪加重の上限が定められている懲役刑や禁錮刑の場合と違い，その合計日数が行為数に応じて比例的に増えるため，本来懲役刑より軽い刑であるはずの拘留が，むしろ実質的に重い刑になる不均衡が生じ得ると指摘し，そのような事態を避けるため，「拘留が同時に併科される場合は，その合計日数については自ずと限度が考えられるべきである」などとして，1件につき拘留4日，合計172日の拘留刑に処した原判決の量刑は重すぎて不当であるとした。

(4) 可罰的違法性

本罪については，ビラ貼りなどの行為について，裁判上，弁護人側から，法益侵害の軽微性等を理由に可罰的違法性がない旨の主張がなされることがあるが，そもそも軽犯罪法がその罪責及び法定刑からして比較的軽微な法益侵害を処罰対象としていることなどを理由に，退けられたものが多い[注15]。もっとも，軽犯罪法第2条を適用して刑の免除を言い渡したものも少なくなく，その実例については，第2条の解説**第2**の**2**参照。

4 中段の罪（みだりに他人の看板，禁札その他の標示物を取り除く罪）

(1) 「他人の看板，禁札その他の標示物」

行為の客体は，他人の看板，禁札その他の標示物である。

「他人の」については，3(1)参照。

「看板」は，工作物に固定されたもののほか，立看板などのように移動可能なものをも含む。

「禁札」とは，一定の禁止事項を表示した札を指し，立入禁止，禁煙等と表示したものは，その適例である。記載事項から全体として禁止の趣旨が表れていれば足り，表現の硬軟を問わない。例えば，「タバコはご遠慮下さい」などといった文言を記載した札も「禁札」である。

「標示物」とは，他人に対して何らかの意味を表明した物体をいい，その表明する意味の種類を問わない。本号で例示としている看板，禁札のほか，表札，道路標識，求人のはり札，広告用ポスター等は全て「標示物」である[注16]（もっとも，道路標識の移転・損壊については，道路交通法〔昭和35年法

（注15） 例えば，前掲福岡高判昭58.8.24は，電柱に政党の講演ビラ4枚をガムテープで貼り付けた行為につき，東京高判昭61.10.30高検速報（東京）2862号は，約5センチメートル四方の印刷ビラを各2枚ずつ電話ボックス又は電話キャビネットにセロテープで貼り付けた行為につき，前掲大阪高判平元.5.24は，信号機柱，電柱及び道路標識柱にビラ各1枚をのりで貼り付けた行為につき（原審の堺簡判昭62.5.20刑集46巻4号334頁は，可罰的違法性が欠けるとして無罪を言い渡していた），いずれも可罰的違法性に欠ける旨の弁護人側の主張を退けた。

律第105号〕第115条に特別の処罰規定があるから，本号が適用されることはほとんど考えられない。）。なお，「標示物」は，金属，石，木，紙，化学製品その他材質のいかんを問わないし，また，必ずしも札状あるいは板状のものである必要もない。

(2) 「みだりに取り除き」

行為は，みだりに取り除くことである。

「みだりに」については，3(2)及び第7号の解説2(1)参照。管理権限を有する者が，その管理する工作物に不法に貼られた標示物を除去するような行為や，明らかにその目的を失ったと認められる標示物を第三者が取り除くような行為は，「みだりに」に当たらない一例といえよう。

「取り除く」とは，それまで置かれていた場所から除去することであるが，他人の物件を取り除いて他に隠匿するような行為は，むしろ，刑法第261条（器物損壊罪）に当たることになると解されるから，本号にいう「取り除く」とは，例えば看板を取り外して足元に投げ捨てておくというように，容易に復元できるような状態で取り除く行為を意味するものとしなければならない[注17]。

(注16) ○ 長崎簡略式命令昭33.12.3 第1審刑集1巻12号2266頁
「X協会Y県支部の主催に係る甲国の切手，切り紙，錦織展示即売会会場に於て右甲国展が同支部主催の所謂甲国の物産展示なることを標示するため，同会場天井の螢光灯より針金を以て吊り下げ掲示されていた同支部の甲国国旗様の旗1枚」について「標示物」であるとした。
　○ 東京高判昭51.10.19高刑集29巻4号547頁
市当局が市長名義で，職員に対し市庁舎内に掲示した職務命令書について「標示物」に当たるとした。

(注17) 最判昭32.4.4刑集11巻4号1327頁
労働組合員が，会社の2階庇に掲げてあった組合の木製看板を取り外し，これを約140メートル離れた他家の板塀内に投げ捨て，約14日間同看板の所在を不明とした行為につき，「右看板……の本来の効用を喪失するに至らしめたものであることが認められるのであつて，これを刑法261条の犯罪に該当するものであるとした原判示は正当である」と判示し，軽犯罪法1条33号の適用を否定し，器物損壊罪が成立するとした。

5　後段の罪（みだりに工作物又は標示物を汚す罪）

(1)　「これらの工作物若しくは標示物」

行為の客体は，「これらの工作物若しくは標示物」，すなわち，①「他人の家屋その他の工作物」又は②「他人の看板，禁札その他の標示物」であるが，それらの意味については3(1)及び4(1)参照。

(2)　「みだりに汚した」

行為は，汚すことである。

「汚す」とは，物の効用を害するほどには至らないが，その物本来の美観を損なうことをいう。塀に落書きするような行為は，その一例である(注18)。主観的にいくら美しいものが書けたとしても，その物固有の美観は損なわれるから，なお「汚す」ことに当たる。工作物等に直接ペンキなどでスローガン等を記す行為は，おおむね「汚す」ことに当たるであろうし，また，電柱，路上の変電塔の類の隙間にピンクチラシ等を差し込んでおく行為も，それが多数，無秩序に差し込まれたような場合は，「汚す」ことに当たるであろう。

6　他罪との関係

(1)　刑法犯（器物損壊罪，建造物損壊罪）との関係

標示物を取り除く行為は，その標示物を領得する意思でなされれば，窃盗罪（刑法第235条）を構成し，その標示物を破壊したり，容易に発見できないような場所に放置したりして，その物の効用を害するに至れば，器物損壊罪を構成する（前掲最判昭32.4.4参照）が，この場合，本号の罪は，窃盗罪ないし器物損壊罪に吸収され，本号適用の余地はないものと解する。

本号の工作物にはり札をする行為又は工作物を汚す行為が，同時に，器物損壊罪又は建造物損壊罪（刑法第260条）に当たる場合にも，本号の罪は，そ

(注18)　裁判例では，例えば，前掲東京高判昭51.10.19が，いわゆる春闘に際し，X市職員労働組合の執行委員をしていた被告人が，市当局が市長名義で，職員に対し市庁舎内に掲示した職務命令書の内容をマジックインキで全く反対の趣旨に書き変えた行為につき，本号に当たるものとしている。なお，器物損壊罪との関係について，後掲札幌高判昭50.6.10（247頁）及び福岡高判昭56.3.26（248頁）参照。

れらの罪に吸収されるものと解される。もっとも，実際の事例においては，本号の罪に当たるか，器物損壊罪又は建造物損壊罪に当たるかの限界が問題となることが多く，その場合は，具体的事実関係に即し，当該物件ないし建造物の効用が害されたかどうかを慎重に検討する必要があろう（なお，かつて，裁判上，本号は，親告罪である器物損壊罪の補充規定であるから，やはり親告罪である，との主張がなされたことがあるが，当然否定されている――前掲東京高判昭42.11.24.）。以下，この点に関する主な高裁以上の判例を紹介しておくこととする。

　ア　器物損壊罪ないし建造物損壊罪の成立を認めたもの
　　(ア)　最決昭41.6.10刑集20巻5号374頁（建造物損壊罪の成立を肯定）
　「Ａ社職員をもつて構成するＢ労働組合東海地方本部副執行委員長等の地位にある被告人らが，多数の者と共謀の上，闘争手段として，当局に対する要求事項を記載した原判示ビラを，建造物またはその構成部分たる同社Ｃ局庁舎の壁，窓ガラス戸，ガラス扉，シャッター等に，3回にわたり糊で貼付した所為は，ビラの枚数が1回に約四，五百枚ないし約2500枚という多数であり，貼付方法が同一場所一面に数枚，数十枚または数百枚を密接集中させて貼付したこと等原審の認定した事実関係のもとにおいては，右建造物の効用を減損するものと認められるから，刑法260条にいう建造物の損壊に該当するとした原審の判断は，正当である。」
　　(イ)　最決昭43.1.18刑集22巻1号32頁（器物損壊罪及び建造物損壊罪の成立を肯定）
　「被告人らが，会社当局に対するいわゆる闘争手段として，四つ切大の新聞紙等に要求事項を記載したビラを，会社本社の2階事務室に至る階段の壁，同事務室の壁，社長室の扉の外側および同室内部の壁に約50枚，同事務室の窓ガラス，入口引戸，書棚，社長室の窓ガラス，衝立に約30枚を，それぞれ糊を用いて貼りつけ，これらのビラの大部分を会社側がはがしたあとに合計50枚の同様のビラを貼りつけ，更にその大部分を会社側がはがしたあとに合計60枚の同様のビラを貼りつけ，更にその一部分を会社側がはがしただけで相当数が残存しているところに重複して合計約80枚の同様

のビラを貼りつけた行為は，原審の認定した事実関係のもとにおいては，右建造物および器物の効用を減損するものと認められるから，右行為が刑法260条および261条の各損壊に該当するとした原審の判断は，正当である。」

　㈦　**最決昭46.3.23刑集25巻2号239頁**（器物損壊罪の成立を肯定）

「被告人らが，多数の者とともに，会社当局に対する争議手段として，一頁大の新聞紙に，『犬と社長の通用口』『吸血ババ後藤お松』『社長生かすも殺すもなまず舌三寸』『ナマズ釣つてもオカズナラヌ見れば見るほど胸が悪』等主として，会社社長らを誹謗する文言などを墨書したビラ約61枚を，会社事務所の窓や扉のガラスに洗濯糊をもつて乱雑に貼りつけた行為は，原審の認定した事実関係〔「貼られている状況はきわめて乱雑であり，1枚のビラをもって1枚の窓ガラスのほぼ全面をおおいつくしている感がある。墨書の文字を検すると，これまた乱暴な書体で，……主として社長A，同人妻B，その他会社職制の個人的誹謗にわたるものが殆んどであり，その他は『国会解散会社解産』『首切賛成賃上反対社長』などの文句が散見せられる程度で，中には卑猥を思わせる文言も認められるのである。」「右事務所は実用を主とした比較的簡素なもので，その美的価値を云々するに価しないものであるが，元来窓ガラスは採光を主眼とするものであるところ，ビラの貼られた状況が右のごとくガラスの殆んど全面をおおっている」──大阪高判昭44.4.9判時581号85頁〕のもとにおいては，右窓ガラスや扉のガラスとしての効用を著しく減損するものであり，争議行為の手段として相当ではないとして，暴力行為等処罰に関する法律違反の罪(注19)の成立を認めた原審の判断は正当である。」

　㈣　**最決平18.1.17刑集60巻1号29頁**（前掲東京高判平16.9.3の上告審決定）（建造物損壊罪の成立を肯定）

（注19）　暴力行為等処罰に関する法律（大正15年法律第60号）は，数人共同するなどして刑法第261条等の罪を犯した場合の刑を加重している（第1条）。また，同法は，常習として刑法第261条等の罪を犯した場合も刑を加重することとしている（第1条の3）。

「1　原判決の是認する第1審判決の認定によれば，本件の事実関係は以下のとおりである。(1)本件建物は，区立公園内に設置された公衆便所であるが，公園の施設にふさわしいようにその外観，美観には相応の工夫が凝らされていた。被告人は，本件建物の白色外壁に，所携のラッカースプレー2本を用いて赤色及び黒色のペンキを吹き付け，その南東側及び北東側の白色外壁部分のうち，既に落書きがされていた一部の箇所を除いてほとんどを埋め尽くすような形で，『反戦』，『戦争反対』及び『スペクタクル社会』と大書した。(2)その大書された文字の大きさ，形状，色彩等に照らせば，本件建物は，従前と比べて不体裁かつ異様な外観となり，美観が著しく損なわれ，その利用についても抵抗感ないし不快感を与えかねない状態となり，管理者としても，そのままの状態で一般の利用に供し続けるのは困難と判断せざるを得なかった。ところが，本件落書きは，水道水や液性洗剤では消去することが不可能であり，ラッカーシンナーによっても完全に消去することはできず，壁面の再塗装により完全に消去するためには約7万円の費用を要するものであった。

2　以上の事実関係の下では，本件落書き行為は，本件建物の外観ないし美観を著しく汚損し，原状回復に相当の困難を生じさせたものであって，その効用を減損させたものというべきであるから，刑法260条前段にいう『損壊』に当たると解するのが相当であり，これと同旨の原判断は正当である。」

㋺　広島高岡山支判昭29.11.25高刑裁特1巻12号554頁（器物損壊罪の成立を肯定）

「刑法第261条に所謂物の損壊とは物質的に物の全部又は一部を害し，若しくは物の本来の効用を失わしめる行為をいうものと解すべきである。本件についてこれを見るに，原審で取調べた証拠を綜合すると，被告人等を含む多数の者が，A方の玄関，表札，玄関脇格子窓，玄関東側枝折戸，その両側の板塀，奥座敷縁側，柱，裏側硝子窓，障子窓，邸の周囲の土塀の白壁及び母家の周囲の白壁等に百数十枚に達するビラを貼りめぐらしたこと，右ビラは新聞紙を四つ切にしたものを糊によつて貼りつけたものであ

ること，之等のビラはピンにて取りつけ，又は釘などで引つかけたりしたものとは違つて，すべて糊で貼りつけたものであるから前記の各部分が汚損せられその外観を著しく損ねたものと認めるに十分である。そしてこの汚損の結果が果して刑法第261条に規定する損壊といい得ないであろうか。もとよりこれ等の物件は原判示の如く何等文化的価値を有するものではないにしても，所論の如く社会通念上土塀や母家等の白壁，障子，格子窓の如きは単に住居を外部と区画することのみを目的としているのではなくして人の住居としての威容ないし，美観を備え，われわれの生活感情若しくは美的感情を満たすものであつて，これ等も亦それ等の物の重要なる効用であると認めざるを得ない。従つてこれ等を汚損し人をして嫌悪，不快の感情を起さす結果に陥ちいれしめ又は表札にビラを貼り，これを判読し得ないものとすることはそれ等の物の本来の効用を失わしめるものといい得るのではあるまいか。」「次に器物損壊罪の目的である物は動産であると不動産であるとを問うところではなく，又その物の価値の如何によつて同罪の成否の左右せられるものでもないから，原判示の如く文化的価値の有無によつて，この犯罪の成否を論じようとするが如きことは一般財産権の保護を目的とする刑法第261条の規定の夢想だもしないところと解する。」「更に又原判決はビラは直にはぎとることが出来たから，それ等の物の本来の目的に従って使用することを不可能にしたものとは認められないと判示している。なる程原審で取調べた証拠によると，原判示の如く被告人等がビラを貼つた直後，A方の家族において大方のビラをはぎ取つたことは認めることが出来るが，しかし犯人が犯罪構成要件に該当する行為を実行して所期の結果を発生せしめた後において，犯人の意思ないし行為に全く関係のない他人の偶然な行為によつてその結果が回復せられたからといつて犯罪の成否に影響を及ぼすものとは考えられない。即ちビラ貼りによつて器物損壊罪は既遂に達していると認められるから，原状回復の難易はこの罪の成否に何等の影響をも及ぼさないものと解すべきである。」「最後に原判決は右の所為は軽犯罪法第1条第33号の罪に該当するに過ぎないと認定するのであるが，軽犯罪法は社会観念上個々人の小規模且軽微と考えられる

程度のビラを貼つた場合を処罰の対象とするものであることは疑を容れる余地がない。これに反し本件の如く数十人に余る多数人によつて百数十枚に及ぶビラを住家の周囲の土塀や住家の周囲その他に貼りめぐらすが如き，比較的大規模の多衆人による集団犯罪は軽犯罪法の右規定はもとより，刑法第261条の規定を以つて律すべきものではなくして，これは正に暴力行為等処罰に関する法律第1条第1項（刑法第261条）に該当する犯罪であると解すべきではあるまいか。」

なお，本判決による破棄差戻し後の控訴審判決は，広島高岡山支判昭32.5.30刑資148号104頁である（本判決と同旨）。

(カ) **広島高判昭36.7.3高刑集14巻5号295頁**（器物損壊罪の成立を肯定）

「前記各証拠によるとそのビラ貼りの状況たるや尋常一様のものではなく，被告人Ａ等は右Ｘ駅長室内に所嫌わず実に数百枚のビラを貼りつけ，殊に窓硝子には余すところなく一杯に貼りつけたものであり，為めに同室特に窓硝子は美観を損なつたのはもとより，昼間であるのに拘らず採光することができず，電灯を点じなければ執務し得ないという異常な暗さを招来し，又駅長事務机は約バケツ一杯の糊を流し，且つその上にビラを貼りつけたため，その儘では到底その上での執務は困難な状態となり，駅長の合オーバーはクリーニングしなければ絶対に使用に堪えない程度に汚損したものであることがそれぞれ認め得られるのである。すなわち合オーバーは固より右窓硝子及び駅長用事務机も被告人Ａ等の右の如き所為により一時的ではあつてもその物の本来の効用を滅却されたものと言わざるを得ないのである。所論は右窓硝子，駅長用事務机及び合オーバーはいずれも物理的破損を受けておらず水洗い等による清掃或はクリーニングにより容易に原状に復元せしめ何等の不都合なくして再び使用し得られるから損壊とはならないと言うものの如くであるが，刑法にいわゆる損壊とは物理的に物の一部又は全部を害し，又は物の本来の効用を失わしめる行為を言うものであつて，その物を修復して再び使用することのできない程度に毀損すると言うことは必ずしも損壊の要件でないことは，既に判例が盗難，火災予防のため土中に埋設したドラム缶入ガソリン貯蔵所の土壌を発掘してこ

れを露出せしめた行為, 或は看板を取外して投げ棄てる行為（最判昭25.4.21刑集4巻4号655頁, 並びに最判昭32.4.4刑集11巻4号1327頁各参照）など, 復元の比較的容易な毀損行為について器物損壊罪の成立を認めたことに徴するも明かと言わねばならない。」「以上を要するに合オーバーについて損壊罪の成立することは疑いの余地なく, 又駅長用事務机, 窓硝子等に対するビラ貼り行為も, 前段で説示したその方法, 程度及びそれによつて受けた影響等各般の状況を勘案すれば, 少くとも本件の場合に関する限り既に損壊の域に達しているものと言わなければならない。」

(キ) 札幌高函館支判昭41.8.22刑資177号116頁（器物損壊罪の成立を肯定）

「原判決挙示の証拠によれば, 原判決第2(2)1(イ)から(ト)に摘示の事実〔(イ)自動車3台に, 新聞紙四つ切りに墨書したビラ（以下同様）約150枚を多量の糊で貼りつけた。(ロ)住宅周囲の板べいにビラ約200枚を同様に一面に貼りつめた。(ハ)住宅茶の間の窓ガラスと板べいにビラ約300枚を一面に貼りつめた。(ニ)同所にビラ約250枚を一面に貼りつめた。(ホ)会社仮事務所の机, ソファー等にビラ約50枚を, 続いて, 住宅板べいにビラ約200枚を一面に貼りつめた。(ヘ)住宅茶の間窓のガラスと板べいにビラ約200枚を一面に貼りつめた。(ト)同所にビラ約300枚を一面に貼りつめた。——函館地判昭41.3.11公刊物未登載〕は十分に認めることができる。そして右の事実によれば, 被告人らのビラ貼り行為は, 右(イ)の事実においては自動車3台を, (ホ)の事実においては机, ソファー等をそのままでは使用することができない程度に汚損したもの, 右(ロ)(ハ)(ニ)(ヘ)(ト)の事実においては会社社長A私宅の板塀又は茶の間の窓ガラス若しくはその双方を, そのままでは社会生活上使用に堪えない程度まで著しく外観を汚損し, 窓ガラスについては採光上窓ガラスとしての効用を損つたものであつて, いずれも器物損壊に相当する行為であると認められる。」

(ク) 札幌高判昭43.3.5下刑集10巻3号229頁（器物損壊罪の成立を肯定）

「その態様たるや前記被告人ら約30名が原判示の如く職員執務中の会社事務室及び隣接の社長室に押入り, その壁はもとより窓ガラスから机, 椅子, 戸棚等の什器類, 果ては壁にかけた油絵や写真にまでところかまわず洗車ブラシ等でノリを塗りつけ, 『要求貫徹』『団交開け』等と赤インク等

で大書した新聞紙四つ切りを使用したビラ約200枚を一面に貼りつけたものであつて，上部組合の指導者の中にもその行き過ぎを認めている者がある位であり，これらビラはその後水洗い程度では容易に剝離せず，又ノリやインクのあとがしみこんだりして右什器類等を著しく汚損しその効用を害したことが認められる。」

(ケ)　大阪高判昭44.10.3高刑集22巻5号697頁（器物損壊罪及び建造物損壊罪の成立を肯定）

「生コンの輸送を業務とする会社の労働組合員ら，十数名が，会社に対するいわゆる闘争手段として，二つ切大等にした新聞紙に『団結』，『組合破壊合理化反対』などと墨書したビラを，同会社営業所の事務室および職員宿直室等に使用されている木造平屋建建物の壁，天井および開戸に約80枚，同建物備付けの窓ガラス戸および出入口引戸に約86枚ならびに同従業員控室，仮眠室等に使用されている木造2階建建物の壁，天井および開戸に約143枚，同建物備付けの窓ガラス戸および出入口引戸に約80枚，それぞれメリケン粉糊を用いて貼付した結果，右双方の建物とも，窓ガラス戸，引戸等ガラスの入つた部分はほとんどビラで貼りつくされたために，はなはだしく体裁をそこなうとともに，採光にもかなりの支障をきたし，かつ，建物内外，殊に右事務室内部，従業員控室から2階仮眠室に昇る階段両側，控室便所等の壁，腰板，開戸等には大量のビラがきわめて乱雑にほとんど隙間なく貼りつめられたために，営業所等の施設全体が無秩序で不清潔な様相を呈するにいたつたときは，右各建物には一般顧客の出入が予想されず，また，右建物が建造以来長い年月を経ていて，日常の作業に伴うセメント，砂ぼこり，泥水等によつてすでにうす汚れた状態になつていたとしても，右ビラ貼りの行為は刑法第260条の建造物損壊および同法第261条の器物損壊に該当する。」（なお，この判決は，本件行為は正当な組合活動に当たるとの観点から，無罪を言い渡している。この判決は，上告審でも支持されている〔最決昭47.4.13判時667号103頁〕。）

(コ)　名古屋高判昭46.5.6刑裁月報3巻5号623頁（建造物損壊罪の成立を肯定）

「本件の各証拠，とくに（証拠略）を総合すると，（一），本件のビラ貼りが行なわれた場所は，A株式会社本社建物（かなり老朽化した木造モルタル塗りの2階建て建物）の1階事務室（東西，南北とも，約11メートルのほぼ正方形の形をした部屋）に，同建物の一構成部分として設けられたカウンターで，このカウンターは，事務室の玄関土間部分ともいうべきタイル敷き部分（東西約4.4メートル，南北約2メートルの長方形の形をした部分）と，机，いすなどが置いてあつて，会社事務職員の執務場所となつている板張りの床部分との二つの部分を仕切るような格好で，ほぼコの字型に造られており，その高さは約1メートル，また，上面の幅は約60センチメートルあること，なお，このカウンターは，主として，ラワン製の木材で造られており，その表面にはニス製の塗料が塗られていること。（二），このカウンターは，事務室を訪れる来客のために，その受付けおよび応接用として設けられたもので，現に，本件前後ごろにおいても，右会社は，このカウンターを来客の受付けおよび応接用に使用していたこと。（三），本社建物の階段，壁，窓ガラスなどには，従来から随所に多数の闘争用ビラが貼りつけられていたが，とくに事務室に限つては，右のカウンター部分をも含めて，——本件のビラ貼りが行なわれるまでは——なんらのビラも貼りつけられていなかつたこと。（四），被告人両名は，起訴状記載の日時（当日は日曜日），右のカウンター（その上面および玄関に面した側面）に，ほとんど間隙を残さない程度に，集中的に，『Aの闘争を春闘の発火点にせよ。B団体』とか，『首切りには労働者のド根性で戦うぞ。B団体』などと印刷した92枚にのぼるビラ（正確にはステッカー，なおこのステッカーの縦は約36.5センチメートルで，横は約12.5センチメートルである。）を糊で貼りつけ，そのことによつて，本社建物の一構成部分たる事務室カウンターの品位，美観，清潔を著しく汚損し，ひいてはカウンターの存在する事務室全体の品位，美観をも著しく汚損するという結果をもたらしたこと。（五），もつとも，右カウンターに貼りつけられた本件のビラは，これが貼付せられた日の翌日ごろ，出勤してきた1〜2名の会社職員が，濡れぞうきんを使用して，約1時間くらいの間にほとんど痕跡をとどめない程度に，きれいにふき取つてしま

つたこと。以上のような事実を認定するに十分である。」「被告人両名の本件ビラ貼り行為が，刑法260条所定の建造物損壊罪の特別構成要件を充足する行為に当たることは明らかであつて，疑いを容れない。」(なお，この判決は，本件の行為は正当な争議行為として違法性を阻却するとして，無罪を言い渡している。この判決は，上告審でも支持されている〔最決昭47.3.28判時667号95頁〕。)

㈥　札幌高判昭50.6.10刑裁月報7巻6号647頁（器物損壊罪の成立を肯定）

「刑法261条の『損壊』とは器物本来の効用の全部または一部を失わしめる一切の行為をいい，したがつて単に器物を物質的に変更または毀損する場合のみならず，物質的，有形的に変更，毀損を加えないまでも，これを著しく汚損して，その清潔，美観を害し，事実上もしくは感情上その物を本来の用途に使用しえないような状態に変更する場合をも含むと解すべきである。他方軽犯罪法1条33号後段の工作物を『汚す』とは工作物の美観を害することをいうが，その汚損の程度が軽く，その物本来の用途に使用することを妨げるほどに至らない場合を意味するものと解するのが相当である。関係の証拠によれば，本件において，被告人が汚損に用いた塗料およびその使用の態様の詳細は原判示のとおりであって，本件歌碑は碑面に黄色ペンキを流され，灰色パテを塗りつけられて汚された結果日高むらさき石に刻んだ歌および作者の名前の部分は殆んど判読することができず，また，歌碑に付置され，これと一体となっている寄贈者氏名入り石板の表，裏の両面に刻んだ氏名の一部も読み取れず，右の状態のまま相当な期間（昭和49年8月4日から同月末まで）放置されたものであり，歌碑の美観の著しく害されたことが認められる。そして，詩歌の石碑は詩歌そのものを賛美するとともに観覧者に対し，作者の名を認識させて，永く後世に伝えることを本来の目的とすることはいうまでもないから，前記のような汚損は単に歌碑の美観を著しく害するに止まらず，歌碑本来の効用を失わしめたものというべきである。してみれば，被告人の本件所為は所論のように軽犯罪法1条33号にいうみだりに他人の工作物を『汚した』場合にあたるとし

て軽犯罪法違反に止まるものと解すべきではなく，刑法261条にいう他人の物の『損壊』に該当するものとして，器物損壊罪を構成するものと解するのが相当である。」

(シ)　大阪高判昭53.3.22刑資230号290頁（建造物損壊罪の成立を肯定）

「ビラの貼られたX社会保険出張所の庁舎は昭和27年ころ建築された木造平屋建の建物であつて本件ビラ貼付時まで約7年しか経ていないわりには古びた感じのする建物であつたが，このような建物であつてもそれなりに具備すべき美観ないし外観があるのに，被告人Aらは多数の府民が出入りする庁舎の内部の壁，柱に前記のとおり主としてB所長を誹謗ないし揶揄する内容のビラ約100枚を裏面全体に糊を塗るなどしてところかまわず貼りつけたものであつて，これを剥がすのに掃除専門業者が3人でまる1日かかつたほどで，しかも剥がした後はビラの大きさの黒ずんで汚い痕跡が残つたものであるから，被告人Aらの右ビラ貼りつけの所為は建造物の効用を減損するものと認められる。したがつて，原判決が建造物損壊罪の構成要件に該当するとしたのはその限度では正当である。」

(ス)　福岡高判昭56.3.26刑裁月報13巻3号164頁（器物損壊罪の成立を肯定）

「刑法261条にいわゆる損壊とは，器物本来の効用の全部又は一部を失わしめる一切の行為をいい，その形態を物質的，有形的に変更，毀損する場合だけでなく，これを著しく汚損してその美観を害し，事実上，感情上再びその物本来の用途に使用しえない状態にする場合も含まれ，他方，軽犯罪法1条33号に工作物を汚すとは，工作物の美観を害することをいうが，その汚損の程度が軽く，その物本来の用途に使用することを妨げるほどに至らない場合をいうものと解するのが相当である。」「これを本件についてみるに，司法警察員作成の実況見分調書及び原審証人Aの供述によれば，原判示B学園は鉄筋造り2階建で，周囲をコンクリート塀とブロック塀で囲繞され，その西側が市道に面し，付近一帯は一般民家，民間アパート，公団アパート等が密集する閑静な住宅街にあること，本件落書きがなされた塀は同学園の西側と北側の各上部に金網を張つた（ただし，西側は南端

から塀の上部で計測した3.5メートルまでの部分には金網はない）コンクリート塀（西側の塀の長さ10.35メートル高さは前記金網のない南側で2.32メートルその余の北側では1.14メートル，北側塀の長さ29.3メートル高さ1.02メートルないし0.33メートル）及び北側角の非常用門の左右両側のコンクリート塀（高さ1.9メートル，幅0.9メートル）で，壁面は薄いこげ茶色塗料がなされているが，西側塀は大よそその半分を占める部分に『Xは首切り撤回せよ』，『暴力ガードマン追放』と，非常用門の左右コンクリート塀はほぼその全面に『首切りを撤回しろ』，『原職に復帰させよ』と，また，北側塀は3区画に分れるが，その1区画はそのほぼ全面に『Xは首切りを撤回しろ！』と他の1区画はその一部に『首を＋』とそれぞれ赤色のスプレー式ペンキを使用して合計49個の文字が乱雑に記載され，漢字の大きいもので縦0.73メートル，横0.50メートル，小さいもので縦0.34メートル，横0.35メートルであつたこと，同学園を管理する社会福祉法人C事業団は，直ちに本件落書きの消除を業者に発注したが，壁面がアクリルリシン吹き着けのため消除は不可能であり，落書き部分のみの塗抹等ではむらが生じるため，更めて壁面を全面塗装するほかないこととなり，同作業に作業員3名が従事して3時間ないし4時間を要し，費用として人件費を含め約10万6000円を要したことがそれぞれ認められる。」「右事実によれば，本件落書きが，幼児の養護施設環境にとつて著しく異様で乱雑であり当該施設の塀としてそれなりに有する美観を害したことは明らかで，その程度はその文言内容とも合せ客観的にみてそのままではとうてい使用するに耐えないほどに著しいものであり，しかもこれを消除するためには更めて全面塗装をする以外になく，原状回復が相当に困難であつたことを考慮すると，それは単に軽犯罪法1条33号にいう物を汚した場合にとどまるものではなく，その本来の効用が害された場合に当ると解するのが相当であるから，本件落書きは器物損壊罪にいう損壊に該当するものというべきである。」

イ　器物損壊罪ないし建造物損壊罪の成立を否定したもの
　(ア)　最判昭39.11.24刑集18巻9号610頁（器物損壊罪及び建造物損壊罪の成立を否定）

「本件ビラ貼り行為，すなわち，被告人が昭和33年3月18日午後11時過頃，外4名と共同して，日本国有鉄道山陽線X駅々長室において，同建造物の一部である同室内西側板壁や南東側白壁の下部の腰板に，『人べらしは死ねということだ』，『人間らしい生活をさせよ』等と墨書し，または『みんなの力で賃金調停を有利に出させよう』などと印刷してあるビラ34枚を，また，器物である同室内北西側硝子窓，北側出入口および西側駅事務室に通ずる出入口の各硝子戸，同室内の木製衝立等に同様のビラ30枚を，メリケン粉製の糊でそれぞれ貼り付けた行為につき，刑法260条の建造物損壊罪ないし同261条の器物損壊罪を内容とする，『暴力行為等処罰ニ関スル法律』1条1項の罪を構成するものでないとした原判示は，相当として是認することができる。」

なお，原審の広島高判昭37.1.23刑集18巻9号634頁は以下のとおり判示していた。

「刑法第260条，第261条にいわゆる損壊が，同法にいう毀棄とその意義を同じうし，建物或は器物本来の効用の全部又は一部を失わしめる行為の一切を含み，単にそれ等の物の形態を物質的有形的に変更毀損する場合だけでなく，物質的な変更毀損は加えないでも，これを著しく汚損してその清潔美観を害し，事実上若しくは感情上，その建物や器物を本来の用途に使用し得ないような状態に変更する所為もまた，これを損壊と解すべきことは，検察官所論のとおりであり，原判決もまた右と同一の見解に立つているものと考えられるのである。しかして被告人が昭和33年3月18日午後11時過頃，A外3名と共同して，日本国有鉄道山陽線X駅々長室において，同建造物の一部である同室内西側板壁や南東側白壁の下部の腰板に，起訴状記載のようなビラ34枚を，また器物である同室内北西側硝子窓，北側出入口及び西側駅事務室に通ずる出入口の各硝子戸，同室内の木製衝立等に同様なビラ30枚を，メリケン粉製の糊で各貼り付けたことは，原審並びに当審において取調べられた証拠に照らし，疑を容れないところであつて，原判決もまたこれを認めているところである。ところで所論は被告人の右ビラ貼行為を以つて，刑法第260条等にいわゆる損壊に該当すると主張す

るのであるが，原審並びに当審の証拠を精査して見ても，前記ビラ貼行為のために，右建物や器物に物質的な損傷を生じたと認め得るような証拠はなく，却つて手を以つてビラを剝ぎ，清水を以つてその跡を洗滌することによつて，比較的容易に旧状に復し，ただ一部に，ビラに使用していた赤インクによる汚染が，かすかに残存して居つた外はその痕跡を止めない程のもので，前記赤色の汚染にしてもその後日常の清掃によつて，間もなく完全に消失したというのであるから，本件の場合建物や器物の物質的有形的な毀損を問題とする余地は存しないばかりでなく，これをより実質的な効用の減損という点から判断して見ても，もともと本件ビラ貼行為の対象となつた駅長室は，同駅々長や駐在運輸長の執務上の便宜のためにする事務室で，併せて来客との応接の用にも供せられていた関係から，或る程度の品位や美観を兼ね備えていることもまた要求せられるところではあるが，そのような用途は比較的第二義的なもので，同室並びにその備品の効用は，より実際的な事務室としての便利と実用を主眼とするものと解せられるのであつて，また実際これを司法警察員作成の検証調書等について見ても，右駅長室は改築直前の比較的簡素な駅舎の一部で，その構造並びに備品にしても，特に高度な品位や美観を備えていたとは認められないのである。しかも一方本件ビラ貼の状況を，前記検証調書等によつて見ると，なるほどその枚数は相当多数に昇り，若干ながら同室の採光，品位，美観を害したものであることは，否定し得べくもないところではあるが，ビラ貼の箇所，ビラの寸法，形状，紙質，文字の体裁，貼方などは，ほぼ一定し比較的整然として居つて，事務室としての同室の効用に，さして障害を及ぼしたと認め得ないのはもちろんのこと，応接室としての効用を著しく毀損する程，その品位や美観を害したものとも認め得ないのである。」「されば原判決が本件ビラ貼行為を以つて，未だ刑法第260条の建造物の損壊罪や同第261条の器物損壊罪を内容とする，暴力行為等処罰ニ関スル法律第1条第1項の罪に該当しないと判断したのは正当であつて，所論のように事実誤認や法令の解釈適用の誤があるとはなし得ないのである。」[注20]

(イ) 東京高判昭53.11.7刑裁月報10巻11＝12号1378頁（建造物損壊罪の成立を否定）

「本件ビラの貼付状況，特にその貼付場所は右〔郵便局〕公衆室の正面外側の，高さ2.3メートル，幅1.0メートルのはめ殺しガラス窓14枚及び同型のガラス扉2枚から成る部分であり，本件ビラ（わら半紙を縦半切りにしたもので縦約36センチメートル，横約12.5センチメートル）は右のガラス窓11枚及びガラス扉2枚の中央部分にガラス1枚につき2枚ないし12枚を二段（2枚のところは一段）にして貼られており，ビラの占めている部分はガラスの約3分の1に当たる中央部分で，ガラスのその余（上下）の部分は空いているし，ビラの位置は直立した人の眼の高さくらいであるとはいえ，各窓及び扉の左右の枠まで隙間なく貼られているわけではなく，したがつて，いずれの窓及び扉もビラと枠との間あるいはビラとビラとの間か

(注20) なお，この判例の事件は，第1審（山口地裁）において，本件ビラ貼り行為を単純に無罪としたのに対し，第2審は，「もともと軽犯罪法なるものは，日常生活における卑近な道徳違反の行為のうち，その違法性や侵害性の比較的軽微なものを処罰の対象として規定しているだけで，その本質はやはり刑事犯的な性質を具有するものと解せられて居り，軽犯罪法第1条33号の罪は，刑法の毀棄損壊罪に達しない程度のビラ貼行為や汚損行為を処罰の対象とするもので，両者の相違はその違法性と侵害性の程度にあるとされているのである。」「して見れば本件ビラ貼行為を内容とする建造物損壊等の訴因を，軽犯罪法第1条第33号の罪に変更認定することは，その基本的な事実関係を動かすものでないのはもちろん，構成要件的にもその違法性や侵害性において，またその刑責において，はるかに縮少された事実を認定するものであるばかりでなく，これを本件訴訟の経過について見ても，弁護人は原審において，本件ビラ貼行為について労働組合法第1条第2項の刑事免責を主張しながら，念のため本件は建造物損壊等の規定に該当するものではなく，軽犯罪法第1条第33号に該当するものであることに論及している位であるから，本件の場合建造物損壊等の訴因を軽犯罪法第1条第33号の罪と変更認定するには，敢えて訴因変更の手続を経るの要はなく，訴因の変更追加の手続を経ないで，右のような認定をしたからといつて，被告人の防禦に不測の不利益を及ぼすとは考えられないのである。」「しかるに原判決が右と異なる見解の下に，前記のように，建造物損壊等の公訴事実を無罪としたのは，訴訟法令の解釈適用を誤り判決に影響を及ぼすべき過誤を犯したものとせざるを得ない（なお検察官は当審において，念のため軽犯罪法の訴因を予備的に追加している。）。」として，本号の罪につき有罪の認定をした。ただし，最高裁は，本件起訴当時，建造物損壊罪及び暴力行為等処罰に関する法律違反としては公訴時効は完成していなかったが，軽犯罪法違反としては公訴時効が完成していたとして，原判決を破棄し，免訴の言渡しをしている。

らも外を見通すことができる状態であり、ビラによる採光阻害も、原判示のとおり『ガラス部分から太陽光線が差し込んでいる状態の時にレースのカーテンをかけた程度に暗くなつた』というものであり、また一般利用者の読み書きにいくらか障害があつたとはいえ、それも利用者の一人が字を書こうとしてペンをとつたところ、『眼鏡がくもつているのか、書きにくいなと思つて窓を見たら、ビラが貼つてあつた。』という程度のものであることを考えると、いまだ本件ビラ貼りによって本件建物の効用を減損したとは認め難く」として、建造物損壊罪の成立を否定した。

なお、軽犯罪法第１条第33号を適用処断しない理由については、述べるところがない。

(ウ) 東京高判昭55.6.19判時1002号133頁（建造物損壊罪の成立を否定）

「Ａ証券株式会社は、証券の委託売買等を業とする会社であつて、その１階（営業室）の正面のコンクリート柱の間は、いわば『総硝子張り』の造りとなつていて、透明硝子の美観に着目し、これを発揮させることによつて会社の社会的信用ないし好印象を保持することのほかに、表通りから営業室を見透すことができるようにし、客に開放感、親近感を与えて室内への立入りを勧めるという客寄せの効果を狙い、同時に、表通りから掲示箱内に掲示されたポスターを見透せるようにし、あわせて自然光を室内に採り入れることなども配慮していると見られるところ、被告人らは、軍手にボンド混入の澱粉糊をつけて、１階正面の横さんから下のコンクリート柱を含む外側部分にこれを塗り付けたうえ、合計134枚のビラを貼つたものであつて、特に透明の硝子壁、硝子扉、掲示箱用窓硝子からなる横約6.08メートル、縦約２メートルの硝子面には合計121枚のビラを密接集中して貼り、その殆んどをおおつてしまい、硝子面のビラの貼られなかつた部分にも糊が塗られ、垂れた糊が硝子扉の下枠に付着しており、そのため表通りから営業室内に対する見透しや掲示箱内に掲示されていた顧客勧誘のポスターに対する見透しもかなり困難となり、同室内における自然光の採光も若干阻害されたものであつて、被告人らの本件ビラ貼りによって社屋の美観、見透し、採光の効用が全く減損されなかつたものとは言えない。し

かしながら，右の社屋の美観，見透し，採光の効用並びに原状回復等について，更に考えてみると，㈤もともと，Aのような証券会社において，社屋の美観を発揮して会社の社会的信用ないし好印象を保持したり，社屋を開放的な感じにして客寄せをしたり，顧客勧誘のポスターで宣伝したりするのは，それなりの効用があるとしても，かなり間接的，抽象的な方途であつて，例えば，一般通例の商店において，店頭の好印象を保持するために工夫したり，宣伝したり，店内やショーウィンドー内に商品の現物を陳列する場合などとは自ら異つている。現に，Aにおいては，実際には，営業部員らの顧客に対する勧誘，接渉，商談等は電話をしたり顧客宅等に出向くことによりなされるのが普通であつて，顧客がみずから来店することはそれほど多くはなく，まして，いわゆる『とび込み』の来客は少なかつたのであって，顧客の獲得は，主として社員らの具体的な営業活動とそれを通じて培われた会社や社員等の信用等によつて進められているのである。そして，本件ビラ自体についていえば，前記のとおり労使紛争を窺わせる文言を黒インクで印刷したものであつて，特に不体裁にわたるものではなく，これが一部を除けば，比較的整然と貼られ，証券会社において必要とされる社屋の美観を際立つて阻害したものであるとは認められない。㈸営業室における自然光の採光についてみると，もともと，1階営業室内の明るさは，天井に取り付けられた螢光燈の照明だけによって確保されるように設計され，現に日中においても営業時間中はこれが点燈され，本件のビラ貼りがなされた時もこれが点燈されていたものである。硝子面からの自然光の採光もなされてはいたが，それは補助的なものであり，室内正面側のカーテンが引かれることもあり，しかも，ビラの全く貼られていない横さんの上の硝子壁からの採光は，本件建物の1階営業室正面側の硝子壁，出入口硝子扉等になされた本件ビラ貼りによつてなんら妨げられなかつたのである。㈨更に，本件ビラが貼られた部分は，地上6階，地下1階の社屋のうち，1階正面（ほぼ2階分の高さがある）の下半分（そのうち硝子面は横約6.08メートル，縦約2メートル）の比較的狭い範囲に局限されており，したがつてそれと同時に貼付された本件ビラの枚数は，134枚であ

つて必ずしも大量のものでないことも無視することができない。㈡その結果社員2人が約55分間ホースの水をかけたり，金属性のヘラで剝ぐなどして本件ビラ等をすべて取り除き，原状を回復したのである。以上を合わせて考慮すると，被告人らの本件ビラ貼り行為によつて本件建造物の美観，見透し，採光等の効用が減損されはしたが，その程度は著しくはなく，一時的であつて，比較的容易に原状を回復することができたのである（それが軽犯罪法に触れるかどうかは別論である。）から，被告人らの本件ビラ貼り行為は建造物の損壊には該当するものとは認められない。」

なお，本件では，裁判長の軽犯罪法違反としての訴因を追加請求する意思があるかどうかとの発問に対し，検察官が同訴因の予備的追加を請求しなかったことを理由として，本法第1条第33号の罪の成否については判断しないものとしている。

㈡　広島高判平13.10.23裁判所ウェブサイト（器物損壊罪及び建造物損壊罪の成立を否定）

倉庫の外壁への落書きにつき，「関係証拠によれば，本件落書きは，スプレー，ペンキ又は墨で肉太に大きく目立つように書かれたというものではないこと，本件落書きがなされている部分は，本件建造物（倉庫）の外壁であって，同所はモルタル壁で，細かい凹凸があるため，文字の線はかすれがちであり，灰色がかった白色の壁面にかすれがちの黒色の文字が書かれているため，見る者にさほど強い印象を与えるものでないことが認められ，また，上記約5万円の費用を投じて外壁を修復すると，その外壁は，落書きがされる直前の状態，すなわち厳密な意味での原状に回復すること以上に美観などが改善されるものと窺われ，そうだとすると，上記約5万円の金額の中には，厳密な意味での原状回復費のほかに改善費の部分も含まれているとみることができ（なお，修復に要する（作業時間数で表される）労力についても，同様の問題点を指摘することができる。），上記約5万円の費用のうち，厳密な意味での原状回復費がいくらであるかを認定するに足る証拠はない。また，本件落書き前の本件建造物（倉庫）の時価がいくらであり，本件落書きによる本件建造物（倉庫）の時価の下落分が落書き前の

時価に比しどの程度の割合を占めるかということを認めるに足る証拠もない。さらに，本件建造物（倉庫）の外壁に対し軽犯罪法1条33号該当の汚損がなされた場合であったとしても，所有者・管理者がその修復を望み，その修復になにがしかの費用を要し，したがって，本件建造物（倉庫）の経済的価値になにがしかの減少をもたらす場合のあることは否めない。加えて，建造物損壊罪は，非親告罪で，懲役よりも軽い法定刑は定められていないから，建造物を損壊したと認めるためには，懲役を科すに足る態様・程度の行為・結果であることが必要であり，他方，軽犯罪法1条33号の汚損の罪に対しては，最高で29日の拘留を科すことができると定められており，このような拘留の上限を参酌すると，上記汚損の罪は，相当程度に悪質な態様・程度の行為・結果をも予定していると解することができる。以上の検討結果に原判決指摘の諸般の事情を併せ考慮すると，落書きをされた本件建造物（倉庫）の外壁の修復費に約5万円を要することなど検察官がるる主張するところを十分勘案してみても，本件落書きの内容や態様，程度によれば，本件建造物が，軽犯罪法1条33号所定の『汚した』という程度を超えて，その本来の効用を著しく減損されるに至り，損壊されたとみるのが相当であるとはいえない。」などとして建造物損壊罪の成立を否定し，塀への落書きについても，これとほぼ同様の理由により器物損壊罪の成立を否定して，いずれも本法第1条第33号後段の工作物等を汚す罪が成立するにとどまるとした原判決の認定を支持した。

(2) その他の刑法犯との関係

次に，本号の行為が境界標に対してなされれば，本号の構成要件と境界損壊罪（刑法第262条の2）の構成要件とをともに充足することとなる場合があり得る。その場合にも，本号の罪は，境界損壊罪に吸収され，本号適用の余地はないものと解する。また，占有者ないし管理者の意思に反して，建物の内に入り，ビラを貼るような行為は，住居侵入罪（刑法第130条）と本号の罪との両罪名に触れることとなるが，この場合，両罪は，牽連犯の関係に立つ（前出(イ)の最決昭43.1.18の原判決である名古屋高金沢支判昭42.3.25下刑集9巻3号191頁も，ビラ貼りによる建造物損壊と住居侵入とは牽連犯であるとしている。）。

(3) 業務妨害等との関係

　さらに，本号の行為によって他人の業務を妨害することとなれば，本号の罪のほかに，第１条第31号（業務妨害の罪），威力業務妨害罪（刑法第234条）又は偽計業務妨害罪（同法第233条）が成立し得るが，その場合，本号の罪とそれらの罪とは，観念的競合の関係に立つ（稲田＝木谷171頁）。本号の罪と，選挙運動用ポスターの除去等の方法による公職選挙法第225条第２号の罪（選挙の自由妨害罪）との関係も同様である。

(4) 特別法違反との関係

　土地改良法（昭和24年法律第195号）第139条の罪（土地改良事業の施行に関して設けられた標識を移転，汚損，毀損又は除去する罪），土地区画整理法（昭和29年法律第119号）第142条，第81条第２項又は大都市地域における住宅及び住宅地の供給の促進に関する特別措置法（昭和50年法律第67号）第115条，第71条の罪（土地区画整理事業又は住宅街区整備事業の施行に必要な測量を行うため，又は仮換地若しくは換地の位置を表示するために設けられた標識を施行者の承諾を得ないで移転，除却，汚損又は毀損する罪），都市再開発法（昭和44年法律第38号）第143条，第64条第２項又は新住宅市街地開発法（昭和38年法律第134号）第56条，第34条の２第２項の罪（市街地再開発事業又は新住宅市街地開発事業の施行の準備又は施行に必要な測量を行うために設けられた標識を設置者の承諾を得ないで移転，除却，汚損又は損壊する罪），新住宅市街地開発法第56条，第34条第４項，都市緑地法（昭和48年法律第72号）第78条第１号，第７条第３項又は生産緑地法（昭和49年法律第68号）第20条第１号，第６条第３項の罪（新住宅市街地開発事業が施行された土地である旨，緑地保全地域である旨又は生産緑地地区である旨を表示した標識を設置者の承諾を得ないで移転，除却，汚損又は損壊する罪）等は，本号の特別規定と解されるから，それらの罪が成立する場合には，本号適用の余地はない。さらに，道路交通法（昭和35年法律第105号）第115条の罪（みだりに道路標識等を移転・損壊する等の罪），道路法（昭和27年法律第180号）第101条又は高速自動車国道法（昭和32年法律第79号）第26条の罪（みだりに道路・高速自動車国道を損壊し，若しくは付属物を移転し，若しくは損壊して道路・高速自動車国道の効用を害し，又はそれらにお

ける交通に危険を生じさせる罪）が成立する場合も同様であると解される（もっとも，稲田＝木谷171頁は，本号と道路交通法第115条の罪とは，観念的競合の関係に立つとする。）。

(5) **屋外広告物条例違反との関係**

屋外広告物法第3条から第5条まで及び第7条第1項は，都道府県又は指定都市等の条例により，広告物の表示等を禁止するなどし，その違反があれば表示の停止などの必要な措置を命じることができるものとしている。同法第34条は，それらの条例には，罰金又は過料のみを科する規定を設けることができるものとしており，これを受けて，各地で屋外広告物の規制に関する条例が制定されている[注21]。

したがって，これらの条例によって屋外広告物の表示が禁止されている地域，場所等にみだりにはり札をする行為は，本号の罪を構成すると同時に，これらの条例違反の罪を構成する場合があるが，このような場合には，両罪がともに成立し，観念的競合の関係に立つものと解する。なぜなら，本号は，主として，工作物の占有者，管理者の財産権ないし管理権を保護することを目的とするものであるのに対し，屋外広告物の規制に関する条例の規定は地域一般の美観風致を保護し，又は公衆に対する危害を防止することを目的としており（屋外広告物法第1条参照），互いに主たる保護法益を異にすると考えられるからである[注22]。

(注21) 例えば，東京都屋外広告物条例（昭和24年条例第100号）には，以下のような規定が設けられており，禁止区域で，又は，禁止物件に，広告物を表示する行為が刑事罰の対象とされている。
「第 6 条（禁止区域）
　次に掲げる地域又は場所に，広告物を表示し，又は掲出物件を設置してはならない。
　一～六　〈略〉
　七　国又は公共団体の管理する公園，緑地，運動場，動物園，植物園，河川，堤防敷地及び橋台敷地
　八　〈略〉
　九　学校，病院，公会堂，図書館，博物館，美術館等の建造物の敷地及び官公署の敷地
　十　道路，鉄道及び軌道の路線用地。ただし，第 8 条第 2 号に掲げる地域を除く。
　十一　前号の路線用地に接続する地域で，知事の定める範囲内にあるもの。ただし，第 8 条第 2 号に掲げる地域を除く。
　十二　前各号に掲げるもののほか，別に知事の定める地域
　第 7 条（禁止物件）
① 次に掲げる物件には，広告物を表示し，又は掲出物件を設置してはならない。
　一　橋（橋台及び橋脚を含む。），高架道路，高架鉄道及び軌道
　二　道路標識，信号機及びガードレール
　三　街路樹及び路傍樹
　四　〈略〉
　五　郵便差出箱，信書便差出箱，公衆電話ボックス，送電塔，テレビ塔，照明塔，ガスタンク，水道タンク，煙突及びこれらに類するもの
　六　形像及び記念碑
　七　石垣及びこれに類するもの
　八　前各号に掲げるもののほか，特に良好な景観を形成し，又は風致を維持するために必要なものとして知事の指定する物件
② 〈略〉
第68条（罰金）
　次の各号の一に該当する者は，30万円以下の罰金に処する。
　一　第 6 条又は第 7 条第 1 項の規定に違反した者（第 6 条各号に掲げる地域若しくは場所又は第 7 条第 1 項各号に掲げる物件にはり紙，はり札等，広告旗又は立看板等を表示し，又は設置した者を除く。）
　二～八　〈略〉」
(注22) 両罪が観念的競合の関係に立つとした裁判例としては，例えば，高松高判昭44.3.28刑裁月報 1 巻 3 号221頁がある。

虚偽広告の罪（第34号）

> 公衆に対して物を販売し，若しくは頒布し，又は役務を提供するにあたり，人を欺き，又は誤解させるような事実を挙げて広告をした者

1　本号の趣旨

公衆に対して物を販売し，若しくは頒布し，又は役務を提供するに当たり，人を欺き，又は誤解させるような事実を挙げて広告をした者が処罰の対象である。

本号は，誇大広告，虚偽広告等の多数の人を騙すこととなりやすい行為を禁止することとしたものであり，それが物の販売ないし有償による役務の提供に当たって行われる場合についてみれば，詐欺罪の予備的行為を禁止しようとするものとみることもできる。なお，本号は，警察犯処罰令第2条第6号（「新聞紙，雑誌其ノ他ノ方法ヲ以テ誇大又ハ虚偽ノ広告ヲ為シ不正ノ利ヲ図リタル者」）を受け継いでいる。

2　行為の機会

行為の機会は，公衆に対して物を販売し，若しくは頒布し，又は役務を提供するに際してである。

(1) 「公衆に対して」

「公衆に対して」とは，不特定又は多数の人に対してとの意味に解するのが相当である（第6号の解説2(3)イ参照）(注1)。

(2) 「物を販売し，若しくは頒布し，又は役務を提供する」

「物」とは，刑法第235条（窃盗罪）等にいう「財物」と同じ概念であり，動産及び不動産といった有体物のほか，物理的に管理可能な無体物をも含む。

「販売」とは，不特定又は多数の人に対して，反復して行う意思で，物を

(注1)　本書三訂版264頁では，不特定，特定を問わず多数の人に対しての意味に解すべきであるとしていた。

有償で交付することを約することである。このような意思で行われれば，現実に不特定又は多数の人に対して有償の交付を約したことも，反復して行ったことも必要でないし，また，交付を約すれば足り，現実に物の交付を了したことも必要でない。

「頒布」とは，不特定又は多数の人に対して行う意思で，物を無償で交付することをいう。「販売」と異なり，「頒布」には，反復継続の意思は必ずしも必要でない。1回だけでやめるつもりで行っても，「頒布」に当たる。

「役務の提供」とは，他人の依頼又は承諾を得て一定の仕事をすることをいい，作業員として働くなどといった肉体的労力を提供する場合と，教授や祈禱などといった精神的労力を提供する場合の双方を含む。しかし，ホテル・旅館が宿泊客を勧誘するような場合は，専ら施設の提供に関するものとして理解されるべきであり，「役務の提供」に関するものとはいえないから，本号の対象とはならない。また，「役務の提供」は，「販売」及び「頒布」に対応するものであるから，それが有償で行われるか，無償で行われるかを問わないものと解される。

3　禁止される行為

禁止される行為は，①人を欺くような事実を挙げて広告すること，又は②人を誤解させるような事実を挙げて広告することである。本号は，誇大広告，虚偽広告のたぐいを禁止することを目的としているから，「ような事実」を「誤解させる」だけにかけて，「人を欺いた者」と読むのは誤りである。

(1)　「人を欺き，又は誤解させるような事実を挙げて」

「人を欺く」とは，他人を錯誤に陥れ，虚偽の事実を真実と誤認させることを意味する。これに対し，「人を誤解させる」とは，当該行為によって他人が錯誤に陥ること一般を意味する。すなわち，前者においては，行為者に確定的な欺罔の意思が存在するのに対し，後者においては，行為者に欺罔の未必的な意思又は過失があれば足りるものということができる。しかし，本号は，「人を欺く事実」，「人を誤解させる事実」と規定せずに，いずれについても，「ような事実」という字句を付加しているから，単純に前段は確定

的犯意に基づくものであり，後段は未必的犯意に基づくものであるとする説（例えば，大塚122頁）には，賛成しがたい。「ような事実」に着眼しつつ，用語の意義を考えれば，「人を欺くような事実」とは，社会通念からして，通常，人を錯誤に陥らせ，それが虚偽であるのに，真実と誤認させることとなるような事実であり，「人を誤解させるような事実」とは，社会通念からして，通常の場合，他人が錯誤に陥るおそれのある事実であるということができる。このように考えると，前者は，通常，確定的犯意に基づいて行われることが多いと思われる類型のものであり，後者は，通常，未必的犯意に基づいて行われることが多い類型のものであるということはできようが，結局，いずれにしても，客観的にみて，他人が錯誤に陥りやすい事実を指すことに帰するから，いずれか一方は蛇足であり，ただ，語感の上から二つを並べたにすぎないものと解さざるを得ない。

また，「ような事実」とある以上，本号が成立するためには，当該事実が，社会通念上，他人が錯誤に陥りやすい事実であり，かつ，行為者に当該事実自体についての認識があれば足り，行為者が人を欺罔し，又は誤解させる意図を有したことは必要でないものと解すべきである。

本号では，「事実を挙げる」ことが必要であるから，単なる意見を述べただけでは，本号の罪は成立しない。例えば，株式の販売に当たり，「甲会社は，本年秋復配することになった。」とするのは，事実を挙げたものといえるが，「甲会社は，本年秋復配すると思われる。」とするのは，意見を述べたにとどまり，事実を挙げたことにはならない。

なお，広告の細部に若干の虚偽又は誇張があったとしても，主要事項に虚偽又は誇張がなければ，「人を欺き，又は誤解させるような事実」を挙げたものとはいえないことが多いであろう。広告には往々にして若干の誇張等があることは，通常人の知るところであり，軽微なものについては社会通念上取引上のテクニックとして認容されているものとみることもできるからである。

(2) 「広告」

「広告」とは，不特定又は多数の人に対してある事柄を告知することをい

う(注2)。「広告をする」とは,新聞,雑誌,立札,はり札,テレビ,インターネットの掲示板への書き込み等の視覚に訴えるものであると,ラジオ,街頭放送,口頭等の聴覚に訴えるものであると,その方法のいかんを問わない。広告をした以上,たまたまこれを見聞した者がいなかったとしても,また,現実に広告の目的を達しなかったとしても,本号の罪の成否には関係がない。

4 行為の主体

広告をした「者」とは,人を欺くような事実又は人を誤解させるような事実を挙げて広告をした行為者である。広告主や事業主体であることを要しない(注3)。

5 他罪との関係

(1) 刑法犯(詐欺罪)との関係

他人を欺罔してその財物を騙取し,あるいは,不正の利益を得る目的で,欺罔の手段として本号の行為をした場合には,その目的を達したかどうかによって,詐欺罪(刑法第246条)又はその未遂罪(同法第250条)が成立する。この場合,本号の罪は詐欺罪に吸収されるとする説(乗本ほか114頁)もあるが,本号の罪が,相手方の耳目に入る前,つまり,広告をした時点において,既に既遂に達すること,本号の行為が詐欺罪の予備行為としてでなくなされる場合も考えられ,本号を詐欺罪の補充規定と解するのは困難であることか

(注2) 大判昭14.11.11刑集18巻20號551頁
「医師法第7条ニ所謂広告トハ不定若クハ多数ノ人ニ対シ同条所定ノ技能,療法又ハ経歴ニ関スル事項ヲ告知スルコトヲ指称スルモノニシテ……」としている。
(注3) 東京高判昭43.1.26東時19巻1号13頁
「軽犯罪法第1条第34号違反の罪の主体は,同条に掲げる広告をした者であつて,それが広告主ないし事業主体であると否とに拘らず,その行為者をいうのである。元来刑罰規定は特段の規定がない限り当該行為者を対象とするものであり,軽犯罪法第1条第34号に規定せられた違反行為もその行為者を処罰する趣旨であることは,その余の各号違反の罪がいずれもその行為者を処罰の対象としていることに鑑み自ら明らかであり,所論のように広告主ないし事業主体でないからといつて現実に違反行為をした者を犯罪の主体でないとして処罰しないということではない。」と判示している。

ら考えると，詐欺罪のほかに本号の罪が成立し，両罪はおおむね牽連犯の関係に立つものと解する（同旨　大塚123頁，植松185頁，野木ほか101頁，稲田＝木谷178頁）。もっとも，広告の時点が同時に詐欺罪の着手の時点と見ることができるような例外的な場合には，両罪は，観念的競合の関係に立つこととなろう（小野312頁参照）。

(2) 特別法違反との関係

本号の行為が，同時に，不正競争防止法（昭和9年法律第14号）第21条第2項第5号の罪（商品の虚偽表示広告等の罪），宅地建物取引業法（昭和27年法律第176号）第32条（誇大広告等の禁止）違反の罪（罰則は，同法第81条第1号），医薬品，医療機器等の品質，有効性及び安全性の確保等に関する法律（昭和35年法律第145号）第66条第1項（誇大広告等の禁止）違反の罪（罰則は，同法第85条第4号），職業安定法（昭和22年法律第141号）第65条第8号の罪（虚偽広告による職業紹介等の罪），農薬取締法（昭和23年法律第82号）第10条の2第1項（虚偽の宣伝等の禁止）違反の罪（罰則は，同法第17条第1号），不動産特定共同事業法（平成6年法律第77号）第18条第3項（虚偽広告の禁止）違反の罪（罰則は，同法第54条第2号），介護保険法（平成9年法律第123号）第206条第1号の罪（虚偽広告等の罪）又は種苗法（平成10年法律第83号）第56条第3号（虚偽広告の禁止）違反の罪（罰則は，同法第69条）などに当たることとなる場合は，これらの規定は，本号に対する特別規定と解されるから，専らこれらの特別法違反の罪のみによって処罰され，本号適用の余地はない。なお，株式又は社債の募集は，株主権又は債権の販売として捉えることができ，その場合，虚偽広告をすれば，本号に当たることになるが，その行為が同時に会社法第964条の罪（株式・社債等の募集に関する虚偽文書行使等の罪）に当たることとなる場合は，同条の規定は，本号に対する特別規定と解される[注4]から，専ら会社法第964条の罪のみによって処罰されることになる。

もっとも，特別法には，虚偽広告や誇大広告を禁止する以外にも，広告内容や広告すること自体を制限し，その違反行為に罰則を科すものもあり，本号の行為が，同時に，これらの罪，例えば，医薬品，医療機器等の品質，有効性及び安全性の確保等に関する法律第66条第3項（わいせつ文書の使用等

の禁止），第67条第１項（特定医薬品等の広告の制限）に基づく政令，第68条（承認前の医薬品等の広告の禁止）違反の各罪，特定商取引に関する法律（昭和51年法律第57号）第35条（連鎖販売取引についての広告の表示）及び第36条の４（電子メールによる広告の制限）違反等の罪（罰則は，同法第72条第２項等）又は携帯音声通信事業者による契約者等の本人確認等及び携帯音声通信役務の不正な利用の防止に関する法律（平成17年法律第31号）第23条の罪（広告による誘引等の罪）等に当たる場合は，本号の罪とこれらの特別法違反の罪とは罪質や保護法益を異にし，一般法・特別法の関係には立たないことから，両罪が成立し，観念的競合の関係に立つ。

　なお，物の発明又は方法の発明が特許に係る旨，物品が登録実用新案に係る旨，若しくは物品が登録意匠若しくはこれに類似する意匠に係る旨の虚偽の表示をし，又はこれらと紛らわしい表示をして広告をする行為は，それぞれ，特許法（昭和34年法律第121号）第188条第３号，第４号，実用新案法（昭和34年法律第123号）第52条第３号又は意匠法（昭和34年法律第125号）第65条第３号に違反する罪に当たるが（罰則は，特許法第198条，実用新案法第58条及び意匠法第71条），本号の行為が，同時に，これらの罪に当たる場合には，これらの特別法の規定は本号の特別規定であると解されることから，本号は適用されない。もっとも，上記の表示以外の部分においても主要事項の虚偽表示があれば，本号の罪とこれらの規定に違反する罪とがともに成立する（その場合は，観念的競合の関係に立つと解される。）こともあり得る。

　（注４）　これについては，会社法第964条の前身である商法第490条新設の際の国会における趣旨説明参照。すなわち，昭12.2.25第70回帝国議会貴族院委員会議事録第４部第１類附属商法中改正法律案特別委員小委員会議事速記録第６号によれば，「現行法デハ此ノ規定ガ無イ為ニ，詐欺ニナル場合ハ詐欺罪トシテ罰シマシタガ，是ハ立証甚ダ困難デアリマス，詐欺ニナラヌ場合ハ僅ニ警察犯処罰令デ誇大広告ヲシタト云フ過料等ノ制裁シカ施シ得ナカッタノデアリマス，是ハ取締上不十分デアリマシテ，ソレガ為ニ多少ノ害悪ヲ為シタ場合モ之ヲ取締レナカッタト云フ実情ニアルノデアリマシテ，ソレガ為ニ此ノ規定ヲ設ケタノデゴザイマス」と述べられている。

第 2 条
刑の免除・併科

第2条
　前条の罪を犯した者に対しては，情状に因り，その刑を免除し，又は拘留及び科料を併科することができる。

第1　本条の趣旨

　本条は，第1条各号の罪を犯した者に対しては，情状により，①刑を免除すること，又は②拘留及び科料を併科することができることを定めている。

　警察犯処罰令においては，警察犯を三つの類型に分け，30日未満の拘留に処すべきもの，30日未満の拘留又は20円未満の科料に処すべきもの，及び20円未満の科料に処すべきものに分けるとともに，同令違反の教唆犯又は幇助犯についてのみ，情状により刑を免除することができるものとしていた（第4条）。

　これに対し，軽犯罪法は，全ての違反形態について単一の拘留又は科料という刑を法定するとともに，情状によっては，刑を免除することも，拘留及び科料を併科することもできるものとして，量刑の範囲を拡張している。

　このように，量刑の範囲が拡張された理由としては，二つのことが考えられる。

　1点目は，実体面からの理由で，第1条は，日常生活における卑近な道徳律に違背する行為を罪として規定し，罪の種類によって刑に差別を設けないこととしたので，個々具体的な事案に即した量刑をするためには，ある程度の刑量の幅が存することが望ましいことである。

　なお，これに関連して，拘留又は科料については，刑の執行猶予の言渡しをすることができない（刑法第25条第1項）という事情も考慮されているものと思われる[注1]。

2点目は、手続面から由来する理由で、警察犯処罰令当時は、同令違反の大部分は違警罪即決例により、警察署長限りで処理されていたのに対し、軽犯罪法の場合は、全て刑事訴訟法所定の手続により、裁判所において処理することとされたことから、量刑に当たっての裁量の範囲を拡げても、被告人の人権を不当に侵害するおそれがないものと考えられることである。

第2 「免除」

1　刑を免除すべき場合

　情状に照らし、科料の最下限（1000円）をもってしても、重きに過ぎると思われる場合、例えば、被告人を処罰することが第4条に違反することとはならないが、社会の実情からみて、被告人のみを処罰することがいかにも酷ないし不公平の感を免れないような場合が、刑を免除すべき場合に当たるであろう(注2)。

　なお、いうまでもなく、刑の免除は、犯罪の証明があったことを前提とし（刑事訴訟法第333条第1項）、判決で言い渡される（同法第334条）。

（注1）　立案当局者は、本条の立案趣旨について次のように述べている。
　「従来は各罰号によりまして刑を段階的に分けておつたのでございまするけれども、軽犯罪法に規定いたしまするところの各種の犯罪は、すべて拘留、科料に当るような極く軽微な犯罪でありまするので、全部拘留、科料の刑を以て臨むことにいたしました関係上、同時に又拘留、科料の刑につきましては、執行猶予の制度もございませんので、情状によりましては、その刑を免除する。又は場合によりましては拘留及び科料の刑を併科する。こういう両方の刑を軽くする場合、刑を免除する場合、又この情状によりまして悪いものに対しましては多少両方を併科しまして刑罰の効果を挙げたる、かように裁量の範囲を広くいたしましたのが第2条の規定でございます。大体ここに挙げてありまするところの犯罪は、厳格に取上げますれば日常茶飯事に起つておることでありまして、この運用は非常に戒心しなければならないものとこう考えておりまするが、仮に取上げられましても、多くの場合におきまして情状をよく見まして、その時、その場所、その人についていろいろな点を考えまして、刑の免除の規定を十分に活用し得るように考えまして第2条の規定を設けた次第であります。」（注：下線筆者）（第2回国会参議院司法委員会議録第6号6頁）

2　免除の言渡しをした裁判例

　本条により，刑の免除の言渡しをした実例を示すと，第1条第33号（はり札，標示物除去等の罪）に関するものであるが，次のようなものがある。
　○　東京高判昭40.12.22下刑集7巻12号2128頁（電柱にビラを貼った行為が問題とされた事案）
　「職権をもつて，原判決の科刑の当否を審査するに，本件当時甲町方面において街路の電柱に種々雑多なビラ類が貼られ，その中には所論指摘の如く乙警察署，或いは甲町交通安全対策協議会名義のビラもあつたことが認められるから，そのような実情のなかで，独り被告人等のビラ貼り行為のみが取り上げられて訴追されるに至つたことは，犯行中を現認されたにせよ，被告人等としては不公平な処分を受けたと感じ，ビラ貼り行為の取締に仮託してビラに表現された思想を目標とする取締を受けたと憶測することも，あながち無理からぬものがあるといわなければならない。被告人等がいずれも真面目な勤労女性であることをも併せ考え，本件に対する措置としては将来を戒めることで足り，敢えて刑を科する必要は存しないと判断される。」
　○　東京高判昭44.7.31高刑集22巻4号504頁（駅壁にビラ1枚を貼った事案）
　「被告人等の本件犯行後既に4年を経過しており，その間に被告人等は原審において無罪の判決を受けたものであること，本件ビラが貼付された場所は，私鉄の小さな駅のホーム外側モルタル壁で，その枚数も1枚にす

　（注2）　広島高判平13.10.23裁判所ウェブサイト（修復に約3万5000円を要する工場の外壁への5件の落書き行為が問題とされた事案）
　　「本件軽犯罪法違反の各犯行は，陰湿かつ執拗で，多数回にわたり反復的に犯された落書き行為の一環であって，犯行に至った経緯や動機，犯行態様に酌量すべき事情はなく，被害の程度も軽微とはいえないものもあり，各被害者とも被告人の厳重処罰を求める旨の告訴状を提出しており，被告人から被害弁償はなされておらず，各被害者が被告人を宥恕したような事実はない。」「本件各罪について，被告人に拘留又は科料の刑を科して処罰することが，社会の実情からみて，いかにも酷であるとか不公平の感を免れないというような事情も見当たらない。したがって，本件各罪については，<u>軽犯罪法2条所定の刑を免除すべき『情状』に該当するような特別の事情はないというべきである。</u>」（注：下線筆者）

ぎないこと，その他諸般の情状を考慮するとき，当裁判所は，被告人等の所為が前記のとおり軽犯罪法に触れる犯罪行為であることを知らしめて爾後を戒心せしむれば足ると思料する」

○　浦和簡判昭40.7.3下刑集7巻7号1422頁（電柱にポスターを貼った事案）

「ところで先に述べたとおり，本件犯行の日時は昭和37年4月25日であるのに，昭和37年7月31日及び昭和38年2月18日の2回にわたる起訴（略式命令請求）はいずれも略式命令不送達により公訴棄却となり，ようやく昭和38年11月29日本件起訴（略式命令請求）となり略式命令が被告人に送達されたこと，本件犯行後被告人は転居したが市役所及び郵便局に届出をすませていたものであり，前記略式命令不送達について被告人には責任がないこと，結局被告人は本件犯罪の公訴時効の期間が1年であるにも拘らず犯行後1年7ヶ月を経過した後に起訴され審理を受けたものであること（その間2回の公訴提起により時効の進行は停止している），また，本件起訴が軽犯罪法の本来の目的を逸脱して他の目的のために濫用されたものであると断定するに足る資料は存在しないが，本件事案が基本的人権たる表現の自由に関するものであることは明らかで電柱等に対するびら貼りの取締りが一般にはかなり野放しの状態にあることと対比するときは，軽犯罪法第4条の立法趣旨に照らし慎重な取扱が望ましいこと，以上の諸事情を考慮し，同法第2条により被告人に対し刑を免除することとする。」

○　北見簡判昭42.3.14下刑集9巻3号272頁（電柱にビラ1枚を貼った事案）

「ところでこの種事犯は訓練の足りない一般人はともすれば大した悪意もないのに無雑作にこれが違反に陥り易い点のあることは看過できないところであつて前記の証拠によれば被告人は警察官からビラを貼つているところを現認注意されて直ちにこれを剥ぎ取るという行為に出ており法益侵害の程度もまことに微々たるものであること，その他諸般の事情を綜合すると被告人に対しては将来を戒しめるだけで足り刑を科するまでもないと認めるので軽犯罪法2条によつて被告人に対して刑を免除するを相当とする。」

○　滝川簡判昭42.6.10下刑集9巻6号845頁（電話柱にビラを貼った事案）

「近時，市街地にあつては電柱（電話柱を含む。），街路樹あるいは家屋その他の工作物に本件びらに類似の演説会，講演会，音楽会，ダンスパーテー，スポーツ等の会合，催物類を掲示したびら，映画，演芸，商品の宣伝や政治的スローガンを内容とするポスター等種々雑多な広告物が貼られていることは公知の事実であり，本件びら貼り当時においても，X市，Y町にはこの種広告が弁護人主張のように無数とは認められないが相当数貼られていたと推認でき，そのうちの若干のものが現に本件同様電話柱に許可をうけることなく貼られていたことも明らかである。」「本件起訴が被告人らに対し不公平な処分であるとの非難は免れない。そうすると，さきに認定の近年いわゆるマスコミにおける報道の自由が制約を強化されつつある実態と対比し，本件びらの内容には，とくに一定の主義，主張が表示されていたものではないとはいえ，基本的人権たる表現の自由しかも本来の精神的自由に関する案件であることに鑑み，あえて実刑に処する必要があるとはなし難い。」「被告人らにはこれまで反法行為で処分された前科もないのであるから，今後この点について反省することを十分期待できると思料する。」

○　呉簡判昭43.2.5判時509号79頁（コンクリート製防護壁にビラを貼った事案）

「本件犯行は被告人らの私利を目的とするものでなく，単に法を誤解した結果にすぎないものと認められること，当地において従来この種犯罪についてかつて訴追された例が全くないことは検察官も自認しているところであること，被告人両名ともに若年であり特段の前科もない勤労者であることなどをあわせ考えると，被告人らに対しては将来を戒めれば足り敢て刑を科するまでの必要はないと思料されるから軽犯罪法第2条を適用していずれもその刑を免除することとした。」

○　広島簡判昭44.9.6刑裁月報1巻9号876頁（電柱に貼り札をした事案）
　前掲東京高判昭40.12.22と全く同じ理由で刑を免除している。

○　渋谷簡判昭50.3.11判時782号111頁（電柱6本にビラ15枚を貼った事案）

「近時街路上の電柱に貼られたビラ類はまことに雑多で、時には選挙運動やその事前運動と目されるものもあり、或いは風俗犯やその他犯罪の手段的ないかがわしいものもあるが、中には放置的状況下に残存するものもあり、又国鉄関係の施設や車両には時折数限りなくビラが貼られ、車両はそのまま列車を編成して走行し、あたかも公認されているが如き状況である。このようにビラ貼り行為の違法についての意識を低下せしめるような客観状況の下では、被告人等のみを強く責めることは衡平観念上妥当ではないと思われるのであるが、被告人等は検挙当日より素直に事実を述べ、司法警察員に対する供述調書ではその非を認めて今後は慎み度いとも述べているのであって、その情は酌むべきものである。」

○　大阪地判平17.3.29判タ1194号293頁（ビルのコンクリート壁に、2回にわたり、アジビラ合計25枚を貼った事案）

「本件ビラ貼り行為は、……占有管理者（本件の場合はX）の支配管理権を侵害するものであることに加え、本件ビラは……1箇所に11枚及び14枚も貼付したものであって景観を損ねるものであること、本件同様の行為がこれまでにも常習的に繰り返されていたことから、壁を管理するXがその都度ビラ剝がしを行っていたにもかかわらず敢行されたものであること、本件ビラ貼りの態様が、……容易に剝がすことができず、剝がしても跡が残りやすいなど悪質であることからすると、その行為の違法性は十分に認められるのであって、起訴価値のない軽微な事案とは到底言い難いし、専ら政治的弾圧を目的としたものということもできない。」「もっとも、本件捜査は、警察において、近々甲でA団体の政治集会があるとの情報を得ていたことから、A団体政治集会の開催に合わせた再度のビラ貼りを未然に防止することを目的として、所轄のY警察署と乙警察本部の公安担当警察官とが合同して10名以上の態勢で実施されたものであり、ビラ貼り行為が予測された上記高架下の判示コンクリート壁を中心に連日監視していたというものであったこと、警察官らは、Xからの要請等がなく、しかも間近にA団体によるビラ貼り行為が予測された時点において、Xにビラが貼ら

れていることを伝えた上，Xが実施したビラ剝がし作業に立ち会っていること，他方で，判示場所の鉄鋼製壁及びその周辺の電柱には，種々雑多なビラ類が貼られており，中には連絡先の記載のあるものもあって，<u>捜査に着手可能なものもあるのに，警察官はそれらが軽犯罪法に違反するものであることを認識しながら捜査に着手していないなどの事実が認められる</u>。これらの事実に照らすと，被告人Bのビラ貼り行為のみが検挙され，訴追されるに至ったことは，上記のとおり，本件ビラ貼り行為自体に十分な違法性が認められ，本件起訴が専ら政治的弾圧を目的としたものとはいえないとしても，<u>同被告人を狙い撃ちした不公平な処分とのそしりを免れず，被告人Bにおいて，ビラ貼り行為の取締りに仮託してビラによる政治的表現の自由を弾圧されたと憶測することも，あながち無理からぬものがある</u>といわなければならない。以上によれば，本件に対する措置としては，被告人Bの行為が，軽犯罪法1条33号前段に該当することを認定し，その行為の違法性を明らかにすることによって，同種行為の許されないことを戒める限度にとどめ，あえて刑を科さないことが相当と判断される。」（注：下線筆者）

第3 「併科」

情状に照らし，拘留又は科料の最高限をもってしても，なお刑罰として不十分であると考えられる場合，例えば，同種犯行を反復して反省の色がない場合などが，拘留及び科料を併科すべき場合に当たるであろう。

なお，2個以上の本法違反の行為があり，その一つについて拘留を選択し，他について科料を選択した結果，拘留及び科料を併科することとなるのは，刑法第53条に基づくものであって，本条によるものではない。

第 3 条
教唆・幇助

> 第3条
> 　第1条の罪を教唆し，又は幇助した者は，正犯に準ずる。

第1　本条の趣旨

　本条は，警察犯処罰令第4条本文（「本令ニ規定シタル違反行為ヲ教唆シ又ハ幇助シタル者ハ各本条ニ照シ之ヲ罰ス」）を受け継ぎながら，刑法総則中の第63条（従犯減軽）の適用がないことを一層明らかにしている(注1)。

　刑法第8条は，刑法総則は，他の法令において刑を定めたものにも適用があるものと規定している。そして，同法第64条は，法定刑が拘留又は科料のみの罪の教唆及び幇助は，特別の定めがなければ処罰されないものとしている。

　したがって，拘留及び科料のみを法定刑としている本法第1条各号の罪については，特別の規定を置かなければ，教唆又は幇助を処罰することができないことから，本条が設けられたものである。

第2　「第1条の罪を教唆し，又は幇助した者」

1　正犯への従属

　本条が「第1条の罪を教唆し，又は幇助した者は」とあるのに対し，刑法

（注1）　第2回国会参議院司法委員会会議録第6号6頁
　「旧法の表現法によりますと，従犯は，刑法の63条の適用によりまして，刑を減軽されるのか，それとも刑法総則の適用を排除する趣旨なのか，この点がはっきりいたしませんから，新法ではこの点を明らかにいたしまして正犯に準ずるということにいたしました。従って明白に63条の適用は排除されまして，その刑は減軽され得ない，こういうふうにいたした次第でありまして，ただ旧法の場合をもう少しはつきりさせただけに過ぎないのでございます。」

第61条第1項が「人を教唆して犯罪を実行させた者には」としているところから、本条の場合は、刑法の場合と異なり、正犯が犯罪を実行したことを必要としないのではないかとの疑問を生ずる余地がある。

しかし、刑法所定の罪について教唆犯又は幇助犯が成立するためには、いわゆる従属性が必要とされるのに、それよりもはるかに軽い罪である本法の罪について従属性を緩和ないし排除する合理的理由は全くないから、本条による教唆犯又は幇助犯が成立するためには、正犯者が犯罪を実行したことを必要とするものと解すべきである。

2 間接教唆・間接幇助

なお、刑法第61条第2項は、教唆者を教唆した者は正犯に準ずるものとし、第62条第2項は幇助者を教唆した者は幇助犯に準ずるものとしているが、これらの規定は、同法第64条の規定によって、拘留及び科料のみを法定刑とする本法には適用がない。

一方、本法では、刑法第61条第2項及び第62条第2項に相当する規定がない。

したがって、本法第1条の罪については、教唆の教唆又は幇助の教唆は、処罰することができない。すなわち、本法に定めるような軽い罪について、そのような間接的な加功行為までも処罰するものとすることは適当でないと考えられたからであろう。

第3 「正犯に準ずる」

「正犯に準ずる」とは、正犯と同一の法定刑の範囲内で処断されることを意味する。幇助犯であっても、刑を減軽されることはない。この意味で、本条は、幇助犯に対する刑の必要的減軽を定めた刑法第63条に対する特別規定でもある。なぜなら、本法の罪のように、もともと軽い刑について更に減軽することは意味がないからである。

また、本法の罪の正犯に対しては、第2条により、刑を免除し、又は拘留

及び科料を併科することができるから,「正犯に準ずる」教唆犯又は幇助犯についても,刑を免除すること,又は拘留及び科料を併科することができる。

したがって,理論上は,例えば,正犯に対して刑を免除し,幇助犯に対して拘留及び科料を併科するというように,幇助犯に対して正犯よりも重い刑を言い渡すことも可能である。

第 4 条
適用上の注意

第4条
　この法律の適用にあたつては，国民の権利を不当に侵害しないように留意し，その本来の目的を逸脱して他の目的のためにこれを濫用するようなことがあつてはならない。

第1 本条の趣旨

　本条は，総説の**第2の2**（軽犯罪法の成立・改正過程）で述べたように，戦前，警察犯処罰令中の一部の規定が違警罪即決例による手続とあいまって，大衆運動等の弾圧のために濫用された経験に鑑み，国会審議の過程において修正追加された条文である。

第2 「本来の目的を逸脱して他の目的のために」

　「その本来の目的」とは，国民の日常生活における卑近な道徳律を維持することである。
　「他の目的」とは，例えば，大衆運動，政治活動，思想活動等の弾圧を目的とすることなどを指す(注1)。
　本条は，本法に定める罪が，平素，多くの一般市民によっても，大した悪意なしに犯されやすい種類のものであることに鑑み，取締当局及び裁判所に対して，特にその取締りが苛酷ないしは偏頗に陥ったり，処罰が実質的に苛酷にわたることがないよう留意すべきことを規定したもので，いわゆる注意規定である(注2)。
　したがって，本条に違背したとの事実は，刑事訴訟法第335条第2項にいう「法律上犯罪の成立を妨げる理由又は刑の加重減免の理由となる事実」に

は当たらない^(注3)。

(注1) ○ 東京高判昭40.12.22下刑集7巻12号2128頁
「所論は，甲町方面においては各種多数のビラが電柱に貼られている実情であるに拘らず，他を措いて，本件のビラを貼つた行為のみが訴追されたことは，ビラ貼り行為自体の起訴に名を藉りて実はビラの記載内容に着目し，被告人等の政治活動弾圧を目的としたものであるのに，原判決が被告人等の本件行為に軽犯罪法1条33号を適用したことは同法4条に違反し，法令の適用を誤つたものであると主張する。」「しかしながら現行制度上，事件の起訴不起訴の判断は検察官の専権に委ねられており，ビラ貼り行為は元来軽犯罪法に規定された犯罪で，その法益侵害の程度は比較的軽微であるから，その取締のみを目標とした警察活動は実際上できないであろうし，性質上現行犯を捕捉し得ることも稀であろうから，偶々犯行を現認された本件が取上げられ起訴されるに至つたことは，その起訴価値の判断につき当否を論ずる余地はあるにしても，理由のないことではない。このことから直ちに，他の目的のために軽犯罪法を濫用するものと断ずることはできない。被告人等の本件ビラ貼りが特定の政治団体或いは思想団体の政治活動，思想活動の一環としてなされ，警察がこれを弾圧しようと構えていたと認められるような背景があるならば，所論の如く推測する余地もないではないが，被告人等は公判廷において，本件ビラ貼りは何人からも依頼されたものではなく，偶々自分等の職場に在つたものを，その記載内容に同感できたので，自分等の意思で貼つた旨を自供しており，特に警察が弾圧を策謀しなければならないような政治活動の背景のないことを明らかにしているのであつて，本件起訴が他の目的のためにしたものと推測する根拠に乏しいのである。原判決が軽犯罪法4条に違反したとは認められない。」
○ 前掲大阪地判平17.3.29参照（272頁）
(注2) ○ 東京高判昭42.11.24高検速報（東京）1632号
「軽犯罪法第4条は，本法案が国会で審議された段階において，戦前，本法の前身とも見るべき警察犯処罰令中一部の規定が違警罪即決例による手続と相まつて大衆運動を弾圧するために濫用された実情に鑑み，本法が公正に運用されんがため，特に各政党の共同提案により修正追加された規定であつて，捜査当局及び裁判所が本法を適用するに当つては，本条違反の実体が極めて軽微なものであるうえ，各違反行為自体が日常生活においてとかく犯され易いものであるとの見地から，これに対する取締や処罰が苛酷に走り人権を不当に侵害しないよう，また独り労働運動のみとは限らず，すべて大衆運動の阻止その他別件の捜査など他の目的のために濫用され，国民の日常生活における卑近な道徳律を維持せんとする本法本来の目的を逸脱しないよう，これを戒めた運用面における注意規定であつて，ひつきよう本法違反事件処理に当つての訓示規定であると解すべきである。従つて本法所定の各違反行為が成立するには，当該違反行為所定の構成要件を充足すれば足るのであつて，本条によつて違反行為の成立を左右するものではないといわなければならない。」「本法所定の違反行為が労働運動ないし社会運動としてなされた場合には一切適用されないとする所論には当裁判所のたやすく賛同し得ないところであつて，若しそれその行為にして本法が制定された本来の目的に添わない違法なものであれば，よしんばそれが労働運動ないし社会運動としてなされたからといつて，それを理由にすべて本法の適用外におき，行為者を処

罰の対象から除外する理由はないのである。」(注:下線筆者)
(注3)　東京高判昭27.4.8高刑集5巻4号560頁
　「軽犯罪法第4条の規定は，同法の適用にあたつて，当然守らなければならない事項を特に明文をもつて明記した規定であつて，刑事訴訟法第335条第2項の規定する法律上犯罪の成立を妨げる理由又は刑の加重減免の理由となる事実に関するものではない」

事項索引

【あ】

合かぎ（合い鍵） ………………… 66
悪戯など ……………………… 173, 215

【い】

位階勲等 …………………………… 138
位階令 ……………………………… 138
いかだ …………………………… 54, 96
遺棄罪 …………………………… 155, 156
違警罪 ………………………………… 5, 13
　──即決例 ………… 9, 71, 268, 279
違式詿違条例 ……………………… 5, 13
医師法 …………………………… 138, 139
意匠法 ……………………………… 265
威勢を示す ………………………… 130
いたずら（悪戯） ……………… 173, 212
著しく粗野又は乱暴な言動 …81, 83, 128
一定の住居 ………………………… 73
囲繞地 ………………………… 53, 170, 225
医薬品，医療機器等の品質，有効
　性及び安全性の確保等に関する
　法律 ……………………………… 264
威力業務妨害罪 … 80, 83, 94, 130, 195, 209,
　　210, 213, 217, 257
引火し易い物 ……………………… 111
飲食店 ……………………… 77, 92, 127
インターネット …………………… 151
　──カフェ ………………………… 73
　──掲示板 ………… 210, 213, 263

【う】

ウィークリーマンション ………… 73

うろつく ……………………………… 74

【え】

役務の提供 ………………………… 261
エコツーリズム推進法 …………… 188
エスカレーター …………………… 80
エレベーター ……………………… 80
援助の求め …………………… 105, 108

【お】

応じない …………………………… 109
往来危険罪 ………………………… 94
往来妨害罪 ……………… 95, 97, 176
屋外広告物条例 …………………… 258
屋外広告物法 ………………… 234, 258
屋外の公共の場所 ………………… 127
音 …………………………………… 133
驚かせる …………………………… 206
汚　物 ……………………………… 182

【か】

害 ………………………………… 117, 122
　──を及ぼす虞 ………………… 117
　──を加える ……… 60, 123, 201, 202
階級章 ……………………………… 142
介護保険法 ………………………… 264
会社法 ……………………………… 264
海上保安庁法 ………… 100, 105, 141
解放する …………………………… 124
海洋汚染等及び海上災害の防止に
　関する法律 ……………………… 187
街　路 ………………………… 90, 179
変える ……………………………… 158

火炎びんの使用等の処罰に関する
　法律 …………………………………… 64
火気を用いる ………………………… 111
学　位 ………………………………… 138
　──規則 ………………………… 138, 140
隠して …………………………………61, 68
過失激発物破裂罪 …………………… 116
過失建造物等浸害罪 ………………… 177
過失致死傷罪 ………………116, 120, 124, 207
過失犯 …………………………… 112, 124
河川法 ………………………………… 107
　──施行令 …………………………… 187
ガソリン ……………………………… 111
家畜伝染病予防法 ……………… 122, 188
学校教育法 …………………………… 138
カヌー …………………………………… 54
可罰的違法性 ………………………… 236
カプセルホテル ………………………… 73
カメラ ………………………………… 169
火薬類 ………………………………… 114
　──取締法 ………… 64, 114, 116, 204
川 ……………………………………… 176
簡易裁判所 ……………………………… 47
監禁罪 ………………………………… 194
がん具煙火 …………………………… 114
官公職 ………………………………… 137
かんしゃく玉 ………………………… 114
看　守 ……………………………… 51, 225
監　守 ………………………………… 124
間接正犯 ………………………… 146, 165
感染症の予防及び感染症の患者に
　対する医療に関する法律 ……… 103, 104,
　　　　　　　　　　　　　　　　　109
観念的競合 ……55, 64, 74, 83, 84, 88, 93, 94,
　　97, 116, 121, 125, 144, 148, 159, 163, 171,
　　174, 175, 178, 188, 189, 195, 196, 198, 204,
　　207, 216, 226, 227, 257, 258, 264, 265
看　板 ………………………………… 236

【き】

器　具 …………………………………58, 67
偽計業務妨害罪 ………………… 217, 257
危険な動物 ……………………… 122, 125
儀　式 …………………………… 172, 216
記　章 ………………………………… 142
器物損壊罪 …… 93, 116, 120, 124, 207, 226,
　　　　　　　　　　　　237, 238, 249
客引き（行為） …… 75, 190, 193, 195, 198,
　　　　　　　　　　　　　　226, 227
吸　収 ………… 70, 116, 120, 124, 131, 135,
　　148, 159, 163, 174, 194, 202, 204, 207, 238,
　　　　　　　　　　　　　　256, 263
境界損壊罪 …………………………… 256
恐喝罪 ………………………………… 143
凶器準備集合罪 ………………59, 64, 204
行政書士法 …………………………… 139
行政犯 ………………………………3, 152
強制わいせつ罪 ……………………… 143
脅迫罪 ………………83, 117, 131, 174, 194
共　犯 ………………………………… 46
共　謀 …………………………140, 153, 202
業務妨害罪 ……148, 174, 175, 209, 212, 216
強要罪 …………………………… 117, 131
行　列 …………………………129-131, 173
虚　偽 ……………………… 146, 150, 152
　──告訴罪 ………………………… 148
虚　構 …………………………… 146, 150
緊急逮捕 ……………………………… 46
禁　札 ………………………………… 236
近　隣 ………………………………… 134

【く】

勲　章 ………………………………… 141
　──制定ノ件 …………………… 138, 141

事項索引 285

【け】

警察官職務執行法 ……… 100, 104, 105, 156
警察功労章令 ………………………… 142
警察犯処罰令 ……… 6, 9, 10, 12, 45, 50, 71,
 75, 89, 95, 98, 110, 114, 117, 122, 126, 132,
 137, 145, 154, 157, 160, 164, 172, 176, 179,
 182, 185, 190, 205, 208, 211, 214, 219, 229,
   260, 267, 275, 279
警察法 ………………………… 132, 141
刑事収容施設及び被収容者等の処
 遇に関する法律 ………………… 45
刑事訴訟法 ………………………… 104
継続犯 ………………………… 54, 64, 191
携　帯 ………………………… 63, 68
携帯音声通信事業者による契約者
 等の本人確認等及び携帯音声通
 信役務の不正な利用の防止に関
 する法律 ………………… 265
携帯電話機 ………………………… 169
刑の時効 ………………………… 46
刑の執行猶予 ………………………… 46, 267
警備業法 ………………………… 143
劇　場 ………………………… 77, 92, 127
激発物破裂罪 ………………………… 115, 116
けしかける ………………………… 206
消　す ………………………… 93
下水道法 ………………………… 178
結果犯 ………………………… 48, 82, 83, 135, 152, 174
結合犯 ………………………… 203
けん悪の情 ………………………… 161
現行犯逮捕 ………………………… 47
現住建造物等浸害罪 ………………… 177
建造物 ………………………… 53
　　──侵入罪 ………………………… 225
　　──損壊罪 ………………………… 238, 249
　　──に準ずるもの ………………… 221
原動機付自転車 ………………………… 194
現　場 ………………………… 104, 158

現場に出入するについての指示 ……… 100
牽連犯 ……………… 143, 170, 226, 256, 264

【こ】

公害防止条例 ………………………… 136
興行場法 ………………………… 77, 84
公共の ………………………… 76
　　──会堂 ………………………… 77, 92, 127
　　──娯楽場 ………………………… 78
　　──乗物 ………………………… 76, 79, 128
　　──乗物の切符 ………………… 129
　　──乗物を待つ行列 ………………… 129
　　──場所 ………………………… 76, 127
　　──利益に反して ………………… 183
航空法 ………………………… 139
広　告 ………………………… 262
　　──灯 ………………………… 90, 94
　　──物 ………………………… 234, 258, 259
　　──用ポスター ………………… 236
工作物 ………………………… 231
公　衆 ……………… 90, 130, 160, 260
　　──電話ボックス ……… 222, 231, 236
　　──に著しく迷惑をかける暴力的不良行
　　　為等の防止に関する条例
　　　→迷惑防止条例
　　──の集合する場所 ………………… 92, 179
　　──の通行する場所 ………………… 90
　　──の列 ………………………… 130
公職選挙法 ……………… 64, 209, 231, 257
公正証書原本不実記載罪 ……………… 152
公然わいせつ罪 ………………………… 163
高速自動車国道法 ……………… 91, 257
港則法 ………………………… 187
公訴時効 ………………………… 47
交通事故 ………………………… 99
強盗予備罪 ……………… 64, 68, 204
公認会計士法 ………………………… 139

公務員 ……………100, 132, 137, 145, 156, 209
　──を援助する者 ………………105, 107
公務執行妨害罪 ………208, 209, 212, 216
勾　留 ……………………………………46
行旅病人及行旅死亡人取扱法 …………156
国際的な組織犯罪の防止に関する
　国際連合条約 ………………………203
こじきをさせる …………………………165
こじきをする ……………………………164
国家公務員法 ……………………………203
古物営業法 ……………………149, 150, 152
　──施行規則 …………………………150
古物の売買若しくは交換に関する
　帳簿 …………………………………150
コンクリート塊 …………………………59
コンビニエンスストア …………………222

【さ】

災　害 ……………………………………146
　──救助法 …………………………106, 109
　──対策基本法 …………101, 104, 106,
　　　　　　　　　　　　　　　109, 147
裁判管轄権 ………………………………47
裁判官の制服に関する規則 ……………141
催涙スプレー …………………………59-61
詐欺罪 ………………………………143, 263
　──の予備的行為 ……………………260
酒に酔つて公衆に迷惑をかける行為の防止
等に関する法律→酩酊者規制法
詐　称 ……………………………………138
殺人罪 …………………………116, 124, 207
殺人予備罪 ………………………64, 202, 204
残土条例 …………………………………189

【し】

自衛隊法 …………………………100, 141
歯科医師法 ………………………………139
資格がない ………………………………143

仕　方 ………………………………161, 192
自然公園法 ……………………136, 188, 220
自然犯 ……………………………3, 47, 152
死　胎 ………………………………155, 157
死　体 ……………………………………155
　──遺棄罪 ………………………156, 159
　──損壊罪 ……………………………159
従うことを拒む …………………………108
質入に関する帳簿 ………………………149
質屋営業法 ……………………149, 150, 152
　──施行規則 …………………………149
失火罪 ……………………………………113
実用新案法 ………………………………265
指定侵入工具 ……………………………70
自転車 …………………………191, 193, 194
自動車 ………………………53, 91, 118, 221, 226
児童福祉法 …………………………156, 166
司法書士法 ………………………………139
住　居 ………………………………51, 167
　──侵入罪 ………51, 54, 55, 68, 170, 224,
　　　　　　　　　　　　　　　　　256
集合犯 ………………………………191, 203
従属性 ……………………………………276
銃　砲 ……………………………………114
　──刀剣類所持等取締法（銃刀法）…56,
　　　　　57, 60, 63, 64, 114, 116, 204
出　頭 ……………………………………47
出入国管理及び難民認定法 ……………141
種苗法 ……………………………………264
傷害罪 ……………………116, 120, 124, 135, 207
傷害致死罪 …………………………124, 207
消火妨害罪 ………………………………109
乗　客 ……………………………………81
称　号 ……………………………………138
使用されるような ………………………58, 67
常習累犯窃盗罪 …………………………68
使用する …………………………………115

事項索引 287

傷　病 ……………………………… 155
消防組織法 ……………………… 108, 141
消防法 …… 101, 104, 106, 107, 109, 113, 139,
148
職　業 …………………………… 73, 150
　──安定法 …………………………… 264
食品衛生法 ……………………………… 77
ショバ屋行為 ………………… 75, 190, 199
新幹線鉄道における列車運行の安
　全を妨げる行為の処罰に関する
　特例法 ………………………………… 227
人権擁護委員法 ……………………… 137
親告罪 ………………………………… 239
新住宅市街地開発法 ………………… 257
身体の一部 …………………… 161, 223
人　畜 ………………………… 122, 205
侵　入 ……………………………… 54, 67
身辺に群がる ………………………… 191
信用毀損罪 …………………………… 148
森　林 ………………………………… 110
　──失火罪 ………………………… 113
　──法 ………………………… 110, 113
　──放火未遂罪 …………………… 113
進路に立ちふさがる ………………… 190

【す】

水質汚濁防止法 ……………………… 187
推進器 ………………………………… 53
水道汚染罪 …………………………… 177
水道損壊等罪 ………………………… 177
水道毒物等混入罪 …………………… 177
水道法 ………………………………… 178
水難救護法 ……………………… 107, 109
水防法 ………………………… 102, 104, 106, 109
水防妨害罪 …………………………… 109
水利妨害等罪 ………………………… 177
水　路 …………………………… 96, 176

スタンガン …………………………… 60
棄てる ………………………………… 185
ストーカー行為等の規制等に関す
　る法律（ストーカー規制法）…… 84, 196
スポーツ関係施設 ……………………… 78
スマートフォン ……………………… 169
速やかに ……………………………… 156

【せ】

生活保護法 …………………………… 156
生計の途 ……………………………… 71
生産緑地法 …………………………… 257
制　止 ………………………… 132, 165, 180
正当業務行為 ………………………… 193
正当な理由がなく（て）…… 54, 60, 68, 93,
95, 108, 123, 158, 168, 223
正当防衛 ……………………… 146, 206
正犯に準ずる ………………………… 276
性　癖 ………………………………… 123
税理士法 ……………………………… 139
赤色灯 ………………………………… 90
窃盗罪 ………………… 94, 226, 238, 260
セラミック製の刃物 …………………… 57
船　舶 …………………………… 53, 96, 225
　──職員及び小型船舶操縦者法 …… 139
　──法施行細則 ……………………… 53
占有する場所 ………………………… 154

【そ】

騒音規制法 …………………………… 136
相当の注意をしないで ……… 112, 116, 119
注　ぐ ………………………………… 119
その他 ………………… 57, 58, 66, 77, 129, 167
　──の ……………… 57, 58, 77, 129, 177
粗暴行為 ………………………… 75, 85, 199

【た】

大気汚染防止法 ……………… 187
大規模地震対策特別措置法 … 102, 104, 109
大小便 ……………………………… 180
大都市地域における住宅及び住宅
　地の供給の促進に関する特別措
　置法 …………………………… 257
逮　捕 …………………………………… 46
　　──罪 ……………………………… 194
　　──状 ………………………………… 46
タクシー ……………………… 80, 129
宅地建物取引業法 ………………… 264
多　数 … 76, 90, 92, **128**, 160, 183, **191**, 260,
　　262
立ち退こうとしない ……………… 191
建　物 ……………… 53, 67, 110, 225
他　人 ……………………………… 117, 208
　　──の ……………… 89, 231, 236
　　──の身体 …………… 201, 202
　　──の身体又は物件 ……… 117, 118
　　──の邸宅又は建物 ……………… 66
　　──の田畑 …………………… 223
田　畑 ………………………………… 223
ダフ屋行為 ……………… 75, 190, 199
ダンスホール ………………… 77, 92, 127
たんつば ……………………………… 180

【ち】

地下壕 …………………………………… 53
地方自治法 …………………… 85, 125
注意規定 …………………………… 279
駐車監視員 …………………… 141, 142
抽象的危険 ……………………………… 48
鳥　獣 ……………………………… 182
　　──類 ……………………………… 123

【つ】

つきまとう（つきまとい） ……… 193-198

【て】

邸　宅 ……………………… 52, 66, 225
デジタルカメラ ……………… 169, 194
鉄道営業法 …………………… 141, **226**
鉄パイプ …………………… 57, 58, 62
鉄　棒 ……………………………… 57, 62
電子計算機損壊等業務妨害罪 ……… 216
電子メール …… 140, 147, 151, 156, 196, 265
電　車 ……… 79, 81, 118, 128, 160, 232
電波法 …………………………… 139, 148

【と】

灯　火 ……………………………………… 92
東京都屋外広告物条例 ……………… 259
東京都迷惑防止条例 ……… 85, 175, 197
東京における自然の保護と回復に
　関する条例 ……………………… 189
動　物 ……………………………… 205
　　──の愛護及び管理に関する条例 ‥ 125,
　　186
　　──の愛護及び管理に関する法律 …… 11,
　　125
　　──の保護及び管理に関する法律 …… 10
道路運送法 ……………………… 79, 94
道路交通法 ……… 94, 99, 103, 104, 109, 120,
　　141, 188, 195, 236, 257
道路標識の移転・損壊 ……………… 236
道路法 …………………………… 91, 257
特殊開錠用具 …………………………… 70
　　──の所持の禁止等に関する法
　　　律（ピッキング防止法） …… 60, 67, 70
　　──の所持の禁止等に関する法
　　　律施行令 ……………………… 70
特定商取引に関する法律 …………… 265
毒物及び劇物取締法 ……………… 188
特別規定 … 83, 109, 113, 125, 136, 148, 166,
　　178, 188, 216, 218, 228, 257, 264, 276

事項索引 | 289

特別構成要件 …………………… 203, 232
特別法 …………… 45, 64, 70, 120, 138, 264
都市再開発法 ………………………… 257
都市緑地法 …………………………… 257
土地改良法 …………………………… 257
土地区画整理法 ……………………… 257
特許法 ………………………………… 265
ドライバー ………………… 64, 67, 70
取り除く ……………………………… 237
トレーラーハウス …………………… 53

【な】

内乱罪 ………………………………… 203
投げる ………………………………… 119

【に】

逃げ走らせる ………………………… 206
似せて作った物 ……………………… 142
日本国とアメリカ合衆国との間の
　相互協力及び安全保障条約第六
　条に基づく施設及び区域並びに
　日本国における合衆国軍隊の地
　位に関する協定の実施に伴う刑
　事特別法 …………………………… 228
入場者 ………………………………… 80

【の】

農薬取締法 …………………………… 264
のぞき見る ……………………… 169, 171

【は】

バール …………………………… 60, 70
廃棄物 ………………………………… 182
　──の処理及び清掃に関する法
　　律（廃棄物処理法）…… 121, 182, 186
売春防止法 …………………………… 195
廃　物 ………………………………… 183
入　る ………………………………… 223

──ことを禁じた場所 …… 55, 109, 219
吐　く ………………………………… 180
爆発する物 …………………………… 115
爆発物取締罰則 ………… 64, 115, 204
場　所 ……………… 118, 168, 171, 221
　──で ……………………………… 179
　──に ……………………………… 119
バス ……………………………… 79, 160
パチンコ ………………………… 72, 78
発射する ……………………………… 119
刃　物 ………………………………… 56
はり札 ………………………… 219, 233, 263
犯罪の発生 …………………………… 99
犯罪又は災害の事実 ………………… 146
犯人蔵匿・隠避罪 …………………… 46
販　売 ………………………………… 260
頒　布 ………………………………… 261

【ひ】

美　観 …………………… 183, 229, 238
非現住建造物等浸害罪 ……………… 177
ひそかに ……………………………… 168
ひそむ ………………………………… 54
ピッキング防止法→特殊開錠用具の所持の
　　禁止等に関する法律
必要的共犯 …………………………… 202
ビデオカメラ ……………………… 169, 170
人 ……………………………………… 50
　──の ……………………………… 167
　──の健康に係る公害犯罪の処
　　罰に関する法律 ………………… 91
標示物 ………………………………… 236
標　章 ………………………………… 142
標　灯 ………………………………… 89
火をたく ……………………………… 111

【ふ】

不　安 …………………………… 192
風水害 …………………………… 98
風俗営業等の規制及び業務の適正
　化等に関する法律 ……… 77, 78, 195
附　近 …………………………… 111
不　具 …………………………… 155
不作為 ……………………… 165, 185
　──犯 …………………… 108, 156
不　実 ……………………… 146, **152**
　──の記載 …………………… 151
扶助を必要とする者 …………… 155
不正競争防止法 ………………… 264
附　則 ………………………… 9, 10
不退去罪 …………………… 195, 222
物　件 …………………………… 117
不動産侵奪罪 …………………… 55
不動産特定共同事業法 ………… 264
船 ………………………………… 96
プライバシー ……………… 169, 170
武力攻撃事態等における国民の保
　護のための措置に関する法律… 103, 107
文化勲章令 ……………………… 141

【へ】

併合罪 ……… 64, 69, 143, 144, 156, 226, 227,
　　　　　235
平成二十三年三月十一日に発生し
　た東北地方太平洋沖地震に伴う
　原子力発電所の事故により放出
　された放射性物質による環境の
　汚染への対処に関する特別措置
　法 ……………………………… 186
弁護士法 …………………… 138, 139
弁護人 …………………………… 47
変　事 …………………………… 99
変死者密葬罪 ……………… 157, 159
変死体 …………………………… 157

便　所 …………………………… 168
弁理士法 …………………… 138, 139

【ほ】

ボイラー ………………………… 115
妨　害 ……………… 174, 212, 215
包括一罪 ………………………… 234
放火未遂罪 ……………………… 113
暴　行 …………………………… 202
　──罪 ……… 83, 120, 131, 135, 174, 194,
　　　　　207
放射性同位元素等による放射線障
　害の防止に関する法律 ……… 182
帽　章 …………………………… 142
放置する ………………………… 96
法の先占 …………… 84, 175, 199
暴力行為等処罰に関する法律 … 59, 194,
　　　　　227, 240, 252
法令により定められた制服 …… 141
保護司法 ………………………… 137
保護責任者遺棄罪 ……………… 156
補充関係 …… 55, 64, 83, 97, 109, 174, 177,
　　　　　216, 224
補充規定 …… 95, 172, 208, 211, 213, 239, 263
没　収 …………………………… 46
ほら穴 …………………………… 53

【ま】

まんが喫茶 ……………………… 73

【み】

未　遂 …………………… 48, 82, 204
　──罪 ………………………… 263
み　ぞ …………………………… 176
みだりに ………… 95, 162, 185, 232, 237
蜜　蜂 …………………………… 122
みなし公務員 ……………… 100, 138
身の代金目的略取 ……………… 202

——等予備罪 …………………… 204
身分なき共犯 …………………… 153
民事調停委員及び家事調停委員規
　則 …………………………… 137
民生委員法 ………………… 137, 142

【め】

酩酊者規制法（酒に酔つて公衆に
　迷惑をかける行為の防止等に関
　する法律） ………… 76, 83, 127, 131
迷　惑 ………………… 82, 135, 192
——防止条例（公衆に著しく迷
　惑をかける暴力的不良行為等
　の防止に関する条例） …………… 75,
　　76, 84, 128, 130, 131, 171, 175, 190, 197

【も】

申　立 …………………………… 151
申し出る …………………… 147, 151, 156
燃えるような物 ………………… 110
用いる …………………………… 143
もてあそぶ ……………………… 116
物 …………………………… 118, 260
催　し …………………………… 129
——を待つ …………………… 129

【や】

薬剤師法 ………………………… 139

【よ】

ような行為 …………………… 97, 177
ような事実 ……………………… 261
ような場所 ……………………… 168
汚　す …………………………… 238
予備行為 …………… 64, 201-203, 263

【り】

旅館業法 ………………………… 153

【れ】

礼拝所不敬罪 …………………… 174
礼拝妨害罪 …………………… 172, 174
レジャー施設 …………………… 78
列を乱す ………………………… 131

【ろ】

老人福祉法 ……………………… 156
露出する ………………………… 163

【わ】

割当物資の配給 ………………… 130
割り込む ………………………… 131

判例索引

大審院

大判明42.7.5刑録15輯954頁 ………… 141
大判明43.10.10刑録16輯1651頁 ………… 143
大判大2.12.3刑録19輯1369頁 ………… 161
大判大3.6.20刑録20輯1300頁 ………… 53
大判大4.5.21刑録21輯663頁 …… 210, 211
大判大4.5.21刑録21輯670頁 ………… 155
大判大9.12.24刑録26輯1437頁 ………… 158
大判大14.5.26刑集4巻5號325頁 …… 58
大判大15.3.22刑集5巻3號113頁 …… 214
大判昭2.5.30刑集6巻5號200頁 ……… 53

大判昭4.3.6刑集8巻2號100頁 …… 173
大判昭4.10.14刑集8巻10號477頁 …… 52
大判昭6.10.26刑集10巻10號505頁
　………………………………………… 95, 223
大判昭7.4.21刑集11巻6號407頁
　………………………………………… 52, 224
大判昭7.6.20刑集11巻11號881頁 …… 53
大判昭9.5.5刑集13巻7號566頁 …… 63
大判昭12.2.18刑集16巻2號99頁 ……… 51
大判昭14.11.11刑集18巻20號551頁 … 263

最高裁判所

最判昭23.5.20刑集2巻5号489頁 ……… 54
最判昭25.4.21刑集4巻4号655頁 …… 244
最大判昭25.9.27刑集4巻9号1783頁
　………………………………………… 51, 53
最判昭26.5.10刑集5巻6号1026頁 …… 163
最大判昭26.7.18刑集5巻8号1491頁
　………………………………………………… 209
最判昭29.4.15刑集8巻4号471頁 …… 159
最決昭29.6.17刑集8巻6号881頁
　………………………………………… 211, 215
最判昭29.8.20刑集8巻8号1277頁 …… 135
最大判昭31.6.27刑集10巻6号921頁 … 115
最判昭32.4.4刑集11巻4号1327頁
　………………………………… 53, 224, 237, 238, 244
最決昭33.9.10刑集12巻13号3000頁 … 220

最大判昭38.6.26刑集17巻5号521頁 …… 87
最判昭39.11.24刑集18巻9号610頁 …… 249
最決昭41.5.19刑集20巻5号335頁 …… 226
最決昭41.6.10刑集20巻5号374頁 …… 239
最決昭41.10.26刑集20巻8号1014頁 … 227
最決昭42.4.13刑集21巻3号459頁 …… 57
最決昭43.1.18刑集22巻1号32頁
　………………………………………… 239, 256
最決昭44.3.11刑集23巻3号121頁 …… 188
最大判昭45.6.17刑集24巻6号280頁
　………………………………………… 229, 230, 232
最決昭45.7.16刑集24巻7号434頁 …… 127
最決昭45.12.3刑集24巻13号1707頁 … 59
最決昭46.3.23刑集25巻2号239頁 …… 240
最判昭46.7.23集刑181号351頁 ………… 230

判例索引 293

最決昭47.3.28判時667号95頁 ………… 247
最決昭47.4.13判時667号103頁 …………245
最判昭47.6.6集刑184号417頁 …………230
最判昭48.11.16判時721号19頁 ………… 220
最決昭50.6.12集刑196号589頁 …………230
最判昭51.3.4刑集30巻2号79頁 ………225
最決昭56.11.20刑集35巻8号797頁 …… 139
最決昭57.3.16刑集36巻3号260頁 …… 170
最決昭59.3.23刑集38巻5号2030頁 ……217
最決昭59.12.18刑集38巻12号3026頁
  ……………………………………… 51, 225
最判昭61.3.6 集刑242号249頁 …………230
最決昭62.2.23刑集41巻1号1頁 ………… 69
最決昭62.3.12刑集41巻2号140頁 ……209
最判昭63.6.16集刑249号627頁 …………230

最判平4.6.15集刑260号227頁 ………… 230
最決平4.11.27刑集46巻8号623頁
  ……………………………………… 210, 217
最判平8.6.21集刑268号75頁 ………… 230
最判平12.2.17刑集54巻2号38頁 ………209
最決平14.9.30刑集56巻7号395頁 …… 209
最決平15.11.4 刑集57巻10号1031頁 …… 64
最決平17.3.29刑集59巻2号54頁 ………135
最決平18.1.17刑集60巻1号29頁 ………240
最決平19.7.2 刑集61巻5号379頁 ……… 225
最判平20.4.11刑集62巻5号1217頁 ……225
最判平21.3.26刑集63巻3号265頁
  ……………………………………… 59-61
最決平21.7.13刑集63巻7号590頁 …… 225

高等裁判所

高松高判昭24.5.14高刑判特1号339頁
  ………………………………………… 233
東京高判昭24.7.29高刑集2巻1号53
  頁 …………………………… 3, 95, 231
東京高判昭24.10.15高刑集2巻2号171
  頁 ……………………………………… 208
大阪高判昭25.9.19高刑判特15号70頁 … 52
東京高判27.1.26高刑集5巻2号123
  頁 ………………………………………224
東京高判昭27.3.11高刑集5巻3号409
  頁 ……………………………………… 133
東京高判昭27.4.8高刑集5巻4号560
  頁 ………………………………… 230, 281
東京高判昭27.4.24高刑集5巻5号666
  頁 ………………………………………… 51
東京高判昭27.7.3高刑集5巻7号
  1134頁 …………………………………208
広島高松江支判昭27.9.24高刑判特20

  号187頁 ……………………… 140, 144
高松高判昭28.3.9高刑集6巻4号428
  頁 …………………………………… 59, 62
広島高判昭28.5.27高刑集6巻9号
  1105頁 …………………………………214
大阪高判昭28.6.8高刑判特28号37頁
  ………………………………………… 134
大阪高判昭29.11.12高刑集7巻11号
  1670頁 …………………………………215
広島高岡山支判昭29.11.25高刑裁特1
  巻12号554頁 ……………………… 241
仙台高秋田支判昭30.1.11高刑裁特2
  巻1=3号1頁 ……………………… 63
東京高判昭30.8.30高刑集8巻6号860
  頁 ………………………………………216
広島高岡山支判昭30.12.22高刑裁特2
  巻追録1342頁 ……………… 83, 217
東京高判昭31.3.1 高刑集9巻1号121

頁 ……………………………………… 140
福岡高判昭31．6．20刑集11巻4号1354
　　　頁 ……………………………………… 224
東京高判昭31．7．18高刑集9巻7号769
　　　頁 ………………………………………… 63
広島高岡山支判昭32．5．30刑資148号
　　　104頁 …………………………………… 243
東京高判昭32.10.14高刑集10巻10号753
　　　頁 ……………………………………… 220
東京高判昭32.12.19高刑裁特4巻24号
　　　663頁 …………………………………… 220
東京高判昭34.12.21東時10巻12号459頁
　　　……………………………………………… 191
広島高判昭36．7．3高刑集14巻5号295
　　　頁 ……………………………………… 243
東京高判昭36．8．3高刑集14巻6号387
　　　頁 ……………………………………… 193
広島高判昭37．1．23刑集18巻9号634頁
　　　…………………………………………… 250
東京高判昭37.10.23高刑集15巻8号621
　　　頁 ……………………………………… 216
東京高判昭38．3．27高刑集16巻2号194
　　　頁 ……………………………………… 226
東京高判昭38．6．12東時14巻6号87頁
　　　…………………………… 229, 230, 232, 234
広島高松江支判昭39．1．20高刑集17巻
　　　1号47頁 …………………………………… 59
東京高判昭39．4．30判時382号50頁
　　　……………………………… 231, 232, 234
東京高判昭39．6．22高刑集17巻4号417
　　　頁 …………………………………… 232, 234
名古屋高判昭39．8．19高刑集17巻5号
　　　534頁 …………………………………… 230
大阪高判昭39.10．5下刑集6巻9＝10
　　　号988頁 ………………………………… 217
大阪高判昭40．8．10高刑集18巻5号626
　　　頁 ……………………………………… 227

大阪高判昭40．9．30高検速報（大阪）
　　　昭和40年7－8号 ……………………… 227
東京高判昭40.12.22下刑集7巻12号
　　　2128頁 …………………………… 232, 269, 280
福岡高判昭41．5．6下刑集8巻5号682
　　　頁 ………………………………………… 63
大阪高判昭41．6．11高検速報（大阪）
　　　昭和41年28号 ………………………… 227
札幌高函館支判昭41．8．22刑資177号
　　　116頁 …………………………………… 244
名古屋高金沢支判昭42．3．25下刑集9
　　　巻3号191頁 …………………………… 256
東京高判昭42．5．9高刑集20巻3号284
　　　頁 ……………………………………… 222
東京高判昭42．8．28高検速報（東京）
　　　1611号 ………………………………… 222
東京高判昭42.11.24高検速報（東京）
　　　1632号 …………………………… 232, 239, 280
札幌高判昭42.12.26下刑集9巻12号
　　　1530頁 …………………………… 230, 232
東京高判昭43．1．26高刑集21巻1号23
　　　頁 ……………………………………… 170
東京高判昭43．1．26東時19巻1号13頁
　　　…………………………………………… 263
札幌高判昭43．3．5下刑集10巻3号229
　　　頁 ……………………………………… 244
高松高判昭43．4．30高刑集21巻2号207
　　　頁 …………………………………… 229, 232
高松高判昭44．3．28刑裁月報1巻3号
　　　221頁 …………………………………… 259
大阪高判昭44．4．9判時581号85頁 …… 240
東京高判昭44．5．29高刑集22巻3号297
　　　頁 ………………………………………… 59
東京高判昭44．6．16高刑集22巻2号270
　　　頁 …………………………………… 230, 232
東京高判昭44．7．31高刑集22巻4号504
　　　頁 …………………………………… 232, 269

東京高判昭44. 9 .29高刑集22巻 4 号672
頁 ·· 59
大阪高判昭44.10. 3 高刑集22巻 5 号697
頁 ·· 245
東京高判昭45.12.22高検速報（東京）
1829号 ·································· 230, 233
名古屋高判昭46. 5 . 6 刑裁月報 3 巻 5
号623頁 ······································· 245
東京高判昭46. 7 . 9 高刑集24巻 3 号458
頁 ·· 59
東京高判昭48. 5 .28公刊物未登載
·· 230, 232
東京高判昭48. 8 . 7 高刑集26巻 3 号322
頁 ·· 217
大阪高判昭49.12.16刑裁月報 6 巻12号
1213頁 ·································· 230, 232
東京高判昭50. 2 .28東時26巻 2 号47頁 ··· 59
東京高判昭50. 3 .25刑裁月報 7 巻 3 号
162頁 ··· 217
札幌高判昭50. 6 .10刑裁月報 7 巻 6 号
647頁 ··· 247
東京高判昭50. 6 .30判時804号105頁
·· 230, 233
東京高判昭51. 2 . 9 刑裁月報 8 巻 1 = 2
号 6 頁 ··· 58
東京高判昭51. 3 . 9 東時27巻 3 号38頁
·· 230, 234
東京高判昭51.10.19高刑集29巻 4 号547
頁 ·· 237, 238
大阪高判昭53. 3 .22刑資230号290頁 ····· 248
東京高判昭53. 7 .18刑裁月報10巻 6 = 8
号1069頁 ···································· 234
東京高判昭53.11. 7 刑裁月報10巻11＝12
号1378頁 ···································· 252
福岡高判昭54. 9 .11判時971号129頁 ······ 59
東京高判昭55. 6 .19判時1002号133頁 ···· 253
福岡高判昭56. 3 .26刑裁月報13巻 3 号
164頁 ··· 248
東京高判昭56. 6 .23刑裁月報13巻 6 =
7 号436頁 ·································· 184
東京高判昭56. 8 . 5 高刑集34巻 3 号370
頁 ·· 235
東京高判昭57. 1 .21刑裁月報14巻 1 = 2
号 1 頁 ··· 51
福岡高判昭58. 8 .24刑資246号1115頁
·· 232, 236
東京高判昭58.10. 6 高検速報（東京）
2677号 ·· 123
仙台高判昭60. 4 .23高検速報（仙台）
昭和60年 1 号 ······························ 222
東京高判昭60. 9 .13判タ568号92頁 ········ 64
大阪高判昭61. 6 .12高刑集39巻 3 号212
頁 ·· 68, 69
大阪高判昭61. 9 . 5 高刑集39巻 4 号347
頁 ·· 67, 69
東京高判昭61.10.30高検速報（東京）
2862号 ·· 236
大阪高判平元. 5 .24刑集46巻 4 号347頁
·· 229, 236
東京高判平 5 . 7 . 7 判時1484号140頁 ··· 225
福岡高那覇支判平 7 .10.26判タ901号
266頁 ··· 225
東京高判平11. 1 .18高検速報（東京）
3085号 ·· 235
東京高判平11. 7 . 5 高検速報（東京）
3093号 ·· 235
広島高判平13.10.23裁判所ウェブサイ
ト ·· 255, 269
大阪高判平14. 6 .13高刑集55巻 2 号 3
頁 ·· 148
東京高判平15. 2 . 5 東時54巻 1 ＝12号 6
頁 ·· 112
東京高判平16. 9 . 3 刑集60巻 1 号53頁
·· 231, 240

東京高判平21.3.12高刑集62巻1号21
　頁 ……………………………………… 210, 213
札幌高判平23.7.26公刊物未登載 ……… 60
名古屋高金沢支判平25.10.3判タ1410
　号190頁 ……………………………………… 46
福岡高判平27.4.15高検速報（福岡）
　1509号 …………………………………… 169

地方裁判所，簡易裁判所

長崎簡略式命令昭33.12.3第1審刑集
　1巻12号2266頁 ……………… 215, 237
松山地判昭36.4.27下刑集3巻3＝4号
　375頁 ……………………………………… 63
宇都宮簡判昭38.10.23下刑集5巻9＝10
　号906頁 …………………………………… 165
大阪地判昭40.2.25下刑集7巻2号230
　頁 ………………………………………… 217
東京地判昭40.3.8判時405号12頁 …… 170
大阪簡判昭40.6.21下刑集7巻6号
　1263頁 …………………………………… 227
浦和簡判昭40.7.3下刑集7巻7号
　1422頁 …………………………………… 270
函館地判昭41.3.11公刊物未登載 ……… 244
北見簡判昭42.3.14下刑集9巻3号272
　頁 ………………………………………… 270
滝川簡判昭42.6.10下刑集9巻6号845
　頁 ………………………………………… 271
福山簡判昭42.9.18下刑集9巻9号
　1178頁 …………………………………… 232
呉簡判昭43.2.5判時509号79頁 ……… 271
京都地決昭44.7.4刑裁月報1巻7号
　780頁 ……………………………………… 62
広島簡判昭44.9.6刑裁月報1巻9号
　876頁 …………………………………… 271
東京地判昭46.11.30刑裁月報3巻11号
　1565頁 …………………………………… 59
京都簡判昭48.2.19判タ302号313頁
　………………………………………… 61, 63
東京地判昭48.9.6刑裁月報5巻9号
　1315頁 …………………………………… 217
京都地決昭48.10.12判時721号106頁 …… 58
東京簡判昭49.4.9刑裁月報6巻4号
　384頁 ………………………………… 62, 63
台東簡判昭49.10.25刑裁月報6巻10号
　1104頁 …………………………………… 215
渋谷簡判昭50.3.11判時782号111頁 …… 272
旭川簡判昭50.7.2刑裁月報7巻7＝8
　号795頁 …………………………… 147, 213
広島地判昭51.12.1刑裁月報8巻
　11＝12号517頁 ………………………… 221
東京地判昭52.3.7刑裁月報9巻3＝4
　号228頁 …………………………… 111, 112
浦和地越谷支判昭55.7.15刑裁月報12
　巻7号535頁 ……………………………… 63
浦和地決昭56.5.25刑裁月報13巻4＝5
　号414頁 …………………………………… 67
東京地判昭61.1.13判時1196号166頁 …… 67
堺簡判昭62.5.20刑集46巻4号334頁 … 236
気仙沼簡判平3.11.5判タ773号271頁
　………………………………………… 170
岡山地判平15.1.8裁判所ウェブサイ
　ト ………………………………………… 170
大阪地判平17.3.29判タ1194号293頁
　………………………………………… 272, 280
枚方簡判平21.2.10公刊物未登載 ……… 183

〔原著者紹介〕

伊藤　榮樹（いとう　しげき）

　昭和22年　東京大学法学部卒
　昭和24年　東京地方検察庁検事
　昭和35年　法務省刑事局付
　昭和36年　法務省刑事局参事官
　昭和39年　同局刑事課長
　昭和41年　同局総務課長
　昭和43年　法務大臣官房人事課長
　昭和45年　同会計課長
　昭和47年　東京地方検察庁次席検事
　昭和50年　最高検察庁検事
　昭和52年　法務省刑事局長
　昭和54年　法務事務次官
　昭和56年　次長検事
　昭和59年　東京高等検察庁検事長
　昭和60年　検事総長
　昭和63年　退官・逝去

　著書　『逐条解説検察庁法〔全訂版〕』昭和47年　良書普及会
　　　　『新版刑事訴訟法の実際問題』昭和52年　立花書房
　　　　『証拠の集め方・考え方』昭和57年　東京法令出版
　編書　『おかしな条例』昭和40年　帝国地方行政学会
　　　　『新おかしな条例』昭和56年　ぎょうせい
　共著　『逮捕・勾留・保釈の実務』昭和40年　日本評論社
　　　　『刑事訴訟法』昭和44年　立花書房
　　　　『註釈刑事訴訟法』（全4巻）昭和51年　立花書房
　　　　『注釈特別刑法』（全8巻）昭和57年　立花書房

〔改訂代表者紹介〕

勝丸　充啓（かつまる　みつひろ）

　弁護士
　元広島高等検察庁検事長

★本書の無断複製(コピー)は、著作権法上での例外を除き、禁じられています。また、代行業者等に依頼してスキャンやデジタルデータ化を行うことは、たとえ個人や家庭内の利用を目的とする場合であっても、著作権法違反となります。

軽犯罪法〔新装第2版〕

平成25年9月20日　第1刷発行
令和6年6月20日　第12刷発行

原　著	伊　藤	榮		樹
改　訂	勝　丸	充		啓
発行者	橘		茂	雄
発行所	立　花	書		房

東京都千代田区神田小川町3-28-2
電話　03-3291-1561（代表）
FAX　03-3233-2871
https://www.tachibanashobo.co.jp

昭和41年11月25日　初版発行　　昭和46年8月1日　改訂版発行
昭和49年5月10日　再訂版発行　　昭和57年11月1日　三訂版発行

©2013 Mitsuhiro Katsumaru　　　　　加藤文明社・和光堂
乱丁・落丁の際は本社でお取り替えいたします。